suhrkamp taschenbuch 4265

Von der Landnahme durch die Wikinger über die literarische Blüte im Mittelalter bis hin zu den Auswirkungen der Finanzkrise – dieser Band von Sigurður Líndal, einem der besten Kenner der isländischen Geschichte, bietet einen fundierten und anschaulichen Überblick über das faszinierende Land im hohen Norden im Lauf der Jahrhunderte. Das raue Klima, aber auch Naturkatastrophen, wie zum Beispiel Vulkanausbrüche, haben die isländische Geschichte immer wieder entscheidend geprägt. Neben den historischen Ereignissen finden die kulturellen Entwicklungen des Landes besondere Beachtung, ebenso wie der Alltag und die Lebensbedingungen der Menschen.

Sigurður Líndal
Eine kleine Geschichte Islands

Aus dem Isländischen von
Marion Lerner

Suhrkamp

Für die Förderung der Übersetzung danken wir dem
Isländischen Literaturfonds.

Bókmenntasjóður
The Icelandic Literature Fund

3. Auflage 2023

Erste Auflage 2011
suhrkamp taschenbuch 4265
© Suhrkamp Verlag AG, Berlin
Alle Rechte vorbehalten. Wir behalten uns auch
eine Nutzung des Werks für Text und Data Mining
im Sinne von § 44b UrhG vor.
Umschlaggestaltung nach Entwürfen
von hißmann, heilmann, hamburg
Druck: BoD GmbH, Norderstedt
Printed in Germany
ISBN 978-3-518-46265-2

www.suhrkamp.de

Eine kleine Geschichte Islands

Inhaltsverzeichnis

Entdeckung und Besiedlung   9
Begründung eines isländischen Staatswesens   20
Die politische Struktur des isländischen Freistaates   25
Heidnische Traditionen und die Anfänge des
   Christentums   42
Einzelne Bereiche der Gesetzgebung   51
Innere Kämpfe   55
Die Etablierung staatlicher Gewalt in Island   71
Neue Regierungsinstitutionen   76
Das Alþingi   81
Kompetenzen des Königs und der königlichen
   Regierung   85
Veränderte Regierungsformen und neue Gesetze   87
Staat und Kirche – Umbrüche und Kämpfe   89
Rechtsstellung des Königs und der Bischofskirche   98
Der König und Island   101
Beziehungen zu anderen Staaten im 14. Jahrhundert   111
Die weltliche Macht in Island im 15. Jahrhundert   115
Kirchenpolitik ab der Mitte des 14. Jahrhunderts
   bis zur Reformation   125
Die Position Islands im internationalen Gefüge   140
Grönland und die neue Welt   150
Wirtschaft   152
Die Stände   160
Alltagsleben   165
Geistige Kultur   168
Königsmacht und Kirche gegen Ende des
   15. Jahrhunderts   176
Die Reformation in Island   179
Neuformation der Kirche   188
Weltliche Regierung   193

Allgemeine Lebensbedingungen 202
Einführung der absoluten Monarchie 210
Wirtschaftliche Situation im 18. Jahrhundert 220
Die wirtschaftliche Wende 225
Die Kirche im 18. Jahrhundert 232
Klimaveränderungen und Vulkanausbrüche 234
Beginn des Wiederaufbaus 238
Das Ende des Alþingi 243
Island und Großbritannien 246
Entstehung und Entwicklung des Nationalstaates 253
Literatur 265
Schulbetrieb und Bildung 272
Nach der Nationalversammlung 276
Die Gouverneursepoche 1872-1904 280
Die Union zwischen Island und Dänemark 286
Staatliche Souveränität Islands 1918 296
Umwälzungen in den Erwerbszweigen 304
Strukturelle Veränderungen in der Gesellschaft 313
Der Zweite Weltkrieg 323
Die Gründung der Republik 1944 327
Außenpolitik 329
Restriktionspolitik und staatliche Interventionen 337
Bildung und Kultur 344
Sozialpolitik und Frauenrechte 354

Literaturverzeichnis 360

Entdeckung und Besiedlung

Thule und Island

Darüber, wer Island entdeckt hat, liegen keine Quellen vor. Doch bereits der griechische Entdecker Pytheas von Massilia erwähnt die Insel Thule in seinem Bericht über eine Erkundungsfahrt gegen Ende des 4. Jh. v. Chr. Leider sind seine Schriften nur in Fragmenten erhalten, sodass sie lediglich begrenzten Quellenwert haben. Unter der Führung Caesars drangen die Römer 55 v. Chr. erstmals bis nach England vor und besetzten die Insel von 43 n. Chr. bis etwa 410 n. Chr. Ausgehend von diesen Tatsachen ist es nicht ausgeschlossen, dass einzelne Schiffe auf dem Weg von und nach England abgetrieben wurden und nach Island gerieten, auch wenn es keine Belege für einen Aufenthalt oder eine Niederlassung in Island gibt.

Während des Mittelalters hatte die Schrift *Historia naturalis* von Plinius dem Älteren (23-79 n. Chr.) den größten Einfluss auf die Vorstellungen, die man sich von der Insel Thule machte. Sowohl Isidor von Sevilla (gest. 636) als auch der Mönch Beda (gest. 735) bezogen sich auf die *Historia naturalis*. Letzterer betonte – gestützt auf Augenzeugenberichte –, dass in Thule die Mitternachtssonne einige Tage lang zu sehen sei, während Plinius wiederum berichtete, dass der Tag dort sechs Monate währte. Dies lässt darauf schließen, dass Plinius mit Thule das heutige Island meinte.

In seiner Schrift *Liber de mensura orbis terræ* von 825 schreibt der Mönch Diculius, der Gelehrter am Hofe Karls des Großen war, von irischen Mönchen, die sich 30 Jahre zuvor auf der Insel Thule aufgehalten haben sollen. Dabei beschreibt er den Lauf der Sonne, das Klima und das gefrorene Meer nördlich der Insel. Diese Schilderungen ähneln sehr denen der Landnehmer von den Gegebenheiten in Island.

Nordische Landnahme in Island
Isländische Quellen berichten davon, dass Schiffe aus den nordischen Ländern bei Fahrten über den Atlantik vom Kurs abkamen und so durch Zufall in Island landeten. Doch dabei kann es sich auch um bloße Mutmaßungen späterer Chronisten handeln. Zwar werden die Namen einiger Männer genannt, doch muss man bedenken, dass Berichte dieser Art lange nur mündlich weitergegeben wurden, bevor man sie im 12. und 13. Jh. niederschrieb. Nichtsdestotrotz kann davon ausgegangen werden, dass skandinavische Seefahrer seit Mitte des 9. Jh. nach Island kamen, auch wenn die organisierte Landnahme erst später einsetzte.

Die wichtigsten schriftlichen Quellen über die Landnahme Islands sind das *Buch der Isländer* (*Íslendingabók*) und das *Landnahmebuch* (*Landnámabók*). Das *Buch der Isländer* ist ein kurzer Abriss der isländischen Geschichte von 870 bis 1120. Es wurde zwischen 1122-1133 von dem Priester Ari dem Gelehrten (*Ari fróði*, 1067-1148) geschrieben. Das *Landnahmebuch* ist hauptsächlich in drei Versionen aus dem späten 13. und frühen 14. Jh. überliefert, wobei es sich auf Quellen aus der Zeit bis ungefähr ins Jahr 1130 stützt. Das Buch verzeichnet ca. 430 Landnehmer einschließlich ihres Wohnsitzes, ihrer Vorfahren und Verwandten. Inwieweit das *Landnahmebuch* eine zuverlässige Quelle über die Anfänge der Besiedlung Islands darstellt, ist umstritten. Die Isländersagas, von denen die meisten im 13. Jh. und zu Beginn des 14. Jh. entstanden sind, berichten ebenfalls von der Landnahme. Auch wenn das *Buch der Isländer* von Ari dem Gelehrten in sehr knappem Stil geschrieben ist, stellt es letztlich die zuverlässigste Quelle über diese Zeit dar. Über den Beginn der Besiedlung heißt es dort:

> Island wurde zuerst von Norwegen aus besiedelt in den Tagen Haralds des Haarschönen, des Sohnes Halfdans des Schwarzen; das war damals […] als Ivar, Sohn des Ragnar Lodbrok, Edmund

den Heiligen, König der Angeln, erschlagen ließ. Das geschah aber 870 Winter nach Chr. Geb., wie dies in seiner Geschichte geschrieben steht. Ingolf hieß er, ein Norweger, von dem in glaubhafter Weise gesagt wird, dass er zum erstenmale von Norwegen nach Island schiffte damals als Harald der Haarschöne 16 Winter alt war, aber zum zweitenmale einige Winter später; er siedelte im Süden der Insel in Reykjavík […]

In jener Zeit war Island auf den Strecken zwischen Gebirg und Strand mit Wald bewachsen. Da lebten hier Christen, von den Norwegern »Papen« genannt; sie verliessen jedoch nachher die Insel, weil sie nicht mit den Heiden hier leben wollten, und hinterließen irische Bücher und Glocken und Krummstäbe, woraus man ersehen konnte, dass es Irländer waren.

Es begann nun aber damals eine sehr bedeutende Auswanderung von Norwegen hier heraus nach Island, bis dass König Harald, weil er eine Verödung des Landes fürchtete, einen Bann darauf legte.[1] (*Buch der Isländer*, 1. Kapitel).

Während oben erwähnt wurde, dass Island vor Beginn der Landnahme nicht besiedelt war, heißt es in der zitierten Stelle, dass es irische Mönche gab, die jedoch mit der nordischen Besiedlung das Land verließen. Ihre frühe Anwesenheit hatte allerdings keinen Einfluss auf die isländische Geschichte, da sie aufgrund ihres Glaubens und ihrer Lebensweise keine Landwirtschaft betrieben und somit auch keine dauerhaften Spuren hinterließen.

Isländische Texte des 13. und 14. Jh. nennen als einen der Hauptgründe für die Landnahme Islands die Versuche Harald I. zur Einigung Norwegens oder wie es dort heißt, seine Tyrannei. Aufgrund der topografischen Gegebenheiten war Norwegen in viele kleine Staaten unter der Führung von Häuptlingen oder Königen zersplittert. Die inneren Kämpfe zwischen diesen Kleinstreichen endeten mit dem Sieg Haralds, ohne dass Norwegen jedoch zu einem geeinten Reich wurde. Auch im *Landnahmebuch* wird die Tyrannei Ha-

1 Übersetzung aus: *Are's Isländerbuch*. Herausgegeben von Theodor Möbius. Druck und Verlag B. G. Teubner, Leipzig 1869, S. 16.

rald I. als wichtigste Ursache für die Besiedelung Islands genannt. Zugleich werden dort aber auch zwei weithin bekannte Landnehmer erwähnt, die zu den Freunden Haralds zählten, sodass die gegebene Erklärung nicht hinreichend sein kann. Selbst wenn es diese Kämpfe waren, die dazu führten, dass einige dem Land den Rücken kehrten und nach Island auswanderten, so sind andere Erklärungen doch naheliegender.

Die Besiedlung Islands muss im Kontext der großen Expansionsbewegung der Wikingerzeit betrachtet werden. Sie bildete eine Fortsetzung der von Skandinavien ausgehenden Wikingerfahrten in Richtung Westen. Dabei spielt es im Grunde keine Rolle, ob Island durch Zufall entdeckt wurde oder ob man bspw. Gerüchte über die Fahrten irischer Mönche kannte. Die Bevölkerung in Skandinavien und vor allem in Norwegen wuchs damals stetig an. Die in Westnorwegen gelegenen Siedlungen konnten sich wegen des knappen Landes aber nicht weiter vergrößern, wodurch die Auswanderung noch befördert wurde. Hinzu kam das große Können im Schiffbau und in der Seefahrt, sodass der Weg über das Meer wie ein natürlicher Pfad in ein neues Zuhause erscheinen musste. Während es auch auf den nördlich von Schottland gelegenen Inseln, auf denen sich bereits Norweger niedergelassen hatten, eng wurde, gab es in Island ausreichend Land. Die Insel war fruchtbar, die Gewässer voll von Fischen, die Erdwärme versprach Annehmlichkeiten und das Klima war aller Wahrscheinlichkeit nach deutlich wärmer als in späteren Jahrhunderten. Man kann also davon ausgehen, dass die Landnehmer zumeist friedlich waren und einfach nach besseren Lebensbedingungen suchten.

Grönland und Vínland
In einigen Quellen heißt es, dass Seefahrer in Richtung der Ostküste Grönlands abgetrieben wurden und dort überwinterten. So ist bekannt, dass Erik der Rote (*Eiríkur rauði Þorvaldsson*) Norwegen wegen Totschlags verlassen musste und sich in Island ansiedelte. Als er auch dort in Streit geriet und für schuldig befunden wurde, segelte er nach Westen, um das Land zu suchen, von dem die Menschen in Island schon gehört hatten. Er fand dieses Land und erkundete es drei Jahre lang, bevor er nach Island zurückkehrte. Im Jahr 985 rüstete er eine Expedition aus, um das Land zu besiedeln, wobei ihn 25 Schiffe begleiteten. Nur 14 der Schiffe gelangten ans Ziel, die anderen sanken oder mussten umkehren. Dem neuen Land gab Erik den Namen *Grænland* (Grünland), obwohl dieses kaum zutreffend war. Doch Erik glaubte, die Menschen würden sich eher in einem Land mit einem positiven Namen niederlassen. Wahrscheinlich war Island zu dieser Zeit schon so dicht besiedelt, dass Wirtschaftsland knapp wurde und es sich anbot, nach Grönland überzusiedeln.

In Grönland entstanden vor allem zwei Siedlungen an der Westküste. Die nördlich gelegene wurde *Vestribyggð* (Westsiedlung) genannt, die südlichere *Eystribyggð* (Ostsiedlung). Erik der Rote siedelte selbst in der Ostsiedlung auf dem Hof Brattahlíð, wo ein dauerhafter Siedlungskern entstand (heute Quassiarsuk). Über die gesellschaftliche Ordnung Grönlands zu jener Zeit ist nicht viel bekannt. Doch man weiß, dass es eine allgemeine Thingversammlung (*allsherjarþing*) gab, die zunächst in Brattahlíð stattfand und später in Garðar im Fjord Einarsfjörður (heute Igaliku), wo nach der Einführung des Christentums der Bischofssitz gegründet wurde.

Die ersten Nachrichten über den nordamerikanischen Kontinent stammten von einem Mann, der auf dem Weg von Island nach Grönland vom Kurs abgekommen war. Er hatte südwestlich von Grönland Land gesichtet, dieses aber nicht genauer erkundet. Seine Berichte gelangten nach Grönland und zu Leifur Eiríksson, dem Sohn Erik des Roten, der daraufhin eine Expedition ausrichtete. Den von ihm entdeckten Gebieten gab er die Namen *Helluland* (Steinland), *Markland* (Waldland) und *Vínland* (Weinland). Sehr wahrscheinlich handelte es sich dabei um die Baffin-Inseln, Labrador und Neufundland. An der Nordspitze Neufundlands fand man Überreste, die auf eine Siedlung nordischen Ursprungs hinweisen und so die Aussagen der schriftlichen Quellen bestätigen. Später unternahmen sowohl Grönländer als auch Isländer verschiedene Erkundungsfahrten, wovon die Reise des isländischen Häuptlings Þorfinnur Karlsefni und seiner Gefolgschaft die bekannteste ist. Mit ihr wurde ein zielgerichteter Versuch zur Landnahme unternommen. Doch nach zwei Wintern gerieten die Expeditionäre, wie schon andere vor ihnen, in Auseinandersetzungen mit den Ureinwohnern und mussten ihren Siedlungsversuch aufgeben, woraufhin Þorfinnur mit seinen Leuten nach Island zurückkehrte und sich erneut in der alten Heimat niederließ. Doch das Wissen über diese Länder blieb erhalten. So gibt es Berichte über eine Reise des grönländischen Bischofs Eiríkur Gnúpsson nach Vínland im Jahr 1121, und auch aus dem 14. Jh. gibt es – wenn auch ungenaue – Berichte über Reisen in diese Gegenden.

Den Fahrten nach Vínland folgte jedoch keine Landnahme auf dem amerikanischen Kontinent. Die Expansion der Wikingerzeit reichte nicht weiter nach Westen als bis Grönland. Die Entfernung zum amerikanischen Kontinent war zu groß und die Einwohnerzahlen in Island und Grönland zu gering, um so viele Menschen aufzubringen, wie für eine dauerhafte Besiedlung der neuen Länder notwendig gewesen wären.

Die isländische Landnahme im Kontext der europäischen Geschichte

Die Landnahme Islands und der anderen Inseln im Nordwesten sowie Grönlands und der Färöer markiert zwar keine Wende in der Weltgeschichte, ist aber dennoch in dreierlei Hinsicht bemerkenswert.

Erstens scheinen die Schiffe mit einem festen Ziel die Fahrt über den Nordatlantik angetreten zu haben. Darüber hinaus gilt es als gesichert, dass es sich hier um die ersten organisierten und durch zuverlässige Quellen belegten Fahrten über den Nordatlantik handelte.

Zweitens darf es als ungewöhnlich gelten, dass die Wanderungsbewegung in diesem Falle nach Norden führte, da man sich üblicherweise nach Süden orientierte, d. h. aus kühlen und unwirtlichen Landstrichen in wärmere und gemäßigtere.

Drittens kann die Besiedlung Islands und der anderen Inseln im Nordwesten als erster Schritt der Europäer in Richtung Neue Welt betrachtet werden. Während der großen Völkerwanderungen vom 2. bis ins 7. Jh. und nach dem Zusammenbruch des Weströmischen Reiches im Jahr 476 entstanden viele neue Reiche. Später kamen die von den Wikingern in ihren Landnahmegebieten gegründeten Staatsgebilde hinzu, wie die Kiewer Rus in Russland oder das Danelag in England. Der Staat, den die Landnehmer in Island gründeten und der in der Regel als isländischer Freistaat (*íslenska þjóðveldið*) bezeichnet wird, war damit der letzte in einer Reihe von Neugründungen während des europäischen Frühmittelalters, d. h. in der Epoche von ca. 500 bis 1050. Betrachtet man die Landnahme Islands jedoch als ersten Schritt der Europäer in Richtung Neue Welt, so erscheint der isländische Freistaat in einem ganz anderen Licht. Dann ist er die erste Gründung der Europäer im neuen Kontext und somit ein Vorläufer der Neugründungen des 17. Jh., auch wenn kein direkter Bezug besteht.

Verfahren der Landnahme
Der Zeitraum von 870 bis 930 wird in der isländischen Geschichte als Landnahmezeit bezeichnet. Dabei beruft man sich auf die Aussage von Ari dem Gelehrten, der von »klugen Männern« erfahren hatte, dass Island nach Ablauf von 60 Jahren vollständig besiedelt war. Die durch die Landnehmer beanspruchten Ländereien waren unterschiedlich groß. Vor allem die der ersten Jahre und Jahrzehnte waren sehr weitläufig, was es letztlich unmöglich machte, sie von einem einzigen Hof aus zu bewirtschaften, sodass man annehmen kann, dass sie bald aufgeteilt wurden. Dabei mag es zu Streitereien über die Größe der Ländereien gekommen sein. Einige, wenn auch nicht sehr zuverlässige Quellen berichten von Regeln, die daraufhin festgelegt wurden. Gefolgsleute und Verwandte der ersten Landnehmer bekamen Land geschenkt oder konnten es kaufen. Nach den Vorstellungen der nordischen Gesellschaften war jemand, der ein Geschenk empfing und es nicht in gleicher Weise erwidern konnte, dem Schenkenden verpflichtet. Die Pioniere unter den Landnehmern besaßen sicherlich auch den größten Teil des Viehs, das über das Meer transportiert worden war, und ließen ihren Gefolgsleuten neben dem nötigen Land auch die entsprechenden Tiere zukommen. Auf diese Weise mussten diejenigen, die weniger besaßen, Schutz bei den Wohlhabenderen suchen, und man kann annehmen, dass damit der Grundstein der Häuptlingsmacht gelegt war, die später genauer dargestellt werden wird.

Eines der wichtigsten Merkmale der isländischen Landnahme besteht darin, dass die Besiedlung zunächst sehr dünn war. Sie bestand aus einzelnen, deutlich voneinander abgegrenzten Höfen, nicht jedoch aus Dörfern. Das Land war Privateigentum, große Teile waren unbesiedelt. Dort entstanden Almenden (*almenningar*), die mit bestimmten Rechten verknüpft waren. Daneben gab es ebenfalls in Privatbesitz befindliche Hochweidegebiete (*afréttir*), für die Weide-, Jagd- und Fischereirechte vergeben wurden.

Selbstverständlich suchten die Landnehmer nach geeigneten Plätzen für ihre Höfe. Die Auswahl der Orte und die überlieferten Namen weisen darauf hin, dass man durchaus ein Auge für die Schönheiten der Natur hatte, obgleich praktische Erwägungen entscheidend waren, wie z. B. die Nähe zu Wasserstellen, die Anbau- und Weidebedingungen oder Möglichkeiten zum Fischfang in Flüssen und Seen. Gelegentlich misslang die Wahl aber auch. Anscheinend hatten nicht alle Landnehmer bedacht, dass das Klima in Island kühler war, als sie es von Zuhause kannten, und gründeten ihre Höfe zu weit landeinwärts und zu hoch in den Bergen, wo sie bald wieder aufgegeben werden mussten. Außerdem gab es zahlreiche Naturkatastrophen wie Vulkanausbrüche, Bergrutsche, Sandverwehungen und Schneelawinen, die das Leben in Island seit jeher begleitet haben und die Zerstörungen der Höfe und Verwüstungen des Landes mit sich brachten. So verwüstete ein Ausbruch des Vulkans Hekla im Jahr 1104 eine ganze Gegend, und der Gletschervulkan Öræfajökull zerstörte im Jahr 1362 den gesamten Landstrich südlich des Gebirges.

Einwohnerzahl
Weder über die Anzahl der Menschen, die während der Landnahme nach Island kamen, noch über die Einwohnerzahl gegen Ende der Landnahmezeit gibt es genaue Informationen. Im *Landnahmebuch* werden etwa 430 Landnehmer erwähnt. Ausgehend von dieser Zahl hat man ermittelt, dass während der Landnahmezeit 10-20 000 Menschen nach Island kamen.

Im Jahr 1100 ließ Bischof Gissur Ísleifsson alle Bauern zählen, die genügend Eigentum besaßen, um die Thinggeld (*þingfararkaup*) genannten Steuern zu zahlen. Auf Grundlage der so erfassten 4560 Bauern wurde für die damalige Zeit eine Einwohnerzahl von etwa 70 000 errechnet.

Herkunft der isländischen Bevölkerung
Nach Auskunft der Quellen kamen die meisten Landnehmer aus Norwegen und den neuen norwegischen Kolonien in Schottland und Irland, vor allem von den Hebriden. Die Landnehmer aus Irland und von den schottischen Inseln wurden als Christen oder als Menschen mit gemischter Religion angesehen.

Auf den Shetland- und Orkney-Inseln hatten keltische Einwohner und Wikinger bald gemeinsame Nachfahren, wobei die nordische Kultur bestimmend war. Auf den Hebriden hingegen lebten Kelten und Menschen nordischer Abstammung nebeneinander. Zieht man in Betracht, dass viele Landnehmer aus diesen Gebieten kamen, so besteht kein Zweifel daran, dass in ihren Adern keltisches Blut floss. Zudem kamen Kelten als Ehefrauen und Sklaven nach Island. Blutuntersuchungen und Schädelvermessungen an Isländern haben in jüngerer Zeit ergeben, dass tatsächlich eine größere biologische Verwandtschaft zu Kelten als zu Norwegern besteht. Keltische Einflüsse sind an Namen und Kosenamen sowie an einzelnen keltischen Wörtern, die sich bis heute in der isländischen Sprache erhalten haben, erkennbar. Außerdem weisen die frühen Bestattungsbräuche auf keltischen Ursprung hin. Während in Norwegen die Toten häufig verbrannt wurden, bestattete man sie in Island ausnahmslos in Gräbern.

Unter den Landnehmern befanden sich auch viele Wikinger, die weit herumgekommen waren und deren ursprüngliche Heimat schwer bestimmbar ist. Sie waren auf ihren Raubzügen, als Händler und bei der Suche nach einer neuen Heimat weit herumgekommen.

Ausgehend vom *Landnahmebuch* vertrat man in Island

lange Zeit die Ansicht, dass nur die edelsten Häuptlinge Norwegens Landnehmer in Island wurden, da sie sich nicht der Tyrannei Harald I. beugen wollten. Inzwischen gilt es jedoch als wahrscheinlicher, dass Menschen aus allen Schichten der norwegischen Bevölkerung nach Island kamen. Die ersten Landnehmer aber waren sicherlich Menschen, die es gewohnt waren, über andere zu bestimmen, die Schiffe besaßen und die darüber hinaus den Mut hatten, das offene Meer, eines der gefährlichsten der Welt, zu überqueren und in ein fernes, fremdes Land aufzubrechen, um dort ein neues Leben zu beginnen.

Begründung eines isländischen Staatswesens

Die Gesetze des Úlfljótur
Über die ersten Gesetze in Island heißt es in Aris *Buch der Isländer*:

> Als nun Island weit umher besiedelt war, da brachte ein ostisländischer Mann zuerst Gesetze hierher aus Norwegen, Namens Ulfljot [...] diese Gesetze aber waren zum grössten Theil den damaligen Gulading-Gesetzen nachgebildet, nur dass man Thorleif den Weisen, Sohn des Hörda-Kare, mitberathen liess, wo man hinzusetzen oder hinwegnehmen oder auch ändern sollte.[1] (*Buch der Isländer*, Kapitel 2).

Zu jener Zeit waren Gesetze noch nicht schriftlich fixiert. Sie wurden vielmehr im Gedächtnis der Menschen bewahrt und mündlich bzw. durch die Handlungen und das Verhalten der Menschen weitergegeben. So bestand das Gesetz im Grunde aus ungeschriebenem Gewohnheitsrecht. Will man also den Quellenwert des oben gegebenen Berichtes einschätzen, muss bedacht werden, dass ungeschriebenes Recht nicht durch einen Mann von Land zu Land transportiert werden kann. Der Bericht setzt im Prinzip eine funktionierende gesetzgebende Gewalt voraus, die für die in Frage stehende Zeit jedoch unwahrscheinlich ist. Tatsächlich wissen wir also nicht viel über die Gesetze des Úlfljótur. Möglicherweise ist die Geschichte durch den Einfluss ausländischer Chronisten, die Ari dem Gelehrten als Vorbilder dienten, geformt worden. Isidor von Sevilla z. B. beschrieb, wie andere Völker zu ihren Gesetzen gekommen waren, und erzählte von Moses, Solon und Lykurgos.

---

1 Übersetzung aus: *Are's Isländerbuch*, S. 17.

Die Gründung des Alþingi

Die Landnehmer brachten Rechtsgewohnheiten und Rechtsvorstellungen mit nach Island, die sie sich in ihrer Heimat angeeignet hatten, und von dort kannten sie auch das Prinzip der Thingversammlungen. Daneben kann man vermuten, dass sie bei ihren Fahrten durch fremde Länder das eine oder andere Neue kennen gelernt hatten. Dies zusammen mit den Verwerfungen der Landnahmezeit hat sicherlich zu einer gewissen Lockerung in den Rechtsauffassungen geführt und insgesamt zu einer Konzentration auf die grundlegenden Aspekte der Gesellschaftsorganisation. In Island entstand vermutlich eine schmelztiegelartige Situation, in der diejenigen besonders gefordert waren, die durch Gesetzgebung Einfluss auf die Rechtsentwicklung nahmen, die Konflikte lösen oder Verbrecher zur Verantwortung ziehen mussten.

Entsprechend ihren politischen Ideen und Gewohnheiten riefen die Landnehmer schon früh regionale Thingversammlungen zusammen, und im Jahr 930 wurde das *Alþingi*[2] oder das landesweite Thing gegründet. Diese Gründung stellt den Beginn eines gesamtisländischen Staatswesens dar bzw. konkreter den Anfang des isländischen Freistaates (*íslenska þjóðveldið*). Im *Buch der Isländer* von Ari dem Gelehrten heißt es:

> Das Alding wurde nach Ulfljots und der Einwohner gemeinsamen Beschlusse eingerichtet und zwar da wo es heutzutage ist; vorher gab es eine Dingstätte zu Kjalarnes, die dem Thorstein gehörte, dem Sohne des Ansiedlers Ingolf und Vater vom Gesetzsprecher Thorkel Mane, und den benachbarten Häuptlingen.[3] (*Buch der Isländer*, Kapitel 3).

---

2 *Alþingi: al* = allgemein, generell, gesamt; *þing* = Thing, Thingversammlung; in älteren deutschen Quellen gern als Allding, Alding oder Althing bezeichnet.

3 Übersetzung aus: *Are's Isländerbuch*, S. 17.

Es zeugt von bemerkenswerter Weitsicht, dass damals ein landesweites Thing gegründet und Island nicht etwa in kleinere Thingbezirke unterteilt wurde, was viel näher gelegen hätte. Die Ursachen hierfür waren vielfältig. Mit der Landnahme hatten sich die Bindungen gelockert, die in der Heimat der Auswanderer noch bestimmend gewesen waren. Die Beziehungen innerhalb der Sippen hatten sich verschoben, außerdem stammten die Landnehmer aus unterschiedlichen Regionen Norwegens und anderen Gebieten. In Island wiederum verteilten sich die Angehörigen einer Sippe über das ganze Land, sodass die gewohnheitsmäßigen Sippenbeziehungen nicht mehr wie früher für regionalen Zusammenhalt sorgen konnten. Alle diese Faktoren machten die Schaffung neuartiger landesweiter Institutionen notwendig, denn nur so konnten die zersplitterten Gruppen unter ein Gesetz gebracht werden. Ein landesweites Thing war daher eine geeignete Lösung. Schließlich muss auch angemerkt werden, dass die Verkehrswege in Island im Vergleich zu Norwegen recht gut waren. Dadurch war es leichter, sich an einem Ort zu versammeln.

In Norwegen wurden die allgemeinen Thingversammlungen, d. h. Generalversammlungen von freien Männern eines bestimmten, nicht allzu großen Gebietes Alþingi genannt. In Island wählte man denselben Begriff, obwohl es sich hier nicht um eine allgemeine Versammlung oder ein Generalthing handelte, sondern um eine Vertreterversammlung. Ein Generalthing wäre schon wegen der langen Wegstrecken schwer umsetzbar gewesen.

Wahl einer Thingstätte
Das isländische Alþingi wurde auf einem Gebiet 50 km östlich von Reykjavík gegründet. Das Land hatte einem Bauern gehört, der wegen eines Vergehens verurteilt und enteignet worden war. Nachdem man das Land begutachtet hatte,

wurde es zur Thingstätte bestimmt und erhielt den Namen *Þingvellir*[4]. Den Besuchern des Alþingi diente es als Allmende, d. h., sie hatten hier Weiderecht für ihre Pferde und das Recht, Feuerholz zu entnehmen.

Der Thingplatz war offenbar sorgfältig gewählt. Er lag in der Nähe der am dichtesten besiedelten Landstriche und war gut an die damaligen Verkehrswege angeschlossen, zumal die bedeutendsten Hochlandrouten aus dem Westen und Norden des Landes nach Þingvellir führten. Die Anreise aus dem Osten war allerdings schwierig und dauerte lange. Im Übrigen lag Þingvellir am Rande des Landbesitzes von Ingólfur Arnarson, in der Nähe jenes Machtzentrums also, das den größten Anteil an der Gründung des Alþingi gehabt haben wird.

Die Thingversammlung wurde, wie es bei germanischen Völkern üblich war, unter freiem Himmel abgehalten. Sie fand zwei Wochen lang während der Zeit statt, die nach unserem Kalender etwa Ende Juni, Anfang Juli entspricht. Die Versammlung begann mit der Weihe und Markierung des Thingplatzes und der Bestimmung der Waffenruhe. Auf einem geweihten Thing erhöhte sich das Recht auf Buße für persönlich zugefügten Schaden um die Hälfte. Da es auf dem Thingplatz keine dauerhaften Gebäude gab, wohnte man in Hütten, deren Wände aus Torf, Grassoden und Steinen aufgeschichtet waren, über denen ein Dachgerüst errichtet wurde, das man mit Planen abdeckte. Außerhalb der Thingzeit waren diese Hütten ungedeckt und standen leer. Die wichtigsten Orte des Thingplatzes waren der Gesetzesberg oder Gesetzesfelsen (*Lögberg*) und die gesetzgebende Versammlung *Lögrétta*.[5] Der Gesetzesberg bildete das Zentrum des Alþingi. An ihm wurden die Gesetze und andere Ankündi-

---

4 *Þingvellir*: *þing* = Thing, Thingversammlung; *vellir* = Felder, Plätze, Stätten.

5 *Lögrétta*: *lög* = Gesetze; *að rétta* = anwenden, auslegen, beurteilen.

gungen, die jedermann zur Kenntnis gebracht werden sollten, veröffentlicht. Dort hielten die Menschen Reden und brachten ihre Anliegen vor. In der Lögrétta wurden Gesetze verabschiedet und ausgelegt.

Die politische Struktur des isländischen Freistaates

Goden und Godentümer
Die Initiative zur Gründung des Alþingi ging, wie bereits erwähnt, von den mächtigsten Häuptlingen des Landes aus. Sie wurden Goden genannt, und diese Bezeichnung hat zu unterschiedlichen Auffassungen über den Ursprung der Macht der Goden geführt. Das Wort Gode[1] könnte auf eine religiöse Funktion irgendeiner Art hinweisen, wobei Opferrituale, die sich wiederum mit weltlicher Macht verknüpften, am ehesten anzunehmen sind. Dennoch gibt es keinerlei sichere Quellen für religiöse Handlungen der Goden. Außerdem ist nicht zu erkennen, dass die Annahme des Christentums merkbaren Einfluss auf ihre Stellung gehabt hat, auch wenn die Ausübung religiöser Funktionen hiermit hätte enden müssen. Die Christianisierung ging ohne nennenswerte Auseinandersetzungen vor sich und die weltliche Macht der Goden blieb unverändert erhalten. Allerdings ist hier einzuschränken, dass das Heidentum nicht mit einem fest gefügten Glaubenssystem vergleichbar ist. Oben wurde die führende Rolle bei der Landnahme als Teil der Erklärung für die spätere Machtposition der Goden genannt, doch auch die Abstammung aus einer hochgestellten Sippe, persönliche Autorität und Gefolgschaft werden ihren Einfluss gehabt haben. Ein sicheres Urteil hierüber ist letztlich nicht möglich, höchstwahrscheinlich haben verschiedene Aspekte zusammengewirkt.

Die Goden verfügten über persönliche Macht, ihnen kam *mannaforráð* zu, d. h., sie bestimmten über andere Menschen und leiteten diese an. Die Macht der Goden manifestierte

---

[1] *goði* = Häuptling; hingegen: *goð* = heidnischer Gott, Götze, Abgott.

sich im Godentum (*goðorð*), das allerdings nicht landschaftlich oder regional organisiert war, sondern eher einer Gefolgschaft ähnelte. Jeder Bauer oder Landbesitzer war verpflichtet, sich einem Goden und damit dessen Thing anzuschließen. Dadurch wurde er zum Thingmann des Goden, war diesem zu Gefolgschaft verpflichtet und musste sich seiner Macht beugen. Da es im Prinzip der Einzelne war, der sich einen Goden wählte, konnten die Thingmänner einer Region, also im Prinzip Nachbarn, unterschiedlichen Goden angehören. Erst als das Land später in Viertel aufgeteilt wurde, gab es eine Bestimmung darüber, dass die Thingmänner innerhalb des jeweiligen Landesviertels beheimatet sein sollten. Gleichwohl ist zu vermuten, dass die Thingmänner auch vorher schon in der Nähe ihrer Goden gelebt haben, immerhin ist leicht einsehbar, dass es für die Goden schwieriger gewesen wäre, ihre Thingleute beisammenzuhalten, wenn diese weit verstreut gelebt hätten. Es gibt zwar auch gegenteilige Beispiele, doch sind das Ausnahmen. Im Laufe des 12. Jh. nahm der räumliche Abstand zwischen den Goden und Thingmännern allerdings zu.

Das Godentum war Eigentum des Goden, wurde aber nicht materiell bemessen und war nicht steuerpflichtig. Im Gesetz über den Zehnten hieß es: »Es ist Macht, aber kein Eigentum«. Ein Godentum konnte vererbt, verkauft oder verschenkt werden. Die Zustimmung der Thingmänner war hierzu nicht erforderlich, allerdings konnten sie bei Eigentümerwechsel das Thing des neuen Goden verlassen. Der Freiraum zu selbstständigen Entscheidungen wird dennoch beschränkt gewesen sein.

Zur Bestrafung eines Goden war es durchaus zulässig, ihm das Godentum abzuerkennen. Wurde ein Gode z. B. für schuldig befunden und mit zeitweiser oder dauerhafter Acht belegt, vernachlässigte er seine Pflichten oder machte sich des Amtsmissbrauchs schuldig, dann stand darauf der

Entzug des Godentums. In spezifischen Regeln war festgelegt, wie in diesen Fällen mit dem Godentum zu verfahren war. Allerdings gibt es keine sicheren Quellen darüber, dass ein Gode jemals auf Entzug des Godentums verklagt worden wäre, und noch viel weniger, dass er es tatsächlich verloren hätte.

Dem Goden oblagen unterschiedliche Pflichten, die man in zwei Klassen einteilen kann. Zum einen waren das Aufgaben beim Alþingi, wo er u. a. einen Sitz in der Lögrétta einnahm. Zum anderen waren es Aufgaben im Heimatbezirk. Hier hatte er für Recht und Ordnung zu sorgen und auf die Einhaltung des Friedens unter seinen Thingleuten zu achten. Die Art und Weise der Führung hing aber sehr vom Gemüt und Charakter des jeweiligen Goden ab.

Das Frühjahrsthing
Wie oben bereits deutlich geworden ist, beriefen die Landnehmer in Island früh die ersten Thingversammlungen ein. Nach dem *Buch der Isländer* soll das Thing von Kjalarnes ein Vorgänger des Alþingi gewesen sein. Es gibt aber auch Quellen über ein Thing auf Þórsnes auf der Halbinsel Snæfellsnes in Westisland. Insofern ist anzunehmen, dass regionale Thingversammlungen schon vor der landesweiten Thingversammlung existierten. Diese regionalen Versammlungen wurden als Frühjahrsthing bezeichnet, konnten aber auch nach dem jeweiligen Ort benannt sein. Ihre endgültige Organisationsform erhielten sie hingegen erst mit der Aufteilung Islands in Landesviertel um das Jahr 965.

Nach den Gesetzen des Freistaates umfasste ein Frühjahrsthing die Thingbezirke von jeweils drei Goden und jeder Thinggeldbauer war dazu verpflichtet, das Thing zu besuchen oder einen seiner Männer zu schicken. Einer der drei Goden weihte das Thing. Das Frühjahrsthing wurde jedes Jahr im Mai abgehalten und unterteilte sich in Klagething und Schuldthing. Auf dem Klagething wurden Urteile gefällt, hierzu benannten die drei Goden jeweils 12 Männer als Richter, insgesamt also 36. Um ein Ergebnis zu erzielen, mussten die Richter sich einig sein, andernfalls wurde die Angelegenheit vor das Viertelgericht (*Fjórðungsdómur*) beim Alþingi gebracht. Das Schuldthing wurde nach Beendigung des Klagethings eröffnet. Dort entrichteten die Leute ihre Zahlungen. Es scheint aber auch eine Art Verkaufsmesse gewesen zu sein, was insofern nicht überrascht, als die üblichen Zahlungsmittel aus Waren bestanden. Außerdem legte das Schuldthing Preislisten fest. Weiterhin wurden auf den Frühjahrsthings Beschlüsse im Hinblick auf das Alþingi gefasst.

Das Alþingi
Die wichtigste politische Institution des Freistaates war das Alþingi, das drei grundlegende Funktionen innehatte: Der Gesetzessprecher bewahrte die Gesetze, die Lögrétta war das gesetzgebende Organ und bei den Viertel- und Fünfergerichten (*Fjórðungs-* und *Fimmtardómur*) lag die Gerichtsbarkeit. Daneben hatte das Alþingi weitere Aufgaben, die hier nicht einzeln aufgeführt werden müssen. Als regionale Struktur gab es die Landkreise (*hreppar*), die Funktionen wahrnahmen, die man heute als Sozialpolitik fassen würde, vor allem handelte es sich um die Organisation der Armenfürsorge.

Über die ursprüngliche Zusammensetzung des Alþingi weiß man nicht viel, doch um 965 wurde beschlossen, das Land in Landesviertel aufzuteilen, wodurch die ersten Regionalstrukturen oder Distrikte entstanden. Durch diese Neuerung wurde es erstmals möglich, ein Gesamtbild über die politische Struktur des Landes zu entwerfen.

Der Gesetzessprecher
Der Abschnitt über den Gesetzessprecher (*lögsögumaður*) in der Graugans (*Grágás*) genannten Gesetzessammlung des isländischen Freistaates lautet folgendermaßen:

> So ist ferner verordnet, daß in unserm Lande stets ein Mann sein soll, der pflichtig ist, den Leuten zu sagen, was rechtens ist; und der heißt Rechtsprecher. [...] Dies ist auch verordnet, daß der Rechtsprecher pflichtig ist, vorzutragen alle Abschnitte des Gesetzes je im Lauf von drei Sommern, die Dingordnung aber jeden Sommer. [...] Dies gilt auch, daß der Rechtsprecher alle Abschnitte so genau vortragen soll, daß Keiner sie entschieden genauer wisse.[2] (*Graugans*, Abschnitt vom Rechtsprecher).

Der Gesetzessprecher wurde durch die Lögrétta, d. h. die gesetzgebende Versammlung, für jeweils drei Jahre gewählt. Er konnte wiedergewählt werden, was auch häufig vorkam. Ihm oblag die Leitung der Thingversammlung und er führte die Thinggeschäfte. Seine Hauptaufgabe bestand jedoch, wie der Name schon sagt, in der Bewahrung der Gesetze in seinem Gedächtnis und der öffentlichen Verkündung derselben auf dem Alþingi. Er war verpflichtet, im Laufe von drei Sommern alle Gesetzesabschnitte einmal aufzusagen, die Ordnung der Thingversammlung jedoch jeden Sommer. Die Lögrétta sollte ihn dabei überwachen, was jedoch eine schwierige Aufgabe darstellte, immerhin war vorgesehen, dass sich der Gesetzessprecher, sobald Unsicherheiten auftraten, mit mindestens fünf gesetzeskundigen Männern beriet. Außerdem sollte der Gesetzessprecher sowohl beim Thing als auch außerhalb desselben Fragen im Hinblick auf die Anwendung der richtigen Gesetze auf spezifische Gegenstände beantworten.

Der Gesetzessprecher saß der Thingvorsammlung vor, er

---

[2] Übersetzung aus: Andreas Heusler, *Isländisches Recht. Die Graugans*. Böhlau, Weimar 1937, S. 193 ff.

leitete die Tätigkeit des Alþingi und war Versammlungsleiter der Lögrétta. Ihm kam ein besonderer Sitz am Gesetzesberg zu und er bestimmte, wo die Richter sitzen sollten. Bei Versammlungsschluss verkündete er am Gesetzesberg alle Freisprüche oder Schulderlasse und erläuterte den Jahres- und Halbjahreskalender. Der Gesetzessprecher hielt während der Thingversammlung bedeutende Macht in Händen, zwischen den Versammlungen war er aber so gut wie machtlos, selbst wenn er Einfluss nehmen konnte. Zweifellos war das Amt des Gesetzessprechers mit viel Verantwortung und viel Arbeit verbunden. Hierzu bedurfte es nicht nur juristischer Kenntnisse, persönlicher Autorität und rhetorischer Gewandtheit, sondern auch einer guten Kenntnis der Kalenderrechnung. In der Regel wurden anerkannte Männer aus den herrschenden Sippen in dieses Amt gewählt.

Die Lögrétta
Die gesetzgebende Versammlung oder Lögrétta war das wichtigste Organ des Alþingi. Der Abschnitt über die Lögrétta in der *Graugans* beginnt mit diesen Worten:

> Eine Gesetzeskammer sollen wir auch haben und sie abhalten jeden Sommer am Allding, und sie soll ihren Sitz allemal dort haben, wo sie seit Alters gewesen ist. Dort sollen drei Bankreihen sein rings herum, so geräumig, daß auf jeder bequem vier Dutzend Männer sitzen können: das sind zwölf Männer aus jedem Landesviertel, denen Sitz in der Gesetzeskammer zukommt, und der Rechtssprecher obendrein, als welche dort walten sollen über Satzung und Bewilligung. Sie sollen alle sitzen auf der mittleren Bankreihe, und dort haben auch unsere Bischöfe ihren Platz.[3] (*Graugans*, Abschnitt von der Gesetzeskammer).

Über die ursprüngliche Organisation der Lögrétta liegen keine sicheren Quellen vor, aber es gilt als wahrscheinlich, dass

---

3 Übersetzung aus: Heusler, 1937, S. 196.

seit der Gründung des Alþingi 36 Goden in der Lögrétta saßen und jeder zwei Berater bei sich hatte. Wahrscheinlich saßen die Goden auf Bänken im Kreis und die Berater jeweils vor und hinter ihnen. Nach der Aufteilung des Landes in Viertel hatten 39 Goden einen Sitz in der Lögrétta, später nahm die Zahl zu, sodass es zu Beginn des 11. Jh. 48 waren, wie es auch der hier zitierte Gesetzestext vorsieht. Rechnet man die Berater hinzu, betrug die Gesamtzahl der Männer zu dieser Zeit 144. Wenn der Gesetzessprecher nicht gleichzeitig Gode war, kam auch er noch dazu und die Zahl erhöhte sich auf 145. Nach der Etablierung des Christentums erhielten die beiden Bischöfe je einen Sitz in der Lögrétta, sodass die endgültige Zahl bei 146 oder 147 lag. So scheint die Lögrétta bis zum Ende der Freistaatzeit besetzt gewesen zu sein.

Die Funktion der Lögrétta setzte sich aus drei Aspekten zusammen: der Feststellung der Gesetze, der Einführung neuer Gesetze und der Gewährung von Erlassen oder Ausnahmen. Bevor diese Tätigkeiten näher dargestellt werden können, lohnt es sich, die Rechtsauffassungen in Island und im Europa des Mittelalters genauer zu betrachten.

Der zeitgenössische Rechtsbegriff
Zu jener Zeit konnte der Rechtsbegriff ganz unterschiedliche Formen annehmen. In der Vorstellungswelt der Menschen existierte das Recht als Rechtsbewusstsein und drückte sich in den Handlungen der Menschen als Gewohnheitsrecht aus. In den Übereinkünften auf den Thingversammlungen stellte sich das Recht allerdings als Verhandlungssache dar. In Erlassen der Könige und anderer Fürsten erschien es schließlich als einseitiger Befehl oder als Order. Prinzipiell waren die Gesetze teils aufgezeichnet und zum größeren Teil ungeschrieben.

Das Rechtsbewusstsein der Menschen ist zu allen Zeiten

die Basis des Rechtssystems, auch wenn es gelegentlich Abweichungen gibt. Während des Mittelalters hatte das Rechtsbewusstsein größere Bedeutung als direkte Rechtsquelle als in späteren Zeiten mit wirksamerer Gesetzgebung. Die Menschen betrachteten das Recht als immer schon vorhanden oder als tatsächlich stabil, wenn nicht gar unveränderlich. In Übereinstimmung damit galten Gesetze nicht etwa als das Werk eines Einzelnen, vielmehr stellten sie ein gemeinschaftliches Erbe der Generationen dar, eine Verbindung zwischen den Toten und den Lebenden, die es zu respektieren galt. Hiernach waren die Gesetze nicht nur alt oder immer schon vorhanden, sondern auch gut und richtig. Wenn dennoch Veränderungen notwendig wurden, reagierte man darauf nicht einfach, indem man neue Gesetze beschloss, vielmehr interpretierte man alte Gesetze. Somit hatten ältere Gesetze immer den Vorrang vor neueren, umgekehrt zur späteren Entwicklung.

Es dürfte während der Landnahmezeit zu Lockerungen in den Rechtsauffassungen und Rechtsgewohnheiten der Menschen gekommen sein. Dies wird dazu geführt haben, dass häufig Streit entbrannte, der dann geschlichtet werden musste. Hierdurch stand den Menschen deutlich vor Augen, wie dringend sie einer verbindlich geordneten Gesellschaft bedurften. Als Hinweis auf die damals unsichere Situation kann man die vielen Bestimmungen der *Graugans* heranziehen, die regelten, wie Auslegungsstreitigkeiten beizulegen seien, wobei Wert auf die Auslegung der guten alten Gesetze gelegt wurde. Streit darüber, welche Gesetze zutreffend und gültig seien, konnte man der Lögrétta vorlegen. Die Entscheidung fiel aber nicht durch den Erlass von Gesetzen, sondern durch einen Mehrheitsbeschluss, welche Gesetze als gültig zu erachten seien. Dieses Vorgehen nannte man *að rétta lög*, und hiernach erhielt die Gesetzeskammer des Alþingi ihren Namen, Lögrétta. Man ging davon aus, dass im Grunde über Tatsachen und nicht über Ansichten befunden wurde. Auf diese Weise beschränkten die Gesetze die Macht und es war gesichert, dass die Gesellschaft nicht durch Gesetze geformt wurde, die allein dem Willen der Machthaber entsprangen.

Selbst wenn diese Methode viele Probleme löste, kam man doch nicht umhin, auch Neuerungen einzuführen. Die Menschen standen diesen skeptisch gegenüber und befürchteten, dass mit ihnen das althergebrachte Recht ausgehebelt werden könnte. Die *Graugans* sah zwar Neuerungen vor, bestimmte aber nicht genau, wie vorgegangen werden sollte. Eine Sache galt als einstimmig angenommen, wenn die Mehrheit der einflussreichsten Häuptlinge sich positiv geäußert hatte, schließlich war niemand an etwas gebunden, dem er nicht selbst zugestimmt hatte. Wenn Meinungsverschiedenheiten auftraten, mussten Kompromisse gefunden werden, ansonsten konnten die Menschen sich von den Gesetzen lossagen und es kam zur Spaltung oder gar zur Auflösung einer Gemeinschaft. Neu eingeführte Regeln waren somit im Verständnis der Menschen gleichbedeutend mit Verträgen zwischen freien Individuen.

Im isländischen Freistaat tauchten Gesetze als Befehle oder einseitig ausgesprochene Machtinstrumente nicht auf, sieht man von den Botschaften der Kirchenführer einmal ab. Den meisten Isländern der damaligen Zeit war die Pflicht zu Gehorsam und Unterordnung ein fremder Gedanke. Die Auffassung, dass Gesetze einseitige Befehle darstellten und die Untertanen zu Gehorsam verpflichtet seien, setzte sich in Island erst nach dem Ende des Freistaates durch, als im Jahr 1281 das neue Gesetzbuch *Jónsbók* eingeführt wurde.

Aufzeichnung von Gesetzen
Während des Mittelalters blieb, bedingt durch die mündliche Bewahrung der Gesetze, eine gewisse Flexibilität und Anpassungsfähigkeit an die jeweiligen Gegebenheiten bestehen, gleichzeitig entstand aber Rechtsunsicherheit sowohl auf Seiten der Untertanen als auch der Herrschenden. Das Christentum brachte die Schriftkultur mit sich und viele germanische Völker gingen schon lange vor der Besiedlung Islands dazu über, ihre Gesetze aufzuzeichnen. In Island geschah dies ab dem Winter 1117-1118. Ziel der Verschriftlichung war die Bewahrung der Gesetze ebenso wie die Schaffung höherer Rechtssicherheit. Es wurden aber nicht alle Gesetze aufgeschrieben, sondern vieles wurde weiterhin im Gedächtnis der Menschen bewahrt. Die aufgezeichneten Gesetzestexte wurden in Verzeichnissen gesammelt, die jedoch individuell zusammengestellt und bei denen je nach Bedürfnissen und Interessenlagen Teile ausgelassen oder hinzugefügt wurden. Mit der Zeit entstanden so Gesetzesverzeichnisse oder Codices, die keineswegs miteinander übereinstimmten. Dieses Problem sollte mit der *Graugans* gelöst werden, in der genau geregelt wurde, wie vorzugehen war, wenn die Texte voneinander abwichen.

Nun könnte man vermuten, dass es am einfachsten gewesen wäre, ein einziges Gesetzbuch in Island einzuführen, das alle gültigen Gesetzestexte enthielt. Doch dies entsprach nicht dem zeitgenössischen Rechtsverständnis der Isländer und war deshalb keine realistische Option. Schließlich hätte man dann eine zielgerichtete Legislative anerkennen müssen, die in den überkommenen Vorstellungen der Landsleute keinen Platz hatte. Danach hätten die Gesetze nicht länger alter Gewohnheit oder einem Vertrag entsprochen, sondern sie wären die Order eines Machthabers gewesen. Für dieses neue Verständnis gab es noch keine Basis und die gesetzlichen Bestimmungen blieben zunächst so, wie sie waren. Allerdings verwandelten die Gesetzestexte sich mit der Niederschrift in tote Buchstaben und entsprangen nicht mehr dem kreativen Denken lebendiger Menschen, sie wurden weniger flexibel, weil das Zusammenspiel von Vergessen und Anwendung sie nicht mehr zurechtschliff.

Zwei Gesetzesverzeichnisse sind vollständig sowie einige andere in Fragmenten überliefert. Das ältere Buch trägt den Namen *Konungsbók* (*Codex regius*) oder Königsbuch und wurde um 1250 aufgezeichnet. Das jüngere Buch wurde um 1270 niedergeschrieben. Es ist nach dem Hof Staðarhóll benannt und heißt deshalb *Staðarhólsbók*. Die Gesetzessammlung der Freistaatzeit wird Graugans (*Grágás*) genannt, wie schon deutlich geworden ist. Diesen Titel trägt sie allerdings erst ab einer Version von 1548, wobei unklar ist, woher der Name stammt. Die *Graugans* ist die umfangreichste Gesetzessammlung aller germanischen Völker im Mittelalter. Sie entstand vor dem Hintergrund einer jungen Gesellschaft mit einer aktiven Gesetzgebungs- und Schriftkultur. Im Vergleich zu den alten Sammlungen der nordischen Länder zeichnet die *Graugans* sich durch einen wesentlich formaleren und gelehrteren Sprachgebrauch aus. Sie ist weniger volksnah und ursprünglich als jene, es finden sich weniger Alliterationen und der Stil ist im Allgemeinen einfacher, argumentativer und zielgerichteter, selbst wenn der Text stellenweise schwer verständlich ist.

Die Richter und ihre Aufgaben
War man sich über Auslegung und Anwendbarkeit von Gesetzen uneinig, konnte die Lögrétta angerufen werden, hierzu musste kein Gerichtsfall im engeren Sinne vorliegen, sondern nur ein Streit darüber, welche Gesetze die richtigen wären. War man sich hingegen uneinig darüber, ob ein Gesetz gebrochen worden war, musste die Sache vor ein Gericht gebracht werden. Eine Schuldensache wurde z. B. erst ange-

strengt, wenn der Gläubiger seine Ansprüche geltend machte und der Schuldner die Fristen hatte verstreichen lassen, Schadensersatzforderungen kamen lediglich vor Gericht, wenn der Schädiger die Zahlung verweigerte, Strafsachen wurden angestrengt, wenn jemand ein Verbrechen begangen hatte. Im Unterschied zu heutigen Gepflogenheiten wurde nicht zwischen Privatrecht und öffentlichem Recht unterschieden, Prozessbeteiligte waren einzig Personen, keine öffentliche Gewalt. Nach Lage der Dinge bewerteten die Richter lediglich die Beweisführung und deren Übereinstimmung mit den gültigen, äußerst formellen Prozessregeln. Gerichte gab es, wie bereits erwähnt, beim Frühjahrsthing, außerdem die Viertelgerichte und das Fünfergericht beim Alþingi. Daneben existierten speziell eingesetzte Gerichte. Nach den Gesetzen waren keine ständig bestellten Richter vorgesehen, vielmehr wurden sie bei jeder Thingversammlung neu bestimmt. Sehr detaillierte gesetzliche Bestimmungen legten die genauen Voraussetzungen für die Richterwahl und die Prozessordnung für die einzelnen Gegenstände fest. Die allgemeinen Voraussetzungen für die Wahl zum Richter waren allerdings sehr großzügig, so lag das Mindestalter bei 12 Jahren.

Die Viertelgerichte
Über die isländische Gerichtsordnung vor der Aufteilung des Landes in Viertel, also vor 965, gibt es keine genauen Quellen. Wahrscheinlich existierte ein Gericht beim Alþingi, in das die Goden je einen Mann als Richter entsandten. In der *Graugans* heißt es über die Viertelgerichte (*Fjórðungsdómar*):

> Dies ist verordnet in unserm Gesetz, daß wir vier Viertelsgerichte haben sollen. Einen Mann soll ins Gericht ernennen jeder Gode, der ein altes und volles Godentum hat. Aber das sind volle und alte Godentümer: als noch drei Dingkreise waren in jedem

Viertel und drei Goden in jedem Dingkreis; da waren die Dingkreise noch ungespalten.[4] (*Graugans*, Abschnitt von der Dingordnung, Ernennung der Viertelgerichte).

Hiernach benannten die Goden auf der Thingversammlung die Richter für vier Viertelgerichte, entsprechend den Landesvierteln. In der *Graugans* wird nicht erwähnt, wie viele Richter in einem Viertelgericht sitzen sollten, wahrscheinlich waren es aber 36. Die Goden benannten die Richter aus dem Kreis ihrer Thingmänner, Beschuldigte konnten diese jedoch als befangen abweisen lassen. In solch einem Falle mussten die Goden neue Richter entsenden.

Grundsätzlich urteilten die Viertelgerichte in Angelegenheiten, die auf den Frühjahrsthingversammlungen nicht geregelt werden konnten, sowie bei uneindeutigen Urteilen. Daneben trat das Viertelgericht auch als erste Instanz auf. Um zu einem Ergebnis zu gelangen, mussten sich alle Richter des Viertelgerichtes einig sein. Dies ist dennoch nicht buchstäblich zu verstehen, wenn die Richter nicht alle derselben Meinung waren, musste die Minderheit aus mindestens 6 Richtern bestehen, andernfalls galt das Urteil als einstimmig angenommen. Urteilte ein Teil des Gerichtes abweichend, so gab es kein eindeutiges Urteil und die Beteiligten riefen das Fünfergericht an.

Das Fünfergericht
Über das Fünfergericht (*Fimmtardómur*) heißt es in der *Graugans*:

> Wir sollen haben ein fünftes Gericht; aber das heißt Fünfergericht. Einen Mann soll man in dieses Gericht ernennen für jedes alte Godentum: neun Männer aus jedem Viertel. Die Goden, die die neuen Godentümer innehaben, die sollen ein Dutzend ernennen in das Gericht. Dann werden es vier Dutzend und sind es dann zusammen zwölf Männer aus jedem Viertel. Aber das Fün-

4 Übersetzung aus: Heusler, 1937, S. 35.

fergericht soll man dann beschicken, wenn die Viertelsgerichte ernannt sind, und es sollen alle aufsmal hinausziehen zur Verhandlung, außer wenn sich die Männer der Gesetzeskammer auf anderes einigen. Aber das Fünfergericht soll man setzen in die Gesetzeskammer.[5] (*Graugans*, Vom Fünfergericht).

Im *Buch der Isländer* wird berichtet, dass das Fünfergericht in den Jahren gegründet wurde, als Skafti Þóroddson Gesetzessprecher war, d. h. im Zeitraum von 1004 bis 1030, ohne dass dies genauer datiert werden kann.

Als die Lögrétta zu Beginn des 11. Jh. ihre endgültige Form angenommen hatte, saßen im Fünfergericht 48 Männer und damit genauso viele, wie es Goden gab. Die Kläger und Beklagten konnten zu Beginn des Prozesses jedoch je sechs Männer abweisen lassen, sodass 36 Richter übrig blieben. Die Aufgaben des Fünfergerichtes waren zweigeteilt: Es entsprach im Prinzip einem Berufungsgericht, das uneindeutige Fälle der anderen Instanzen entschied. Allerdings muss bedacht werden, dass es nicht um Berufung im modernen Sinne ging. Das Gericht bewertete nicht die Tätigkeit der Viertelgerichte, vielmehr gab es kein Ergebnis aus dem Viertelgericht, wenn dieses gespalten war und ein geteiltes und damit uneindeutiges Urteil ausgesprochen hatte. Das Fünfergericht fällte dann ein eigenes, unabhängiges Urteil. In bestimmten Fällen fungierte es auch als erste und einzige Instanz, so z. B. bei Klagen über Meineid, Bestechung, unerlaubte Rettung von Geächteten (d. h. Waldmännern) oder auch Hilfeleistungen für Menschen, denen zu helfen verboten war. Im Fünfergericht entschied in der Regel die Mehrheit der Stimmen.

---

5 Übersetzung aus: Heusler, 1937, S. 73.

Allgemeine Kennzeichen der Gerichtsbarkeit

Die Verfahrensweise bei den Gerichten war äußerst kompliziert und in der *Graugans* gab es sehr genaue Beschreibungen für das Vorgehen in den Viertelgerichten. Der gesamte Prozess wurde mündlich und öffentlich geführt. Die Beteiligten hatten freie Hand beim Vorbringen ihrer Sache ohne Eingriff der Richter. Die Prozessordnung legte genaue Formen und Verfahrensweisen fest, die bis ins Detail zu beachten waren. Die geringsten Abweichungen konnten zur Ungültigkeit des Prozesses führen. Zwischen öffentlichem Recht und Privatrecht wurde zwar nicht unterschieden, eine gewisse Vorform eines öffentlichen Klägers ist aber darin zu erkennen, dass der Gode gelegentlich als Partei auftrat oder dass es in vielen Fällen jedem gestattet war, Klage zu führen.

Der Beweis war stark formalisiert, sodass in den Gesetzen genau vorgeschrieben war, wie welche Angelegenheiten zu beweisen waren, manche durch Geschworene, andere durch Zeugen usw. Die wichtigsten Beweismittel waren der Nachbarschaftsschwur (*búakviður*) und die Zeugenaussage. Zum Nachbarschaftsschwur wurden 5 bis 12 Männer herangezogen, diese äußerten sich allerdings nicht über Tatsachen, sondern darüber, wie sie annahmen, dass sich eine Sache abgespielt haben könnte oder mehr noch, was im Allgemeinen darüber gesprochen wurde. Der Nachbarschaftsschwur war damit ein Beweismittel der Wahrscheinlichkeit. Zeugen sagten dagegen über das aus, was sie selbst wahrgenommen, d. h. gesehen oder gehört hatten. Das Gericht bewertete nicht die Beweise an sich, sondern urteilte darüber, ob die Beweise formal richtig vorgetragen wurden. Das Beweisverfahren fand vor Gericht statt und anschließend wurde die Begründung vorgetragen. Danach musste jeweils ein Richter die Sache des Anklägers und ein anderer die des Verteidigers darlegen. Dies geschah öffentlich, sodass die entsprechende Partei die Möglichkeit hatte, Korrekturen vorzunehmen, wenn der Vortrag fehlerhaft war. Anschließend wurde das Urteil gefällt, wobei die Mehrheit entschied. Sobald das Urteil rechtmäßig beschlossen war, wurde es – je nachdem, wer gewann – durch den entsprechenden Richter, der die Sache für den Ankläger oder den Verteidiger vorgetragen hatte, verkündet. Die anderen Richter stimmten schließlich dem Urteil zu.

Die Landkreise
Auch wenn die Goden dazu verpflichtet waren, ihre Thingleute zu unterstützen, löste dies noch nicht alle Probleme, vor allem nicht solche, die mit der Armenversorgung verbunden waren. Diese Pflicht oblag der Sippe, doch nun hatten sich, wie oben erläutert, die Sippenbeziehungen gelockert und verschoben. Hierauf reagierte man mit der Gründung von Distrikten oder Landkreisen, die *hreppar* (Sg. *hreppur*) genannt wurden und die für die Armenfürsorge und andere Probleme zuständig waren. Wann und wie genau die Landkreise gegründet wurden, ist nicht ganz klar. Eine gewisse Ähnlichkeit kann man dennoch zu den Gilden und späteren Zünften des Mittelalters erkennen. Im Gegensatz zu den Godentümern waren die Landkreise lokale Einheiten, in jedem Landkreis sollten 20 steuerpflichtige (d. h. Thinggeld zahlende) Bauern angesiedelt sein. Die Grenzen der Landkreise entsprachen nicht den Gerichts- oder Kirchengemeindegrenzen. Man nimmt an, dass eine Vorform dieser Ordnung bereits Ende des 10. Jh. entstanden war. Wenn die Aufgabe der Landkreise in der Fürsorge für Arme und Bedürftige bestand, so bedeutete diese, dass die steuerpflichtigen Bauern die Armen für eine gewisse Zeit ernähren und den Bedürftigen jene Nahrungsmittel zukommen lassen mussten, die durch das Fastengebot der Kirche gespart wurden. Daneben gab es in einem Landkreis eine gemeinsame

Bürgschaft, die an heutige Versicherungsgesellschaften erinnert. So mussten alle Bauern Zuschüsse zahlen, wenn ein Bauer ihres Kreises mindestens ein Viertel seiner Rinder verlor oder wenn Häuser oder Kirchen abbrannten. Die Grundregel lautete, dass die Hälfte des Wertes durch Zuschüsse ersetzt werden musste, allerdings mit der Einschränkung, dass ein und derselbe Bauer sich einen Hausbrand nicht häufiger als dreimal ersetzen lassen konnte. Als der Kirchenzehnt im Jahr 1096/97 eingeführt wurde, erhielten die Landkreise die Aufgabe, den vierten Teil, der den Armen vorbehalten war, zu vergeben.

Die Landkreise waren unabhängig und verfügten eigenständig über ihre Angelegenheiten. Vorgesehen waren drei feste Versammlungen pro Jahr und bei Bedarf weitere. Auf diesen Versammlungen wurde ein Vorstand von fünf Männern aus den Reihen der Landbesitzer gewählt. Ihnen oblag hauptsächlich die Verteilung der Unterstützung an die Armen und Bedürftigen.

Neben der Armenfürsorge war eine der wichtigsten Funktionen der Landkreise die Organisation des gemeinsamen Schafabtriebs im Herbst. Man kann davon ausgehen, dass hier der Ursprung der Landkreise lag. Später kamen andere Aufgaben, wie die Dezimierung des Polarfuchses, Wege- und Brückenbau sowie der Unterhalt von Fähren hinzu.

Heidnische Traditionen und die Anfänge des Christentums

Heidentum
Es wird davon ausgegangen, dass die meisten Landnehmer in Island Heiden waren. Allerdings sind die Quellen hierüber sehr jung und daher nicht immer verlässlich. Quellen, denen man am ehesten trauen kann, stellen die Helden- und Götterlieder der sogenannten *Älteren Edda* bzw. der *Lieder-Edda* dar. Auf der Grundlage dieser Lieder hat Snorri Sturluson im 13. Jh. seine nach ihm benannte Edda geschrieben, die *Snorra-Edda* bzw. *Prosa-Edda*. Er verfasste sie als Lehrwerk zum Verständnis der alten Dichtung, heutzutage stellt sie jedoch die Hauptquelle über die nordische Mythologie dar. Hier muss allerdings eingeschränkt werden, dass die Schrift gut 200 Jahre nach der Annahme des Christentums entstand und Snorri Sturluson von der christlichen Lehre und Lebensauffassung geprägt war. Dasselbe gilt für andere Werke aus der zweiten Hälfte des 13. Jh., wie z. B. das *Landnahmebuch* und die meisten Isländersagas.

Zwar war Skandinavien zu Beginn der Wikingerzeit vollständig heidnisch, doch sind die Wikinger weit herumgekommen und haben sich u. a. unter christlichen Völkern auf dem Kontinent und in Großbritannien bewegt. Es wird ihnen kaum entgangen sein, dass die mächtigen Könige dieser Länder Christen waren. Dies dürfte, neben der Tatsache, dass sie sich von ihrer Heimat gelöst hatten, in der das Land von heiligen Mächten, Opferplätzen und Schutzgeistern besetzt war, Einfluss auf ihre Weltsicht gehabt haben. Außerdem waren einige bereits Christen oder durch sogenannte Primsigning in das Katechumenat integriert, d. h., sie waren zwar nicht getauft, hatten aber durch Bezeichnung mit dem Kreuz Zugang zur christlichen Gemeinschaft erhalten. Der

Glaube hatte so bereits unterschiedliche Formen angenommen, weshalb es wohl richtiger ist, von einer Glaubensmischung zu sprechen als von einer ganzheitlichen Religion. Die meisten Landnehmer kamen aus diesem Umfeld, ihre Glaubensvorstellungen unterlagen damit bereits ähnlichen Lockerungen wie ihre Rechtsvorstellungen, ohne dass jedoch die Grundlagen vollständig in Frage gestellt wurden. Der heidnische Glaube war daher nicht mehr so fest verankert wie bei ihren Verwandten in Skandinavien, er war aber keineswegs verschwunden.

Im Grunde setzte sich das Heidentum aus zwei Aspekten zusammen: dem Glauben an Schutzgeister (*vættir*) und dem an die Götter (*goð*). Schutzgeister waren übernatürliche Wesen, die in Gestalt von Menschen oder Tieren auftreten konnten und die in Wasserfällen, Felsen und Hainen oder anderen außergewöhnlichen Naturerscheinungen lebten. Götter stellte man sich in Menschengestalt vor, es gab eine große Anzahl von ihnen und jeder hatte spezifische Eigenschaften und Funktionen. In Island glaubten die Menschen an Thor (*Þór*), den Gott des Donners, der Fruchtbarkeit, des Regens und des Windes. Er wurde vor allem von Bauern verehrt. Belege hierfür sind Eigennamen, Flurbezeichnungen und schriftliche Quellen, die an Thor erinnern. An zweiter Stelle stand Freyr, der mit Schweinen und Pferden in Verbindung gebracht wurde, und schließlich Njörd (*Njörður*), der Gott der Seefahrer und der Schifffahrt. Odin (*Óðinn*) hingegen, der Gott der Dichtung und des Krieges, der nach der *Snorra-Edda* der höchste der Götter gewesen sein soll, wurde in Island, soweit man weiß, nicht verehrt.

Der heidnische Glaube war individuell geprägt, er war kein Glaubenssystem, das durch einen Priesterstand gepflegt und verwaltet werden musste. Der Glaube drückte sich in äußeren Handlungen aus, nicht zuletzt durch die Teilnahme an heiligen Ritualen. In Skandinavien wurden solche Handlungen als Opfer (*blót*) bezeichnet, die entweder in der freien Natur oder in großen Langhäusern, die sonst andere Funktionen hatten, ausgeführt wurden. Im Zusammenhang mit diesen Handlungen wurden Opferfeiern abgehalten, bei denen männliche Tiere, vor allem Stiere, geopfert wurden und die Festgäste anschließend das Fleisch verzehrten. Selbstverständlich konnten kaum andere als Häuptlinge, die über große Häuser verfügten, solche Opfer ausrichten, und hierbei drängt sich der Gedanke an die Inhaber von Godentümern auf.

Wie bereits erwähnt, war das Heidentum schon auf dem Rückzug, als Island besiedelt wurde, und aller Wahrscheinlichkeit nach ist es in Island nie so verbreitet und verwurzelt gewesen, wie in manchen Quellen behauptet wird. Hierfür spricht auch, dass das Christentum in Island im Unterschied zu den skandinavischen Ländern ohne nennenswerte Auseinandersetzungen eingeführt wurde.

Christlicher Einfluss

Wie oben bereits beschrieben, ließen sich christliche Einflüsse in Island schon während der Landnahmezeit feststellen. Sie kamen vor allem aus Irland und von den schottischen Inseln, ohne dass eine eigentliche Mission stattgefunden hätte. Letztere setzte hingegen ab etwa 980 ein. Das Zentrum dieser Mission lag in Hamburg, wo um die Mitte des 9. Jh. ein Erzbistum gegründet worden war, von dem aus die nordischen Länder christianisiert werden sollten. Als Folge dieser Anstrengungen wurden die Beziehungen der nordischen Länder zum europäischen Festland und insbesondere zum deutschen Kulturraum enger, während sich die Verbindungen zu den westlichen Kolonien lockerten. Anfangs hatte die Mission wenig Erfolg, doch unter König Olaf Tryggvason, der das Christentum in Norwegen mit dem Schwert durchgesetzt hatte, wurden Missionare nach Island geschickt.

Die Isländer hingegen widersetzten sich der Botschaft der Missionare und wollten wenig mit ihrer Lehre zu tun haben. Es gibt gleichwohl keine Quellen darüber, dass Isländer die Missionare angegriffen oder ihnen gegenüber gewalttätig geworden wären. Auf der anderen Seite kam es aber vor, dass die Missionare Zerstörungen anrichteten und sogar an Totschlägen beteiligt waren. Möglicherweise entsprang der isländische Widerstand eher dem Misstrauen gegenüber der Königsmacht als einem Widerwillen gegen das Christentum an sich. Der König, so glaubte man, strebte hier Macht und Einfluss an und trat unter der Maske des weißen Christus auf. Die Quellen berichten auch davon, dass der König Drohungen aussprach und Isländer, die sich in Norwegen aufhielten, als Geiseln nahm. Zwei isländische Häuptlinge versuchten daraufhin, den Zorn des Königs zu besänftigen, indem sie ihm Hilfe bei der Christianisierung Islands zusagten.

Die Annahme des Christentums
Die wichtigste Quelle über die Annahme des Christentums ist das *Buch der Isländer* von Ari dem Gelehrten, auch wenn sein Bericht nicht ganz eindeutig ist. Zwei Häuptlinge, die König Olaf Tryggvason ihre Unterstützung zugesichert hatten, ritten im Sommer des Jahres 1000 zum Alþingi. Als sie dort ankamen, wäre es fast zu einer Schlacht gekommen, doch die Aufregung legte sich und sie trugen ihr Anliegen am Gesetzesberg vor. Es wurde wohlwollend aufgenommen, dennoch begannen die Menschen, sich voneinander und von den Gesetzen loszusagen, die Heiden von den Christen und die Christen von den Heiden. Die Gesellschaft drohte sich zu spalten.

Hier kommen die Rechtsvorstellungen der germanischen Völker in Bezug auf Beschlussfassungen deutlich zum Vorschein: Beschlüsse sind einstimmig zu fassen, schließlich ist niemand an Entscheidungen gebunden, denen er nicht selbst zugestimmt hat. Auf der Thingversammlung trafen zwei große Parteien unter der Führung mächtiger Häuptlinge aufeinander, und keine der beiden konnte ihren Willen durchsetzen. In einer solchen Situation gibt es nur einen Weg, Auflösung und Krieg zu vermeiden, und der führt über Vermittlung und Kompromiss. Der Anführer der Christen traf so den Anführer der Heiden, um eine Lösung zu finden. Anschließend überdachte er die Sache einen Tag und eine Nacht lang und verkündete schließlich seinen Spruch, dass alle Menschen Christen sein, die Heiden aber bestimmte Rechte behalten sollten. Bemerkenswert ist, dass er in seinem Urteilsspruch das Christentum nicht mit einem Wort erwähnte, sondern einzig von der Bewahrung des Friedens und der Einheit des Volkes sprach. Wie immer es um die historische Wahrheit dieses Berichtes bestellt sein mag, so gibt er doch ein deutliches Bild von den politischen Vorstellungen der Isländer jener Zeit.

Die Etablierung des Christentums
Nach dem Tod des Königs Olaf Tryggvason in der Schlacht bei Svolder im Jahr 1000 hat es offenbar Rückschritte bei der Etablierung des Christentums in Norwegen gegeben. Für Island ist dies nicht zu erkennen. Es ist nicht anzunehmen, dass die Annahme des Christentums sofort bedeutenden Einfluss auf die Lebensauffassungen der Menschen gehabt hat, doch äußerliche Veränderungen gab es durchaus: Wohlhabende Häuptlinge, darunter oft Goden, errichteten Kirchen und der christliche Gottesdienst trat an die Stelle der heidnischen Opferfeste.

Im Jahr 1014 wurde Olav Haraldsson, später der Heilige, König von Norwegen. Er beließ es nicht dabei, das Christentum nur in Norwegen zu fördern, sondern bemühte sich auch um die von Norwegen aus besiedelten Länder, zweifellos um dort an Einfluss zu gewinnen. So ging er schnell dazu über, sich in Island zu engagieren, und konnte erreichen, dass die rechtlichen Ausnahmen, die den Heiden bei der Annahme des neuen Glaubens gewährt worden waren, aufgehoben wurden. Außerdem schickte er Holz für den Bau einer Kirche in Þingvellir sowie Bischöfe nach Island.

Für eine gewisse Zeit hatte die Ostkirche Einfluss in Island, immerhin gab es weitreichenden Kontakt zwischen den nordischen Ländern und der Rus (*Garðaríki*). Aus Schriften von Ari dem Gelehrten ist zu schließen, dass Kleriker der Ostkirche nach Island kamen. Der Erzbischof in Bremen untersagte dies allerdings und verbot den Isländern, Dienstleistungen von ihnen in Anspruch zu nehmen. Dieses Verbot wurde später in der *Graugans* unterstrichen, indem dort einzig Gottesdienste u. Ä. von Klerikern zugelassen wurden, die Latein beherrschten und eben nicht Griechisch oder Armenisch.

Isländische Kirchenleitung
Während der ersten Jahrzehnte leiteten ausländische Missionsbischöfe das Kirchenamt in Island. Allerdings kamen und gingen sie, sodass sich keine festen Strukturen herausbildeten. Es dauerte aber nicht lange, bis mit Ísleifur Gissurarson der erste Isländer ein Studium auf dem Kontinent aufnahm, genauer gesagt in Herford im Herzogtum Sachsen. Anschließend traten andere in seine Fußstapfen und studierten in derselben Gegend, einer jedoch vermutlich in Paris. Ísleifur wurde im Jahr 1056 in Bremen zum Bischof geweiht. Während seiner Weihereise suchte er u. a. den Kaiser des Heiligen Römischen Reiches, Heinrich III., sowie Papst Leo IX. auf. Damit hatte das erste Mal in der Geschichte ein studierter Isländer im Namen seines Volkes die beiden höchsten Führer der Christenheit getroffen und die

Isländer sozusagen einen Fuß in die Gemeinschaft der zivilisierten Nationen gesetzt.

Als der neue Bischof nach Island zurückkehrte, erwarteten ihn Probleme verschiedener Art: schlechte Witterung, Geldmangel und der Widerstand einiger Landsleute. Dennoch gründete er eine Schule zur Ausbildung des Klerus, wie es seinen Pflichten entsprach. Aus den lückenhaften Quellen ist zu schließen, dass der Unterricht am Bischofssitz in Skálholt abgehalten wurde, wie es noch bis 1785 der Fall war. Daneben bildeten studierte Priester junge Männer aus und auch auf zwei Großbauernhöfen wurden Schulen gegründet. In Schulen dieser Art erhielten Geschichtsschreiber wie Ari der Gelehrte und Snorri Sturluson ihre Ausbildung.

Organisation der Kirche
Bischof Ísleifur Gissurarson starb im Jahr 1080 und sein Sohn Gissur Ísleifsson übernahm das Amt. Ihm kam es größtenteils zu, die Kirche in Island zu organisieren, bis er 1118 starb.

Zu den ersten Amtshandlungen des Bischofs Gissur Ísleifsson gehörte es, einen festen Bischofssitz in Island zu gründen, zumal sein Vater noch Missionsbischof gewesen war. Hierzu stiftete er der Kirche das Erbe seines Vaters, den Grundbesitz Skálholt, allerdings unter der Bedingung, dass dort der Bischofssitz entstehen und erhalten werden sollte, solange es Christen in Island gebe. Anschließend wurde im Jahr 1106 ein zweites Bistum in Nordisland gegründet und in Hólar angesiedelt. Auch hier entstand eine Schule, die bis ins Jahr 1800 arbeitete. Somit gab es ab dem frühen 12. Jh. zwei Bistümer in Island, die im Jahr 1800 zu einem vereint wurden.

Einer der wichtigsten Schritte zur Etablierung der Kirche war die Einführung des Kirchenzehnten im Jahr 1096/97.

Mit ihm erhielt die Kirche feste Einnahmen. Interessanterweise wurde diese Steuer ohne nennenswerten Widerstand eingeführt und eine der naheliegendsten Erklärungen dürfte sein, dass die Bauern die Kirchen auf eigene Kosten errichtet hatten und für ihren Unterhalt einschließlich der Dienste der Priester selbst aufkommen mussten. Es lag also durchaus in ihrem Interesse, wenn die Kirche nun über regelmäßige Einnahmen verfügte. Der isländische Zehnt war eine Eigentumssteuer in Höhe von einem Prozent eines bestimmten Mindesteigentums. Diese Regelung wich vom allgemeinen Kirchenrecht ab, nach dem der Zehnt ein Prozent der realen Einnahmen betragen sollte. In Island führten spezifische Bedingungen zu dieser Sonderregelung und spätere Quellen lassen den Schluss zu, dass sie damals vom Papst genehmigt worden ist. Der eingenommene Zehnt wurde genauso wie in anderen Teilen Europas in vier gleiche Teile geteilt, die an den Bischof, die Priester, die Kirchen und die Armen gingen. Die sogenannten Kirchenbauern, d. h. diejenigen, die auf ihrem Land eine Eigenkirche errichtet hatten, erhielten nun die Anteile für die Kirche und den Priester, wodurch ihnen die Kosten ersetzt wurden. Im Grunde zogen die weltlichen Herrscher daher finanziellen Vorteil aus der Einführung des Kirchenzehnten und dies erklärt, warum sich kein Widerstand gegen die Einführung dieser Steuer regte. Die Vorsteher der Landkreise wiederum übernahmen die Verteilung des Anteils für die Armen, was darauf hinweist, dass die Landkreise (*hreppar*) schon zu diesem frühen Zeitpunkt wirksame Verwaltungseinheiten gewesen sind.

Ein weiterer wesentlicher Schritt zur Etablierung der Kirche war die Aufzeichnung der Kirchengesetze in den Jahren 1122-1132/33. Während seiner Amtszeit (1178-1193) arbeitete Bischof Þorlákur Þórhallsson weiter an diesen Gesetzen und veröffentlichte zu Beginn ausführliche Beichtvorschriften, die Teil seines Einsatzes für die Hebung der Sitten bei Klerus und Laien gleichermaßen waren und in denen Bußen für die schwersten Sünden festgelegt waren.

Schließlich sind die Klöster zu nennen, die die Stellung der Kirche in der Gesellschaft wesentlich stärkten. Vorformen der Klosterkultur fanden sich in Island bereits ab der Mitte des 11. Jh., das erste beständige Kloster wurde jedoch erst 1133 gegründet. Danach nahm die Zahl der Klöster langsam zu und wuchs auf elf, die dauerhaften Bestand hatten, neun davon waren Mönchsklöster und zwei Nonnenklöster. Die zuerst gegründeten gehörten dem Benediktinerorden an, die späteren dem der Augustiner. Die Klöster übernahmen mit ihrem Dienst an Alten und Kranken, die bei ihnen Asyl fanden, wichtige soziale Funktionen. Sie waren aber auch bedeutende Bildungsinstitutionen, wie später genauer diskutiert werden wird.

Einzelne Bereiche der Gesetzgebung

Strafen und andere Sanktionen
Jede Gesellschaft muss auf Gesetzesverstöße reagieren und den inneren Frieden sichern. Die erste Stufe der Rechtswahrung stellt die Rache dar, die später durch Bestimmungen über Strafen und andere Sanktionen ersetzt wird. In Island einigte man sich auf dreierlei Strafen: In erster Linie die Buße, die man nach heutigem Sprachgebrauch als Bußgeld bezeichnen würde. In zweiter Linie verschiedene Geldstrafen, die gelegentlich gleichzeitig Schadenersatz und Strafe darstellten, und drittens die Ächtung, die aus befristetem oder dauerhaftem Ausschluss aus der Gesellschaft bestand. Die milde Acht beinhaltete, dass der Schuldige innerhalb von drei Jahren nach dem Urteilsspruch das Land verlassen musste. Bis dahin wurden ihm jedoch drei sichere Aufenthaltsorte gewährt. Nachdem er für weitere drei Jahre dem Land fern geblieben war, durfte er zurückkehren. Die strenge Acht beinhaltete wahrscheinlich einen lebenslangen Ausschluss, sodass dem Betroffenen keine Hilfe gewährt werden und er straflos getötet werden durfte. Die Verwirklichung der Strafe lag in den Händen des Klägers, der ein Urteil erwirkt hatte.

Die Sippe
Wie bereits erwähnt haben sich mit der Landnahme Verschiebungen in den Sippen eingestellt, nichtsdestotrotz gab es viele gesetzliche Bestimmungen, die die Sippen betrafen. Die Sippenzugehörigkeit oder Verwandtschaft wurde bis in den fünften Grad zurückverfolgt. Nach den Gesetzen lag die Zuständigkeit für die Armenfürsorge vorrangig bei den Sippen. Das Erbe war an die Sippe gebunden und auch die individuelle Verfügungsgewalt über Eigentum war durch

die Rechte anderer Sippenangehöriger eingeschränkt. Weiterhin oblag es der Sippe, Tötungsdelikte zu verfolgen und ggf. zu vergelten. Innerhalb der Sippe genossen Frauen grundsätzlich geringere Rechte als Männer und unehelich geborene Angehörige standen ehelichen nach. Die Beziehungen innerhalb der Verwandtschaft waren aber nicht weniger sittlich-moralischer Natur als rechtlicher, so sollte der Frieden gewahrt bleiben und Totschlag innerhalb der Sippe galt als äußerst schändliche Tat. Mit dem Ende des Freistaates ließ die Bedeutung der Sippe nach, zumal sich eine organisierte Staatsgewalt herausbildete.

Eigentumsrechte und Handel
Das Eigentum genoss nennenswerten gesetzlichen Schutz. Der Ursprung des Eigentums ist in der Landnahmezeit zu sehen, als die Neuankömmlinge Land in Besitz nahmen, das niemandem gehörte. Hierbei berief man sich auf ein Recht, das in der europäischen Rechtswissenschaft mit dem Begriff *occupatio* belegt ist. Nachfolgend erwarb man Land durch Erbe oder Kauf.

Im isländischen Freistaat war der Handel zwar nicht umfangreich, schließlich war die Subsistenzwirtschaft noch bestimmend, dennoch regelte die *Graugans* einige Bereiche. Hauptsächlich ging es dabei um den Kauf und Verkauf von Land, der nach äußerst formalen Regeln abgewickelt wurde.

Die Ehe
Über die Ehe gab es ausführliche Bestimmungen in der *Graugans*. So mussten zur Begründung einer Ehe eine Reihe von Voraussetzungen erfüllt sein, Altersbeschränkungen gehörten jedoch nicht dazu. Aus den Sagas ist zu ersehen, dass Mädchen ab einem Alter von 13 Jahren heirateten. Die Frau bedurfte der Zustimmung ihres Vormundes. Bei Verwandtschaft bis in den fünften Grad war die Heirat untersagt,

später wurde dies auf den vierten Grad beschränkt. Als Vorstufe zur Heirat galt die Verlobung, mit der die künftigen Eheleute sich zur Heirat verpflichteten, die Ehe wurde dennoch formal nicht vor der Hochzeit geschlossen. Diese war rechtsgültig, wenn mindestens sechs Zeugen anwesend waren und der Bräutigam mit der Braut am helllichten Tag das Bett teilte. Eheleute waren dazu verpflichtet, zusammenzuleben, wobei der Mann den Ort bestimmte. Nach der *Graugans* waren sowohl gemeinsame als auch getrennte Wirtschaftsführung erlaubt, wobei Letztere verbreiteter war. Der Ehemann verfügte über die Mittel der Frau, gleichzeitig hatte sie beschränkte Verfügungsgewalt. Weiterhin war der Ehemann die Rechtsperson in allen Angelegenheiten der Ehefrau. Scheidung war erlaubt und die Bedingungen dafür in den Gesetzen geregelt. Mit dem bereits erwähnten Christenrecht wurden Eheangelegenheiten der Kirche unterstellt.

Erbe
Im Prinzip war das Erbe durch Verwandtschaft bestimmt, sodass nähere Verwandte den Vorrang vor ferneren hatten, schließlich bestand das Ziel darin, das Eigentum in der Sippe zu halten. Durch den Einfluss der Kirche wurden diese Regelungen gelockert und es wurde möglich, einmalig ein Zehntel seines Eigentums als Gottesdank zu verschenken. Außerdem war es gestattet, Stiftungen zum Wohle der Allgemeinheit, an die Armen oder zum Bau von Wegen und Brücken und damit zur Verbesserung der Infrastruktur vorzunehmen, in diesen Fällen galten aber besondere formale Regeln. Weiterhin konnte man ohne die Zustimmung der Verwandten ein Testament anfertigen und seinen Besitz gegen die Zusicherung eines Asyls im Alter oder bei Krankheit an einzelne Personen, die Kirche oder ein Kloster überschreiben. Mit Einführung des Christenrechts fielen auch

Erbangelegenheiten zu großen Teilen in die Zuständigkeit der Kirche.

Innere Kämpfe

*Auseinandersetzungen zwischen weltlichen
und geistlichen Herrschern*
Oben wurde bereits deutlich, dass die Kirche sehr von den weltlichen Häuptlingen abhängig war. Auch in Europa war die Stellung der Kirche damals ähnlich, bis Papst Gregor VII. (1073-1085) seinen Kampf für ihre Befreiung einleitete. Damit schloss er an Reformen an, die ihren Anfang im Jahr 910 im französischen Kloster Cluny genommen hatten. Zu den Hauptzielen des Papstes gehörte es, der Kirche eine eigene Gesetzgebungsgewalt und Gerichtsbarkeit in ihren Angelegenheiten zu sichern und die selbstständige Verfügung über kirchliches Eigentum und Ämter zu erlangen. Daneben strebte er die Befreiung des Klerus von weltlichen Verpflichtungen wie der Steuer und dem Heeresdienst an und forderte das Zölibat.

Der Isländer Þorlákur Þórhallsson war während seines Studiums in England und Frankreich mit dieser Politik in Berührung gekommen. Er wurde 1178 zum Bischof geweiht und schon im darauffolgenden Jahr erhob er Forderungen auf die Verfügung über Güter, die der Kirche zugeeignet worden waren. Noch hatte er aber wenig Erfolg damit. Seine Gegner waren die isländischen Kircheneigner, allen voran der einflussreiche Jón Loftsson (1124-1197), der aus der norwegischen Königsfamilie abstammte. Auf diese Auseinandersetzungen wird später zurückzukommen sein.

Zunehmender Unfriede
In der isländischen Geschichte hat die Periode von der Annahme des Christentums im Jahr 1000 bis etwa 1130 den Titel Friedenszeit erhalten. Zwar liegen kaum zeitgenössische Quellen vor und es kann als unwahrscheinlich gelten, dass

es keinerlei Auseinandersetzungen und Unstimmigkeiten gegeben hat, dennoch ist anzunehmen, dass größere Kämpfe ihre Spuren in den schriftlichen Quellen hinterlassen hätten. Zur weiteren Stützung der These von der Friedenszeit ist darauf hinzuweisen, dass ausreichend Land zur Verfügung stand und die Macht so gleichmäßig auf die Herrscher verteilt war, dass es keinen Anlass für Kämpfe gab. Die politische Organisation des Landes war reformiert und gestärkt worden, u. a. mit der Aufteilung in Landesviertel im Jahr 965 und mit der Gründung des Fünfergerichts nach dem Jahr 1000. Dennoch sicherten diese Veränderungen den Frieden nicht dauerhaft, wie sich später zeigen sollte.

Die Goden bildeten das Machtzentrum des isländischen Freistaates. Sie stützten sich auf ihre Thingmänner und zwischen beiden herrschte gegenseitiges Vertrauen. Die Gefolgsleute eines Goden erhielten für ihre Unterstützung dessen Schutz, immerhin war die schützende Hand eines mächtigen Herrschers notwendig in einer Gesellschaft ohne funktionierende Staatsgewalt. Die Ehre eines Goden hing davon ab, ob er diese Aufgabe erfüllen konnte. Gelang ihm das nicht, konnten seine Thingmänner sich von ihm lossagen und sich einem anderen Goden anschließen, dem sie eher trauten. Das Recht zum Wechsel in ein anderes Godentum dürfte aber eher Gesetzesbuchstabe als Realität gewesen sein, schon weil es für die Thingmänner besser war, in der Nähe ihrer jeweiligen Goden zu wohnen. Allerdings begannen die Goden bereits im frühen 12. Jh. damit, Godentümer anzuhäufen, und Quellen aus dem späten 12. Jh. zeigen, dass die mächtigsten Häuptlinge Thingmänner in Gebieten hatten, die weit abseits ihrer Einflussbereiche lagen. Hingegen gibt es keine Quellen darüber, wodurch diese Entwicklung ausgelöst wurde. Es ist aber zu bedenken, wie schwach das politische System war und wie wenig es solchen Prozessen langfristig entgegenzusetzen hatte.

Da keine spezifischen Zeugnisse vorliegen, muss man, um eine Erklärung zu finden, eher von allgemein-menschlicher Erfahrung ausgehen. Damals wie heute verfügten die Menschen über unterschiedlich hohe persönliche Autorität. Sicherlich haben die Thingmänner sich eher denjenigen angeschlossen, die sie für mächtig hielten, für reich und einflussreich, und die ihnen daher den besten Schutz garantieren konnten. Diese Goden erweiterten ihren Machtbereich auf Kosten anderer, und die Wahrscheinlichkeit, dass es zu Konflikten mit denjenigen kam, die ihre Thingleute verloren, stieg. Ein Gode, der seine Thingmänner einbüßte, hatte zwei Möglichkeiten: Er konnte entweder zum Kampf rüsten oder er konnte sein Godentum aufgeben, sich dem ihm überlegenen anschließen und von diesem die Würde empfangen, die ihm zukam. Doch neben Autorität und Führungsstärke hatten auch andere Faktoren Einfluss. Mit der Einführung des Zehnten kurz vor der Jahrhundertwende 1100 stiegen die Einnahmen der Kirchen. Diese stärkten die Macht der Goden mit attraktiven Eigenkirchen, schließlich floss die Hälfte des Zehnten in ihre Kassen. Außerdem förderten lokale Bedingungen die Konzentration von Godentümern in den Händen weniger, z.B. in den dichter besiedelten Gegenden mit guter Infrastruktur. In der Folge begünstigte diese Entwicklung die Einflussnahme der Goden auf die Gesetzgebung und die Benennung von Richtern. Die Godentümer wurden so gleichsam zu kleinen Reichen, gut abgegrenzten Machteinheiten, die die Basis für die Herausbildung einer Oligarchie bildeten.

Nach den Quellen nahmen die kriegerischen Auseinandersetzungen in Island um 1120 zu und die Zeichen der Zeit kündigten eine große Schlacht zwischen zwei mächtigen Häuptlingen an, die oberflächlich betrachtet durch einen nichtigen Anlass ausgelöst wurde, tatsächlich aber einem erbitterten Machtkampf entsprang. In diesem Falle konnte man sich noch einigen, bevor die Waffen zum Einsatz kamen. Später jedoch, vor allem in der zweiten Hälfte des 12. Jh., wird von verschiedenen Reibereien zwischen den Machthabern berichtet, die im 13. Jh. schließlich eskalierten.

Bei den Goden führte der stetige Unfriede und Mangel an Sicherheit neben kaum verhüllten Machtkämpfen zu höherem Interesse an der Sammlung von Thingmännern. Zunehmend konzentrierten sich die Godentümer in den Händen Weniger, deren Einflussgebiete sich ausdehnten. In der Folge lösten sich die persönlichen Beziehungen zwischen Goden und Thingleuten und das gegenseitige Vertrauen schwand. Damit gingen die Kräfte verloren, die bis dahin die Gesellschaft zusammengehalten hatten. Nun gingen die Goden dazu über, ihre Thingmänner einzuschüchtern, zu unterdrücken und zu erpressen. Doch wenn sie Gebiete eroberten, in denen sie keine Sippen- oder Freundschaftsbeziehungen hatten, schwächte dies letztlich ihre Position, denn es war niemand vor Ort, der ihre Macht hätte stützen können. Hinzu kam, dass die Herrscher nun häufig wechselten und lange abwesend waren. Zur Wahrung ihrer Macht waren die Goden deshalb mehr als zuvor auf ihre Thingleute angewiesen, immerhin mussten sie diese zum bewaffneten Kampf heranziehen. Doch die Thingmänner konnten sich auch zusammentun und ihre Unterstützung verweigern oder sie an Bedingungen knüpfen, wodurch sie gegenüber den Häuptlingen einen Trumpf in Händen hielten. Sie mussten sich nicht einmal mehr auf die Gesetze berufen, die ihnen den Wechsel in ein anderes Godentum erlaubten, ihre eigene Kraft genügte. Hierdurch wuchs der Einfluss einzelner unabhängiger Bauern, die entweder sehr wohlhabend waren oder über große Autorität verfügten. Sie übernahmen die Verhandlungsposition der Bauern gegenüber den Häuptlingen. Am Ende mussten die Häuptlinge, wollten sie die Macht in einem Landkreis erringen, zunächst die Zustimmung der Bauern einholen. Hier entstand neben der überkommenen Gewalt der Goden eine neue gesellschaftliche Gruppe mit Führungsanspruch.

Die Konzentration der Godentümer und ihre Transformation in Kleinreiche führten dazu, dass um 1220 der größte Teil des Landes von nicht mehr als sechs Sippen beherrscht wurde. Zwischen diesen gab es heftige Auseinandersetzungen, die im Laufe des Jahrhunderts zunahmen und schließlich das gesamte politische System lahmlegten. Es ist sehr schwierig, einen eindeutigen Ablauf der Ereignisse zu rekonstruieren, zumal die Kämpfe nicht nur zwischen den Sippen, sondern auch innerhalb derselben stattfanden und sich ausschließlich um Macht und Einfluss drehten.

Nirgends wurden Konzepte zur Verbesserung der politischen Ordnung auf der Grundlage des Freistaates entwickelt. Vielmehr bestand die einzige Lösung darin, sich nach Art der benachbarten Völker einer Königsmacht zu unterwerfen. Zu diesem Zeitpunkt war bereits eine Reihe von einflussreichen Isländern zu Höflingen des norwegischen Königs geworden und im Zeitraum 1217-1263 schworen fast alle wichtigen isländischen Häuptlinge dem König die Treue. Hierdurch unterstanden sie den Gesetzen des Hofes und waren dem König zu Loyalität und Gefolgschaft verpflichtet.

Das Jahr 1220 brachte die Wende. Norwegische Kaufleute standen im Zwist mit isländischen Häuptlingen, und der Jarl, der dem König am nächsten war, drohte mit einem Kriegszug gegen Island. Zur selben Zeit hielt sich der mächtige isländische Häuptling und Geschichtsschreiber Snorri Sturluson in Norwegen auf. Er war seit 1218 Höfling des Königs und hatte einen Titel erhalten, durch den er zu den Ranghöchsten am Hofe gehörte. Er konnte den Kriegszug verhindern, indem er versprach, Island unter die Macht des Königs zu bringen. Gleichwohl unternahm er wenig, als er nach Island zurückkehrte. In den Jahren 1236-1238 versuchte einer seiner Neffen, Sturla Sighvatsson, dem König zu seinem Recht zu verhelfen, fiel aber in einer großen Schlacht im Jahr 1238. Auch dessen Bruder Þórður verschrieb sich 1247-1250 demselben Ziel, verfolgte es aber kaum. Weitere Häuptlinge traten in die Fußstapfen von Sturla und Þórður, doch der Unfriede, Mord und Totschlag, hielten an, bis es in Island keinen Herrscher mehr gab, der dem König verpflichtet war. Zu dieser Zeit hielt sich Gissur Þorvaldsson in Norwegen auf und erhielt vom König den Fürstentitel Jarl. Ursprünglich stand derjenige, der den Jarlstitel erhielt, dem König als Souverän am nächsten, doch nun hatte der Einfluss der Jarle auf die Regierung des Landes so nachgelassen, dass kaum mehr übrig war als der bloße Titel. Gissur ließ sich davon jedoch nicht beeindrucken und gründete bei seiner Rückkehr nach Island einen Fürstenhof und begann, Titel zu vergeben. Er wollte sicherlich vollendete Tatsachen schaffen, denn im Alten Vertrag (*Gamli sáttmáli*), der 1262-64 geschlossen wurde, war festgelegt, dass Island von einem Jarl regiert werden sollte. Doch nach dem Tod von Gissur Þorvaldsson 1268 verschwand der Jarlstitel aus der isländischen Geschichte.

Um die Mitte des 13. Jh. verschärfte sich der Kriegszustand in Island und in den Jahren 1238, 1244, 1246 und 1255 fanden große Schlachten statt. In der zeitgenössischen Schrift *Sturlunga saga* wurden die Opfer detailliert aufgeführt und für den Zeitraum 1208-1260 nicht weniger als 350 Gefallene gezählt. Dabei ist nicht anzunehmen, dass tatsächlich jeder Einzelne gezählt wurde, dennoch gibt uns diese Schrift einen Einblick in die Größenordnungen. Zwar wirkt die Zahl heute nicht besonders hoch, doch die stetigen Kriegshandlungen lasteten auf der Bevölkerung, die in großer Unsicherheit lebte. Die Bauern und ihre Hausleute konnten von der Arbeit weg zu Heerzügen gerufen werden, selbst während der Erntezeit, und es war immer ungewiss, ob sie lebend und unversehrt wiederkehrten. Außerdem zogen die Heere ohne eigene Versorgung durch das Land und belasteten die Höfe der Bauern. Sie verwüsteten sogar ganze Landstriche, zerstörten den Boden und schlachteten das Vieh, damit es nicht dem Feind zugute kam.

Gissur Þorvaldsson hatte vom König aber nicht nur den Jarlstitel erhalten, sondern auch weitreichende Ländereien in Island, die er meinte, durch seine Höflinge erlangt zu haben, auch wenn dies nicht ganz ohne Widerstand abging. Dennoch zeigte Gissur wenig Engagement für die Angelegenheiten des Königs, sodass dieser hochgestellte Höflinge zur Kontrolle und Ermahnung nach Island schickte. Um seiner Sache Nachdruck zu verleihen, begann der König, einen der Widersacher Gissurs, seinen Höfling Hrafn Oddsson, gegen diesen zu unterstützen. Nach einer komplizierten Abfolge von Ereignissen, während der die Häuptlinge gegeneinander ausgespielt wurden, schworen die wichtigsten isländischen Herrscher und Bauern dem König schließlich den Treueeid als seine Untertanen, behielten sich aber gleichzeitig bestimmte Rechte vor. Der entsprechende Vertrag erhielt den Titel *Gamli sáttmáli* oder Alter Vertrag und wird später genauer erläutert werden.

Die politische Philosophie des isländischen Freistaates
Im Laufe der Zeit haben sich viele Wissenschaftler, darunter vor allem deutsche Rechtshistoriker, mit dem isländischen Freistaat befasst, dessen politische und rechtliche Verfassung als einzigartig gilt, obwohl er auf derselben Basis ruhte wie andere germanische Gesellschaften.

Das wichtigste Organ des Freistaates war die landesweite Thingversammlung, das Alþingi. In der Wikingerzeit wurden vielerorts in Nordeuropa solche Things gegründet, deren Ursprung auf die Versammlungen der germanischen

Stämme während der Völkerwanderungen zurückging. Die Besonderheit des Alþingi liegt vor allem darin, dass es so lange aufrechterhalten wurde, denn zählt man die Nachfolgeinstitutionen mit, existierte es bis ins Jahr 1800. Diese Langlebigkeit erklärt sich u. a. dadurch, dass das Alþingi das Zentrum der Gesellschaft darstellte, wenngleich es aus dem Nichts aufgebaut werden musste, und dass es alle drei Grundfunktionen ausfüllte: Rechtsbewahrung, Gesetzgebung und Gerichtsbarkeit.

Über den Aufbau und die Funktionsweise des Alþingi weiß man recht genau Bescheid, zumal die Schriftkultur kurze Zeit nach dessen Gründung Einzug in Island hielt. Diese Kenntnisse können auch ein Streiflicht auf die Vorstellungen der germanischen Völker in Bezug auf die gesellschaftliche Ordnung, die Regierungsformen und rechtlichen Grundlagen im Mittelalter werfen. Der Rechtsbegriff selbst ist oben schon diskutiert und dabei dargestellt worden, dass die Bestimmungen der *Graugans* über die Anwendung, Novellierung und Neuerlassung von Gesetzen interessante Hinweise auf die Rechtsauffassungen des Mittelalters geben können.

Die Basis des isländischen Freistaates scheint eine Art informeller Gesellschaftsvertrag gewesen zu sein. Bei der Auslegung von Gesetzen wurde Bezug auf das allgemeine Rechtsbewusstsein und die Rechtsgewohnheiten genommen oder auf etwas, das als Generationenvertrag bezeichnet werden kann. Bei neuen Gesetzen hingegen berief man sich auf diejenigen, die den Vertrag schlossen, zumal niemand an etwas gebunden war, dem er nicht selbst zugestimmt hatte. Im Laufe der Zeit wurden die neuen Gesetze in die Tradition aufgenommen und galten dann als alte und damit gute Gesetze. Dieses Vorgehen beinhaltete, dass Gesetze nicht als Machtinstrument der Herrschenden betrachtet wurden, wie es später der Fall war und vor allem während des Absolutismus bis zum äußersten durchgesetzt wurde, sondern dass sie der Macht Grenzen setzten. Hieraus darf natürlich nicht der Schluss gezogen werden, dass die Gesetze vollkommen gewesen wären oder allen gleichermaßen genutzt hätten. Dennoch kann man davon ausgehen, dass Gesetze, die über einen langen Zeitraum hinweg im Dialog der Generationen oder durch Kompromisse zwischen gegnerischen Kräften geformt worden sind, einer Mehrheit gute Dienste leisteten und das Volk gegen Übergriffe der Machthaber schützten. Allerdings hatten die Organisationsformen, die auf der Grundlage dieses Rechtsbegriffes errichtet worden sind, nicht die nötige Stabilität und waren – wie oben gesehen – nicht dazu geeignet, den Frieden zwischen den Machthabern zu sichern. Auch in den Beziehungen zwischen Goden und Thingmännern zeigte sich der Vertragsgedanke und begrenzte die Macht in gewisser Weise.

Ausgehend von diesen Grundsätzen gab es im isländischen Freistaat keine zentrale Exekutive in dem Sinne, dass ein Machthaber die Einhaltung der Gesetze kontrolliert hätte. Die Institutionen des Freistaates hatten einzig die Funktion, das Recht zu definieren, nicht aber, es durchzusetzen. Dies war eine Etappe auf dem Weg zur Befriedung und Ordnung der Gesellschaft, in der nun nicht mehr der Einzelne einseitig die Entscheidung treffen konnte, sein Recht durchzusetzen, sondern sich vielmehr um die Anerkennung seines Rechtes durch die Lögrétta und die Gerichte bemühen musste. Sobald diese Anerkennung vorlag, war es jedoch nach wie vor seine Aufgabe, sich um die Umsetzung zu kümmern.

In der Vergangenheit ist das Fehlen einer Exekutivgewalt häufig als Mangel und als wesentliche Ursache für den Verlust der isländischen Selbstständigkeit beschrieben worden. Doch die politische Verfassung des Freistaates gründete maßgeblich auf der Ablehnung einer zentralen Königsmacht. Genau genommen war die Königsmacht im frühen Mittelalter auch in anderen europäischen Reichen eher schwach und die Gesellschaften zeichneten sich durch eine gewisse Anarchie aus. Doch nach und nach wuchs die Macht der Könige, wodurch der Frieden besser als zuvor gesichert werden konnte. Dieser Entwicklung schlossen sich die isländischen Häuptlinge eher notgedrungen als freiwillig an. Es gelang ihnen nicht mehr, ihre spezifische Position zu halten und sie unterwarfen sich in gleicher Weise wie andere Herrscher des Mittelalters einem König. Sie wählten sich aber keinen einheimischen König, sondern einen, der in angemessener Entfernung saß. So konnten sie ihre Eigenständigkeit am ehesten bewahren.

Nichtsdestotrotz kann man im Freistaat die Keimzelle einer Exekutivgewalt finden, wenn man die Beteiligung der Goden an bestimmten Streitsachen betrachtet. Darüber hinaus war es in spezifischen Fällen verboten, sich außergerichtlich zu einigen, ohne die Zustimmung der Lögrétta einzuholen. In weiteren Fällen stand sogar Strafe darauf, wenn man sein gesetzlich festgelegtes Recht nicht verfolgte. Außerdem war es jedem gestattet, bestimmte Klagen vorzubringen, sofern der entsprechend Geschädigte dies nicht tat oder wenn der Gesetzesverstoß sich gegen keine konkrete Person richtete.

Die große Formalität, an die alle Verfahren vor Gericht und insgesamt alle juristischen Handlungen gebunden waren, hatte den Zweck, stets das richtige Vorgehen und die sichere Beweisführung zu gewährleisten. Hierbei lohnt es sich, daran zu erinnern, dass diese Formgebundenheit einer schriftlosen Gesellschaft entsprang, in der eindeutig sein musste, wann verbindliche Erklärungen abgegeben wurden. Dies geschah durch die Verwendung festgelegter Formeln und die Ausführung entsprechender Gesten. Fast könnte man behaupten, dass die Schauspielkunst hier in den Dienst der Gerichtsbarkeit und anderer Rechtshandlungen genommen wurde.

Es ist überlegenswert, ob die Legislative und Judikative im isländischen Freistaat nicht doch in gewisser Weise voneinander getrennt waren. Sofern man den Maßstab späterer Zeiten anlegen darf, könnte man den Erlass neuer Gesetze durch die Lögrétta als Entsprechung der gesetzgebenden Gewalt und die Rechtsfindung durch die Lögrétta sowie die Bestätigung der Beweisführung durch die Gerichte als Entsprechung der Gerichtsbarkeit ansehen. Schließlich bestimmt sich die Funktion der Legislative durch allgemeine Gesetzgebung und die der Judikative durch die Anwendung von Regeln in der Auseinandersetzung verschiedener Parteien. Die Gesetzgebung ist prinzipiell progressiv orientiert, sie verfasst neue Gesetze. Die Gerichtsbarkeit hingegen ist regressiv orientiert, sie wendet vorhandene Gesetze an. Beide schaffen eine zukünftige Ordnung, doch sie nähern sich ihrem Gegenstand aus unterschiedlichen Richtungen. Der Gesetzgeber geht von seinen Ideen über eine wünschenswerte Verfassung der Dinge aus, das Gericht wertet spezifische Vorgänge unter Heranziehung der gültigen Gesetze. Durch Interpretation oder Neuregelungen werden Gesetze aber auch an bestimmte Entwicklungen angepasst. Beide Verfahren und Blickrichtungen ergänzen einander und so entsteht in der Gesetzgebung eine Wechselwirkung von Tradition und Veränderung. Diese Grundsätze finden in der *Graugans* im Abschnitt über die Lögrétta ungewöhnlich deutlichen Ausdruck.

Schließlich ist noch zu erwähnen, dass das Alþingi der Freistaatzeit mit der *Graugans* eine der umfangreichsten und bemerkenswertesten Gesetzessammlungen der germanischen Völker im Mittelalter hinterlassen hat. Sie hatte erheblichen Einfluss auf die Gesetze des *Jónsbók*, die 1281 in Kraft traten, und noch immer sind in Island einzelne Gesetze gültig, die bis auf die *Graugans* zurückzuführen sind.

Wo lag die Schwachstelle?
Die Prinzipien, die der gesetzlichen Ordnung des Freistaates zugrunde lagen, hatten ihren Ursprung in der überkommenen Ideenwelt der germanischen Völker. Dort hatte ein König oder ein anderer Stammeshäuptling zwar einen festen Platz, doch gesellschaftliche Probleme wurden auf den Versammlungen der freien und waffenfähigen Männer gelöst. Nach den Darstellungen des Tacitus in seiner *Germania* hatte der König zwar Vorschlagsrecht, aber keine Befehlsgewalt. Lediglich im Kriegsfalle, wenn es auf eine effektive und durchsetzungsfähige Gewalt ankam, übernahm der König die Führung, in Friedenszeiten hielt er sich eher im Hintergrund.

Aus den Worten Tacitus' kann man ableiten, dass überkommenes Gewohnheitsrecht die Hände des Königs band oder seine Macht beschränkte, solange nichts anderes beschlossen wurde. Diese Sichtweise hielt sich bis in die Zeit der Monarchie. Einseitige Machtbekundungen wurden so zurückgewiesen. Der Gesellschaftsvertrag, der seinen Ausdruck in den Gesetzen fand, umfasste die Menschen eines bestimmten Gebietes, sodass sich in der Namensgebung gern Gesetze und Regionen überschnitten, wie z. B. in den norwegischen Gulading- oder Frostadinggesetzen (*Gulaþings-, Frostaþingslög*). Auch die in der *Graugans* häufig verwendete Formel »nach unseren Gesetzen« lässt auf eine regionale Einheit schließen. Die Gesetze und die Tradition waren somit die einigenden Kräfte der Gesellschaft und nicht etwa der oder die Machthaber mit ihren Befehlen, Verboten und Geboten.

Der isländische Freistaat ruhte offensichtlich auf denselben grundlegenden Ideen, allerdings mit der Spezifik, dass hier eine zentrale Macht vollständig abgelehnt wurde, zumal man sie nicht für notwendig erachtete, weil es keinen Grund zur Landesverteidigung gab. In einer derartigen Gesellschaft gibt es keinen Machthaber, der die Einhaltung der Gesetze kontrolliert und damit für den Erhalt des Gesellschaftsvertrages sorgt. Ursprünglich konnte einzig die Rache, die erste Stufe der Rechtswahrung, diese Funktion übernehmen. In der *Graugans* wurde die Rache geregelt, damit sie nicht in Zügellosigkeit führte. Die Isländersagas geben ein lebendiges Bild von der Bedeutung der Rache in einer Gesellschaft, in der sie als moralische Pflicht erschien. Die Rache steigert allerdings den Unfrieden, und in den Gesetzen des Freistaates wurde ihr das gerichtliche Verfahren entgegengesetzt. Gleichwohl scheinen die mächtigen Häuptlinge des 13. Jh., als sie ihre Godentümer aufgaben, eher den Weg der persönlichen Einigung oder des Vergleichs gesucht zu haben, statt ihre Angelegenheiten vor Gericht zu bringen, schließlich entsprach das eher ihrer Ideenwelt, wie oben erläutert wurde. So konnten sie die Dinge flexibler regeln als vor den Gerichten, um die ein kompliziertes Netzwerk aus Verfahrensregeln gewoben war.

Der grundlegende Gedanke des Freistaates über einen Vertrag, der sich auf der allgemeinen Ebene in den Gesetzen und auf der individuellen Ebene im gegenseitigen Vertrauen, z. B. zwischen Goden und Thingmännern, niederschlug, genügte, um der Gesellschaft eine notwendige Struktur zu verleihen, er fiel aber in sich zusammen, als die Goden begannen, ihre Einflussgebiete zu vergrößern. Von nun an ruhten die Beziehungen nicht mehr auf individuellen Voraussetzungen, sondern wurden durch Macht und Gehorsam geregelt, und es fehlte an Instrumenten, um den Häuptlingen Einhalt zu gebieten. Mit der Vereinnahmung immer größerer Gebiete verschärften sich die Konflikte zwischen ihnen und es gab keinerlei innenpolitische Lösungsstrategien. Die Berichte der Isländersagas – nicht zu reden von den zeitgenössischen Sagas – zeichnen ein scharfes Bild jenes Kriegszustandes und des Mangels an Sicherheit, der die Gesellschaft um die Mitte des 13. Jh. erfasste. Der Schwachpunkt war somit das grundlegende Prinzip, auf dem der Freistaat beruhte, und die sich daraus ergebenden Strukturen.

Wie bereits erwähnt, hatten im 13. Jh. die meisten isländischen Häuptlinge dem König die Treue geschworen. Sie waren seine Höflinge und hatten ihm schon häufig Streitfälle zur Entscheidung vorgelegt. Auf der anderen Seite hatten die norwegischen Könige schon früh Interesse an Island gefunden, wie sich u. a. im Prozess der Christianisierung gezeigt hatte, bei dem außer Frage stand, dass es sich um einen Versuch handelte, unter dem Deckmantel des Christentums Einfluss in Island zu erringen. Dies scheint den Isländern klar gewesen zu sein und es erklärt den – wenn auch beschränkten und nicht sehr tiefgreifenden – Widerstand gegen die Missionierung. Während des Machtkampfes der Könige in Norwegen selbst, d. h. im Zeitraum 1130-1220/40, hatten diese nicht genügend Freiraum, ihren Einfluss über den Atlantik hinweg auszudehnen. Doch nachdem Håkon der Alte (1217-1263) Norwegen befriedet hatte, strebte er die Macht über Island und die anderen Atlantikinseln an. Da lag es nahe, die isländischen Höflinge zum Einsatz zu bringen, die dem König den Treueeid geschworen hatten und dadurch den Gesetzen des Hofes und der Zucht des Königs unterlagen. Auf diesem Wege konnte der norwegische König sich seinen Anteil an der weltlichen Macht in Island sichern.

Doch welche Rolle spielte die Kirche? Die isländische Kirche unterstand dem Erzbischof in Nidaros (Trondheim) und die isländischen Bischöfe, ganz gleich ob sie aus Norwegen oder Island stammten, unterstützten die Sache des Königs. Ihnen lag daran, Frieden in Island einziehen zu lassen. Dasselbe Argument benutzte der König, rechtfertigte damit seine Einmischung und konnte isländische Häuptlinge auf seine Seite ziehen. Hierbei ist zu bedenken, dass eine der wichtigsten Aufgaben des gerechten christlichen Königs eben die Sicherung des Friedens in der Gesellschaft darstellte. Letztlich ist noch an den Außenhandel zu erinnern, der größtenteils in der Hand von Norwegern lag.

Die althergebrachten norwegischen Regionalthings, bei denen die Bauern zusammenkamen und die Probleme der Gemeinschaft durch Einigung lösten, mussten gegenüber der wachsenden und vorpreschenden Königsmacht klein beigeben. Dasselbe galt für den isländischen Freistaat, in dem die gesellschaftliche Ordnung zusammengebrochen war und anarchische Zustände herrschten. Die Isländer hatten damit kaum eine andere Wahl, als derselben Entwicklung zu folgen, die sich auch sonst in Europa durchsetzte und die auf eine zentralisierte und institutionalisierte Staatsgewalt unter der Führung eines Königs hinauslief. Der anhaltende innere Machtkampf stagnierte schon längst in einer ausweglosen Pattsituation.

Der König hatte gegenüber den isländischen Häuptlingen weiterhin den Vorteil, dass er mehr darstellte. Schon während der Christianisierung war er als eine Art Stellvertreter Christi erschienen und konnte sich auf das Theoriegebäude der Kirche stützen. Dort wurde u. a. davon ausgegangen, dass das Königtum göttlichen Ursprungs und der König ein Abbild Gottes (*imago Dei*) sei. Der König verkörperte – wie es im zeitgenössischen norwegischen Königsspiegel (*Konungs skuggsjá*), einem Lehrwerk für junge Könige, hieß – Mannesklugheit, gute Sitte und höfische Art; wobei die Mannesklugheit Werte wie Wahrhaftigkeit, Gerechtigkeit, Friedfertigkeit und Weisheit umfasste. Auf eine solche Legitimation konnte kein isländischer Häuptling verweisen und hatte damit auch kaum eine Rechtfertigung für seinen Anspruch auf die Macht. Deshalb war es naheliegender, sich auf eine nachgeordnete Stellvertreterfunktion im Namen des Königs zu berufen. So wurde die politische Verfassung Islands unter den Vorzeichen der norwegischen Königsmacht an die europäischen Gepflogenheiten der Zeit angepasst und die Gesellschaft endlich befriedet. Es darf auch nicht vergessen werden, dass die Idee von einem unabhängigen Nationalstaat im damaligen Europa noch keine Rolle spielte. Außerdem war der König weit genug entfernt, sodass die engagiertesten isländischen Häuptlinge ihre Anliegen durchsetzen konnten, selbst wenn sie dem König pro forma Treue geschworen hatten und ihm steuerpflichtig waren. Betrachtet man den äußerst knapp gehaltenen Text des Alten Vertrages von 1262-1264, durch den die Isländer sich dem norwegischen König unterwarfen, so fällt auf, dass dort dreimal vom Frieden die Rede ist und dem König ganz ähnliche Grenzen gesetzt werden wie in anderen vergleichbaren Kontrakten der Zeit.

Die Etablierung staatlicher Gewalt in Island

Der Alte Vertrag 1262-64
Die inneren Kämpfe in Island endeten, als sich die einheimischen Häuptlinge mit dem sogenannten Alten Vertrag (*Gamli sáttmáli*) von 1262-1264 der Macht des norwegischen Königs unterstellten. Zu diesem Zeitpunkt waren auch die Finnmark, Grönland, die Färöer-Inseln, die Shetland- und Orkney-Inseln sowie die Insel Man Steuerprovinzen des norwegischen Königreichs. Alle diese Länder waren von Norwegen aus besiedelt worden, die neue einigende Kraft war jedoch die Staatsgewalt, die sich inzwischen herausgebildet und während der Herrschaft Håkons des Alten gefestigt hatte. Die isländischen Häuptlinge hatten dem König zwar ihre Treue geschworen, gleichzeitig aber auch Bedingungen gesetzt. So bestand der Alte Vertrag aus zwei Teilen, einem Abschnitt über die Pflichten und einem über die Rechte, wie es allgemein bei entsprechenden Verträgen im Mittelalter üblich war. Die wichtigsten Bestimmungen sind wie folgt zusammenzufassen:

Die Bauern sagten dem König Steuerzahlungen zu, die dennoch auf einen Höchstbetrag im Wert von 20 Ellen gewebten Wollstoffes begrenzt waren. Steuerpflichtig waren die Thinggeld zahlenden Bauern. Gleichzeitig schworen sie ihm »Land und Untertanen«, d. h., sie erkannten seine Vorherrschaft an.

Im Gegenzug gewährte der König »Frieden und isländische Gesetze«, damit akzeptierte er die gesetzgebende Gewalt des Alþingi und sicherte gleichzeitig die Einhaltung der Gesetze und Sicherung des Friedens zu.

Schließlich wurde ein Widerspruchsrecht formuliert, nach dem die Bauern dem König und seinen Erben die Treue so lange schworen, wie der Vertrag eingehalten wurde, sich aber lossagen konnten, sobald dies »nach Ansicht der besten Männer« nicht mehr der Fall war. Die zitierte Formel über die besten Männer umfasste nach damaliger Auffassung die wichtigsten weltlichen Häuptlinge in Island, nicht aber die Vertreter des norwegischen Königs. Der Vertragstext weist weitere Bestimmungen auf, wobei jedoch ungeklärt ist, ob diese bereits Bestandteile der frühen Version waren oder erst später hinzukamen.

Welche Vorteile brachte der Alte Vertrag?
Mit dem Vertrag wurden zwei Ziele erreicht. Zum einen konnten die selbstständigen isländischen Häuptlinge das politische Problem lösen, Frieden einziehen zu lassen. Zum anderen konnte der König seine Ambitionen zur Ausweitung und Festigung seines Herrschaftsbereiches in die Praxis umsetzen. Der Vertrag ist bemerkenswert knapp formuliert. Sicherlich haben die Großbauern, die an ihm beteiligt waren, die Sache so eingeschätzt, dass im Vertragstext einzig Fragen geregelt werden müssten, die Uneinigkeiten zwischen der Königsmacht und den Häuptlingen hervorgerufen hatten, und dass ihre Rechte damit hinreichend gesichert seien. Was darüber hinausging, gehörte offenbar nicht in den Vertrag.

Mit dem Königswechsel wurde der Alte Vertrag erneuert und revidiert und während der ersten Jahrzehnte durch weitere Artikel ergänzt, bis sich ein Gleichgewicht zwischen dem König und den Vertretern Islands eingestellt hatte. Letztere beharrten das ganze Mittelalter hindurch auf den Rechten, die ihnen mit diesem Vertrag zugesichert wurden, und der König hatte kaum eine andere Wahl, als sie anzuerkennen. Immerhin war es bis ins 16. Jh. unrealistisch, eine Kriegsflotte gegen Island einzusetzen. So wurde der Alte Vertrag mit seinen späteren Ergänzungen für die Isländer im gesamten Zeitraum von 1262 bis 1662 zu einem grundlegenden Rechtsdokument gegenüber der Königsmacht, auch wenn er in den letzten Jahrhunderten eher der Form nach in Kraft war. Dem Vertragsabschluss folgte in den nächsten beiden Jahrzehnten eine umfangreiche Gesetzgebertätigkeit. Gleichzeitig wurde in Island mit der Unterordnung unter das norwegische Regierungssystem die Basis für die Entwicklung moderner staatlicher Strukturen gelegt.

Gesetzgebung und Alþingi
König Håkon der Alte starb im Jahr 1263 und sein Sohn Magnus Håkonsson, später der Gesetzesverbesserer genannt, übernahm die Macht. Er initiierte eine umfangreiche Reform der norwegischen Gesetzgebung, die er in zwei Phasen, 1267-1269 und 1271-1277, umsetzte. In der zweiten Phase trat das neue Landrecht (*Landslov*) in Kraft, das nach Magnus dem Gesetzesverbesserer benannt wurde. Dieses norwegische Landrecht wurde den vier regionalen Thingversammlungen Norwegens zur Bestätigung vorgelegt. Derselbe Prozess wurde 1276 für das Stadtrecht (*Bylov*) und 1274-1277 für die Hofordnung (*Hirdskrá*) durchgesetzt. Hiernach erschien es als selbstverständlich, dass auch das isländische Recht reformiert werden sollte. So sandte man im Jahr 1271 ein neues Gesetzbuch nach Island, das den Titel *Járnsíða* (Eisenseite) erhielt. Es sollte dem isländischen Thing zum Beschluss vorgelegt werden, zumal das Alþingi nach dem Alten Vertrag einen Anteil an der gesetzgebenden Gewalt hatte. Jedoch hielt man das Gesetzbuch für ungeeignet in Hinsicht auf die isländischen Besonderheiten und forderte eine Revision. Anstelle einer Revision der *Járnsíða* wurde jedoch ein gänzlich neues Gesetzbuch entworfen und 1280 nach Island geschickt. Als hauptsächlicher Verfasser dieses Buches galt der isländische Rechtsgelehrte Jón Einarsson, weshalb man das Gesetzbuch nach ihm *Jónsbók* nannte.

Der hier zum Vorschein kommende Widerstand des Alþingi gegen die Einführung neuer Gesetze und damit gegen die Königsmacht weist auf eine erheblich machtvollere Stellung des isländischen Things im Vergleich zu den norwegischen Regionalthings hin.

Auf dem Alþingi im Sommer 1281 wurde das Gesetzbuch nicht ratifiziert, vielmehr teilte sich die Thingversammlung entsprechend der damals üblichen Ständeordnung in drei Parteien: den Klerus, die Königstreuen (als Entsprechung des Adels) und die Bauern. Ein Bürgerstand existierte in Island nicht, zumal es keine Städte gab. Anschließend legte jeder Stand seine Anmerkungen schriftlich nieder.

Die Vorlage dieser Kritikpunkte auf dem Alþingi wurde durch bemerkenswerte Wortwechsel begleitet. Der Abgesandte des Königs, Lodin Lepp, verlangte von den Anwesenden, das gesamte Gesetzbuch sofort zu bestätigen und verlas einen Brief des Königs, in dem die Einführung der Gesetze befohlen und bei Widersetzung mit dem königlichen Zorn gedroht wurde. Als Antwort darauf verlas der Bischof einen Brief des Erzbischofs, der die Einführung vieler Abschnitte des Gesetzbuches untersagte. An dieser Stelle wurden die Isländer mit voller Schärfe auf die Bedeutung des Gesetzes als Befehl und Machtinstrument gestoßen, auf ein Rechtsverständnis, das auf die Gesetzessammlung des römischen Kaisers Justinian (*Corpus Iuris Civilis*) zurückging, deren Schlüsselsatz, »*Quod principi placuit legis habet vigorem*«, im Mittelalter dahingehend interpretiert wurde, dass der Wille des Monarchen Gesetz sei, dass ihm allein die Gesetzgebungsgewalt zufalle. Außerdem trafen hier zwei grundlegend verschiedene Interpretationen der mittelalterlichen Rechtsphilosophie über den Ursprung des Rechts aufeinander, ob nämlich einerseits die Gesetze aus dem Volk erwuchsen oder andererseits das Volk die Gesetze aus der Hand der Herrscher empfinge.

Nach langen Diskussionen wurde das Gesetzbuch mit einigen Vorbehalten ratifiziert, neun Anwesende allerdings, die dem Bischof folgten, wollten es nicht anerkennen. Schließlich ließ Lodin Lepp nach Ende der Thingversammlung eine üppige Feier ausrichten, bei deren Ende man darin übereinkam, dem König ein Dokument mit dem Wunsch nach Änderung bestimmter Abschnitte des Gesetzbuches vorzulegen. Diese Änderungen wurden in gewissem Maße bei den Revisionen der Gesetze durch den König 1292, 1305 und 1314 berücksichtigt.

Trotz der zunächst schlechten Aufnahme wurde das *Jónsbók* mit der Zeit akzeptiert und blieb als Fundament der isländischen Gesetzgebung bis ins 18. Jh. in Kraft. Noch heute sind 45 Kapitel im Ganzen oder teilweise gültiges Gesetz in Island und es kommt vor, dass vor Gericht auf sie Bezug genommen wird.

Neue Regierungsinstitutionen

Der König
Mit der Einführung der *Járnsíða* und dem Inkrafttreten des Abschnittes über die Thingversammlung wurde die Verfassung des isländischen Freistaates formal außer Kraft gesetzt und die überkommene Ordnung der Godentümer und Gerichte durch die königliche Staatsgewalt abgelöst. Die politische Ordnung Islands wurde größtenteils an die norwegische angepasst, man kann sogar sagen, dass sie ihr untergeordnet wurde. Die entscheidende Neuerung bestand darin, dass nun alle Isländer Untertanen des Königs wurden. Der Alte Vertrag mit seinen späteren Ergänzungen beschränkte aber gleichzeitig die Macht des Königs. Einzelne Abschnitte des *Jónsbók* regelten das Königserbe – Norwegen war seit 1260 eine Erbmonarchie – sowie die Untertanenpflichten der Isländer, die sich mit dem Alten Vertrag zur Zahlung von Steuern an den König verpflichtet hatten.

Dem König oblag die höchste gesetzgebende Gewalt in weltlichen Angelegenheiten. Die Kirche erhob hingegen Anspruch auf die Gesetzgebung und Gerichtsbarkeit in kirchlichen Angelegenheiten, so auch in Bezug auf den Klerus und das Christenrecht. Über die Grenzziehung zwischen der Macht des Staates und der Kirche gab es in Island wie anderswo in Europa lang andauernde und harte Auseinandersetzungen. Das *Jónsbók* regelte im 2. Kapitel des Abschnittes über das Christentum die Stellung der weltlichen und geistlichen Macht und ging von Gleichrangigkeit aus: Der König habe seine Macht über die weltlichen Dinge ebenso von Gott erhalten wie der Bischof die seine über die geistlichen Dinge. Der König gelobte, die christlichen Gesetze, die von ihm und den Einwohnern des Landes anerkannt worden waren, einzuhalten und sie nach seinen, ihm von

Gott verliehenen Kenntnissen zu ergänzen und zu verbessern.

Der Reichsrat
Der König wurde in seiner täglichen Arbeit vom Reichsrat unterstützt, der sich aus Ratgebern zusammensetzte, die ihm am nächsten standen. Der Reichsrat traf wichtige Entscheidungen in Bezug auf die Gesetzgebung und die Außenpolitik. Außerdem vertrat er die Königsmacht, wenn der König unmündig war, wodurch sein Einfluss erheblich zunahm. Zu Beginn des 14. Jh. war der Reichsrat zu einer festen Institution geworden. In isländischen Angelegenheiten spielte der Rat eine Rolle in der Gesetzgebung und bei Fragen des Außenhandels. Weiterhin wurde er von isländischen Häuptlingen in Gerichtssachen angerufen. Im Reichsrat saßen u. a. namentlich bekannte Isländer.

Der Hof und die Kanzlei
Der Hof stellte das Zentrum des staatlichen Regierungssystems dar. Er unterstand eigenen Gesetzen und die Höflinge waren der strengen Zucht des Königs unterworfen, genossen gleichzeitig aber Privilegien. Der Hof überwachte die Befolgung der Gesetze und übernahm andere Regierungsaufgaben.

Wie bereits erwähnt, waren auch Isländer Höflinge des Königs, der Jarle und anderer norwegischer Herrscher. Sie empfanden dies als große Ehre und kehrten ihre Position gern heraus. Wie andere Höflinge waren auch sie dem König zu Loyalität und Disziplin verpflichtet und vertraten deshalb schon während der Freistaatszeit die Interessen des Königs in Island. Innerhalb des Hofes waren die Statthalter (*hirðstjórar*) die ranghöchsten Beamten und ab 1320 führte der höchste Vertreter des Königs in Island diesen Titel. Der Statthalter über Island übernahm die Verantwortung für die

Regierung des Landes, für die Einziehung der königlichen Steuern, die Verwaltung der königlichen Besitztümer und die allgemeine politische Kontrolle.

Innerhalb des Hofes bildeten sich nach und nach besondere Institutionen oder Sekretariate heraus, wovon die Kanzlei (*kansellíið*) das wichtigste war. Die Kanzlei gab offizielle Dokumente wie Verordnungen, Briefe und Urkunden heraus und verwaltete die Rechnungsführung über die Einnahmen und Besitztümer der Krone. Außerdem verwahrte sie die Archive des Reiches. In der Kanzlei arbeiteten weder Männer aus einflussreichen Sippen noch hochgestellte Kleriker, vielmehr waren dort niedriger gestellte Männer mit guter Bildung, vor allem im Rechtswesen, beschäftigt, auf deren Treue der König sich verlassen konnte. Etwa um 1300 hatte der König eine Reihe von hochgebildeten Beamten um sich versammelt, die oft im Ausland studiert hatten und das neue norwegische Regierungssystem nach englischem und französischem Vorbild formten.

Häuptlingsversammlungen
Auf diesen Versammlungen kamen die wichtigsten weltlichen und geistlichen Oberhäupter des Reiches zusammen, doch ab 1280 trafen sich die kirchlichen Führer separat, zumal die Kirche mehr Souveränität erlangt hatte. Die Versammlungen wurden allerdings nicht regelmäßig abgehalten, sondern nur, wenn es spezifische Probleme zu lösen galt, wie z. B. Fragen der Gesetzgebung, des Reichserbes, der Stellung des Königs und der Kirche. Für die isländische Geschichte spielen sie kaum eine Rolle, es sei denn im Zusammenhang mit den Auseinandersetzungen zwischen Staat und Kirche.

Die Bezirksvorsteher

Norwegen wurde in Regierungsbezirke, sogenannte *Syssel*, unterteilt, deren Verwaltung oder Vorstand einem Beamten, dem *Sysselmann*, übertragen wurde. Das Amt dieses Bezirksvorstehers wurde zuerst in Gesetzestexten aus der Regierungszeit von König Magnus Erlingsson (1163-1183) erwähnt, etablierte sich hingegen zu Zeiten des Königs Sverrir Sigurdsson (1184-1202) und nahm seine endgültige Form mit der Einführung des *Landslov* von Magnus dem Gesetzesverbesserer (1271-1274) an. Im 13. Jh. trugen diese Ämter zur Stärkung des norwegischen Regierungssystems bei. Es gibt sogar einige Beispiele dafür, dass isländische Häuptlinge, die sich dem König angeschlossen hatten, in Norwegen solche Ämter ausfüllten. In Island wurde das Amt des Bezirksvorstehers[1] mit den Gesetzbüchern *Járnsíða* und *Jónsbók* eingeführt.

Die Hauptaufgaben der Bezirksvorsteher bestanden in der Einziehung der Steuern und Abgaben im Namen des Königs, in der Benennung von Männern für die Gerichte, der Sicherung der inneren Ordnung und des Friedens sowie der Bestrafung von Gesetzesbrechern. Außerdem führten sie die Aufsicht über den Handel und die Preise. Sie hatten einerseits die Rechte der Kirche zu schützen und andererseits die Laien vor Übergriffen des Klerus zu bewahren. Bezirksvorsteher waren unentgeltlich zum Besuch des Alþingi verpflichtet und mussten eine bestimmte Zahl von Bauern zum Alþingi schicken. Kurz gesagt bestand ihre Funktion in der Umsetzung der Gesetze und Steuereintreibung. Bezirksvorsteher bezogen entweder Lohn oder sie übernahmen ihren Bezirk als Lehen. Grundsätzlich war das Amt mit bedeutenden Privilegien verbunden, immerhin waren

---

1 *sýsla* (Plural: *sýslur*): Regierungs- oder Verwaltungsbezirk; *sýslumaður* (Plural: *sýslumenn*): Bezirksbeamter bzw. Bezirksvorsteher.

die Bezirksvorsteher wie andere Königstreue von Steuerzahlungen befreit.

Das Alþingi

Die veränderte Stellung des Alþingi
Zu Beginn des 11. Jh., als das Alþingi voll ausgebildet war, saßen 48 Goden, unabhängige Häuptlinge, in der Lögrétta. Doch um 1220 hatten sich die Godentümer in den Händen von nur sechs Sippen konzentriert, die – wie oben beschrieben – das Land beherrschten. Abgesehen von dieser Machtkonzentration unterstanden inzwischen fast alle isländischen Häuptlinge der Hofordnung des norwegischen Königs.

Die mächtigsten Häuptlinge der etwa zehn bedeutendsten Sippen benannten jetzt die Männer, die einen Sitz in der Lögrétta einnahmen. Damit saßen dort keine unabhängigen Goden mehr, die auf Rückhalt bei ihren Thingmännern angewiesen waren. Die Mitglieder der Lögrétta wiederum benannten die Richter für die unterschiedlichen Gerichte. Insgesamt war das Alþingi des 13. Jh. daher nicht mehr mit der oben beschriebenen Institution der Anfangszeit zu vergleichen. Indem die Häuptlinge, die die Lögrétta besetzten, gleichzeitig Höflinge des Königs waren, war das Alþingi schon vor Abschluss des Alten Vertrages unter den indirekten Einfluss des Königs geraten. Es hatte sich in das höchste Organ der statthaltenden Regierung verwandelt und war den Gesetzesthings in Norwegen ähnlich geworden.

Diese Entwicklung wurde 1271 mit der Einführung der *Járnsíða* und dem darin enthaltenen Abschnitt über die Thingversammlung formal festgeschrieben und im Jahr 1281 mit dem *Jónsbók* bestätigt. Hiernach bestimmten die Bezirksvorsteher und damit die Vertreter des Königs 84 Männer zur Teilnahme am Alþingi, von diesen wiederum nahmen 36 einen Platz in der Lögrétta ein. Die 84 berufenen Thingteilnehmer wurden nun als *nefndarmenn* (etwa: berufene Ausschlussmitglieder) bezeichnet. Sie sollten Bauern sein, nicht jedoch dem Klerus angehören, und erhielten ihr Amt auf Lebenszeit. Abgesehen von diesen berufenen Vertretern nahmen die Bezirksvorsteher und die Statthalter an den Thingversammlungen teil. Gelegentlich kamen spezielle Abgesandte des Königs hinzu. Die Bischöfe hatten keinen Platz mehr in der Lögrétta. Sie trafen sich hingegen mit anderen Vertretern des Klerus auf eigenen Versammlungen, die sich den Angelegenheiten der Kirche widmeten, schließlich waren geistliche und weltliche Macht jetzt voneinander geschieden. Obwohl das Alþingi, wie hier beschrieben, unter den Einfluss des Königs geraten war, hielt es daran fest, die den Isländern im Alten Vertrag und dessen Novellierungen zugesicherten Rechte einzufordern, und tat dies noch bis in die Zeit des Absolutismus.

Die Lögrétta
Nach den oben beschriebenen Veränderungen benannten nun Beamte des Königs und nicht mehr isländische Häuptlinge die Männer für die Lögrétta. Zumal aber die isländischen Häuptlinge schon vorher nicht mehr unabhängig gewesen waren, sondern vielmehr Höflinge des Königs, stellte diese Verschiebung in der Realität keine Umwälzung dar.

An die Stelle des Gesetzessprechers (*lögsögumaður*) trat nun ein Gesetzeskundiger nach norwegischem Vorbild, der Lögmann (*lögmaður*) genannt wurde. Das Amt des Lögmannes hatte in Norwegen eine lange Geschichte, war zu diesem Zeitpunkt aber zu einem Vertreter des Königs geworden. Der Lögmann hatte die Funktion eines Richters und seine Urteile waren bindend. In Island wurde der Lögmann zum Leiter der Lögrétta und benannte zusammen mit den Bezirksvorstehern deren Mitglieder sowie die Richter der entsprechenden Gerichte. Außerhalb der Thingversammlungen gehörte es zu seinen Aufgaben, die Gesetze zu interpretieren. Anfangs gab es nur einen Lögmann, doch ab 1283 und bis in das Jahr 1800 waren es zwei. Sie wurden vom König berufen, ab 1391 erhielt das Alþingi vorübergehend Mitspracherecht.

Die Lögrétta entwickelte sich zu einem Gericht unter Vorsitz der Lögmänner und zum höchsten Gericht Islands. Berufung in Bezug auf Entscheidungen dieses Gerichts konnte beim König eingelegt werden. Diese Struktur bestand bis 1593, als in Island das Oberste Gericht (*yfirréttur*) gegründet wurde, dem Urteile der Lögrétta zur Berufung vorgelegt werden konnten. Je nach Bedeutung der zu verhandelnden Fälle war die Lögrétta als Gericht mit 6, 12 oder 24 Männern besetzt, was im Großen und Ganzen bis in die ersten Jahrzehnte des 18. Jh. beibehalten wurde. Obwohl die Lögrétta nach dem *Jónsbók* hauptsächlich die Funktion eines Gerichtshofes hatte, kam ihr auch gesetzgebende Gewalt zu.

Die Gesetzgebungsgewalt der Lögrétta stützte sich auf den Alten Vertrag und dessen Novellierungen. In die Gesetzbücher *Járnsíða* und *Jónsbók* wurden keine direkten Bestimmungen hierzu aufgenommen, was darauf hinweist, dass man keine Veränderungen am Bestehenden vornehmen wollte. Die Isländer verstanden die Lögrétta in der Praxis als Legislative, was sich am deutlichsten an der Einführung des *Jónsbók* im Jahr 1281 zeigte. Das Alþingi, genauer genommen die Lögrétta, hielt so praktisch die Gesetzgebung gemeinsam mit dem König in Händen. Offensichtlich wurde die Ratifizierung durch das Alþingi als Regel vorausgesetzt. Allerdings nahm der Gesetzgebungsprozess bis zur Einführung der absoluten Monarchie 1661 unterschiedliche Formen an.

Zu Beginn des 14. Jh. wurden die regionalen Frühjahrsthings aufgelöst und an ihre Stelle traten Things, die spezielle Funktionen übernahmen. Es waren vier unterschiedliche Formen vorgesehen. Jährlich kamen in den Distrikten die sogenannten *héraðsping*[1] zusammen. Sie hatten die Funktion von Gerichten, zogen aber auch Steuern ein. Weitere Things wurden nach Bedarf zusammengerufen. Die Bezirksvorsteher beriefen die Männer für die Gerichte, je nach Bedeutung 6, 12 oder 24. Es kam auch vor, dass die Lögmänner oder sogar der Statthalter die Richter benannten. Urteile der Bezirksgerichte konnten der Lögrétta zur Berufung vorgelegt werden, nach 1593 dann dem Obersten Gericht und abschließend dem König oder Reichsrat. Bei Angelegenheiten des Christenrechts benannten der Bischof und der Propst die Richter und die entsprechenden Urteile konnten dem Erzbischof vorgelegt werden.

Die Landkreise behielten ihre überlieferten Aufgaben und ihre relative Selbstständigkeit. Hauptsächlich oblag ihnen wie zuvor die Armenfürsorge. Die oben beschriebene Funktion einer Versicherungsgesellschaft hielt sich allerdings nicht. Nach und nach erhielten die Landkreise andere Funktionen.

---

1 *hérað*: Verwaltungs- und Rechtseinheit neben Bezirk (*sýsla*) und Landkreis (*hreppur*), meist in der Hierarchie oberhalb des Bezirks; dt. auch als Harde und entsprechend Hardenthing bezeichnet, allerdings kaum gebräuchlich.

Kompetenzen des Königs und der königlichen Regierung

Ergänzungen des Alten Vertrags 1302
Als König Magnus der Gesetzesverbesserer im Jahr 1280 starb, waren seine beiden Söhne, Erik und Håkon, noch unmündig, sodass der Reichsrat die königliche Macht übernahm. Eine ganze Reihe von Häuptlingen ergriff die Gelegenheit und eignete sich Reichtum und Einfluss auf Kosten des Königtums an. Außerdem gingen sie auf Konfrontationskurs zur Kirche, wie im folgenden Kapitel näher zu sehen sein wird. Zur selben Zeit unterlag Norwegen in Konflikten mit der Hanse, büßte Handelsprivilegien ein und hatte finanzielle Schwierigkeiten. Nachdem auch Erik gestorben war, übernahm Håkon V. 1299 die Krone und strebte die Wiederherstellung des Königtums und des Reiches an. In diesem Zusammenhang wollte er seine Macht in Island ausbauen, um seine Einnahmen aus der Provinz zu erhöhen. Allerdings traf er hierbei auf den erbitterten Widerstand der Isländer. Schließlich wurde ihm im Jahr 1302 auf dem Alþingi gehuldigt und der Alte Vertrag von 1262-1264 wurde mit zwei Ergänzungen versehen.

Zum einen wurden alle Vorladungen ins Ausland abgelehnt, es sei denn, das Alþingi hätte ein Urteil zum Verlassen des Landes gefällt. Der Anlass hierfür ist offenbar in einem Ereignis des Jahres 1299 zu sehen, als Håkon zwölf isländische Bauern vorlud, wahrscheinlich um sie den Treueeid schwören zu lassen, wobei aber vollständig unklar war, ob es hierfür eine rechtliche Grundlage gab. Dies war nicht das einzige Beispiel, und solchen Vorladungen konnte die Gefangennahme und Festsetzung in Norwegen folgen. Im Grunde ist hier in Andeutungen eine Bestimmung zu erkennen, die heute in den meisten oder allen Menschenrechtskonventionen enthalten ist, dass Menschen nämlich nach einer Festnahme umgehend einem Richter vorzuführen sind, der dann über die weitere Gewahrsamnahme entscheidet.

Zum anderen versuchten die isländischen Herrscher, sich und ihren Sippen Machtpositionen zu sichern, indem sie die Forderung aufstellten, dass Lögmänner und Bezirksvorsteher grundsätzlich Isländer sein und zusätzlich aus der Sippe stammen sollten, die ihr Godentum aufgegeben hatte. Anlass hierfür war die wiederholte Einsetzung von Norwegern in die entsprechenden Ämter in Island durch den König.

In den nächsten Jahren wurden weitere Beschlüsse gefasst. Die Verhandlungen endeten mit einer Gesetzesergänzung im Jahr 1314, nach der der König anerkannte, dass es keinerlei Gesetzesänderungen geben werde, ohne dass die Isländer an ihnen mitgewirkt hätten. Zu diesem Zeitpunkt war der König in politische und militärische Konflikte in Skandinavien verwickelt und hatte Wichtigeres zu tun, als sich mit isländischen Angelegenheiten zu befassen. Håkon V. starb im Jahr 1319 und Magnus Eriksson, der Enkel Håkons und gleichzeitig Enkel des schwedischen Königs Magnus Ladulås, wurde König. Auf diese Weise gelangten Norwegen und Schweden unter eine Krone. Der König war allerdings noch ein Kind, sodass die beiden Reichsräte die Königsmacht übernahmen.

Veränderte Regierungsformen und neue Gesetze

Umsetzung von Gesetzen durch staatliche Gewalt
Es war lange üblich, dass derjenige, dem Unrecht geschehen war, sein Recht in die eigenen Hände nahm oder nach einem Urteil der Lögrétta oder eines Gerichtes für die Umsetzung selbst zuständig war. Doch nun übernahmen die Vertreter des Königs diese Funktion. Gleichzeitig setzte eine Differenzierung von Privatrecht und öffentlichem Recht ein. Die in der *Graugans* verzeichneten Artikel über den Rachemord wurden aus den Gesetzen entfernt, zumal sie zum größten Teil veraltet waren, auch wenn man sich bei den Kriegen der Sturlungerzeit gern auf Rache berief. Die Kirche war nun Partei in Fällen, die unter ihre Gerichtsbarkeit fielen.

Veränderte Prozessordnung und Strafen
Die größte Neuerung im Gerichtswesen bestand darin, dass die strengen formalen Regeln der *Graugans* abgeschwächt wurden. Der formale Beweis bestand prinzipiell darin, die richtige Vorgehensweise bei der Beweisführung zu sichern und die Einhaltung der Form war gleichbedeutend mit der Richtigkeit des Beweises. Hiernach konnte es keinen Gegenbeweis geben. Nach dem *Jónsbók* war nun nicht mehr die formale, sondern die inhaltliche Richtigkeit des Beweises zu erbringen. Die Wahrheit sollte ans Licht geholt werden und Beweismittel konnten angezweifelt werden. Nach dem *Jónsbók* blieben die Zeugenaussage und der Eid als wichtige Beweismittel erhalten, der Nachbarschaftsschwur (*búakviður*) war jedoch abgeschafft.

Auch die Vollstreckung von Strafen wurde nun durch die Inhaber oder Vertreter der staatlichen Gewalt übernommen.

Eine entscheidende Neuerung war dabei die Aufnahme von körperlichen Strafen sowie der Todesstrafe in die Gesetze. Auf der anderen Seite wurde die Situation des Straftäters bei der Bemessung der Strafe mit berücksichtigt, sodass z. B. Mundraub straffrei blieb, wenn der Dieb sich mit der Tat vor dem Hungertod gerettet hatte. Außerdem muss angemerkt werden, dass die Sanktionen nach dem *Jónsbók* insgesamt milder waren als nach dem *Landslov* von Magnus dem Gesetzesverbesserer.

Eigentumsrecht und Vertragsfreiheit
Die individuellen Rechte zur Verfügung über Eigentum wurden nach dem *Jónsbók* im Vergleich zur *Graugans* deutlich eingeschränkt. Dagegen legten die Bauern auf dem Alþingi im Sommer 1281 Widerspruch ein. So war es nun gestattet, das Heu eines Bauern einzuziehen, wenn er genügend besaß, aber einem Bauern, der wegen Heumangels in Not war, nichts verkaufen wollte. Auch Pächter waren nun besser geschützt, so wurde z. B. ihre Bürgschaft für das gepachtete Vieh oder für entliehene Gegenstände begrenzt. Die Vertragsfreiheit wurde insofern eingeschränkt, als nun eine Höchstpacht für das Vieh galt, das häufig gemeinsam mit den Ländereien gepachtet wurde. Die Bauern wurden verpflichtet, ihren Landarbeitern für eine gewisse Zeit Lohn zu zahlen, wenn diese krank wurden oder verletzt waren.

Das Familien- und Erbrecht wird im Zusammenhang mit der Kirche in einem der späteren Kapitel näher behandelt.

Staat und Kirche – Umbrüche und Kämpfe

Machtansprüche der Kirche
In Norwegen hatte die organisierte staatliche Gewalt zugenommen, auch wenn es wegen der Streitigkeiten um das Reichserbe im Zeitraum 1130-1240 gewisse Rückschritte gab. Vor allem König Håkon der Alte (1217-1263) hatte großen Anteil daran, dass immer mehr Angelegenheiten dem König und der Kirche unterstellt wurden, wodurch der Einfluss der Beamten stetig stieg. So hatten die Beamten des Hofes bereits die Oberhand gegenüber den unabhängigen Häuptlingen erlangt und kontrollierten bestimmte Regionen des Reiches. Gleichzeitig hatte sich die Stellung der Lögmänner verschoben. Sie wurden nicht mehr von den Bauern gewählt, um ein Vertrauensamt auf der Thingversammlung auszufüllen, sondern waren nun Beamte des Königs. Der König und die Kirche verfolgten im Grunde dasselbe Ziel, dass sie nämlich die Basis des norwegischen Reiches darstellten. Dennoch arbeiteten sie nicht immer problemlos zusammen. Die Kirche hatte dem König ihre Macht in der Gesellschaft zu verdanken, hingegen hatte sie das Königtum mit ihren Lehrsätzen gestärkt, die Zivilisation und den Frieden im Land gefördert sowie einige Probleme gelöst, die der König nicht zu beherrschen vermocht hatte, und schließlich ein unabhängiges Regierungssystem aufgebaut.

Im Laufe des 13. Jh. begannen die Männer der Kirche zunehmend ihre Hände nach Macht und Reichtum auszustrecken, was unweigerlich zu Zusammenstößen mit dem König und den weltlichen Herrschern führen musste. Die Ansprüche der norwegischen Kirche standen dennoch im selben Kontext wie der Befreiungskampf der Kirche in der gesamten römisch-katholischen Welt. Sie hatte die Gerichtshoheit in Bezug auf das Christenrecht und den Klerus an sich gezogen, wenngleich es über die Abgrenzung gelegentlich Streit gab, und das Fundament für ein eigenständiges Parallelsystem gelegt. Doch die Auseinandersetzungen und der Zwist nahmen zu, sodass die Notwendigkeit einer schärferen Abgrenzung immer offensichtlicher wurde.

Die Kirche und die Revision der Gesetzgebung
Wie bereits erwähnt, begann König Magnus der Gesetzesverbesserer in den 60er Jahren des 13. Jh. seine Gesetzesreform und in den Jahren 1271-1274 trat in Norwegen eine neue Gesamtgesetzgebung in Kraft, die nach ihm benannt wurde. Wegen des Widerstandes vonseiten des Erzbischofs Jon Raude war darin aber kein Christenrecht enthalten, zumal dieses unter die Kompetenz der Kirche fallen sollte. In den Landesgesetzen fanden sich daher nur allgemeine Empfehlungen zum christlichen Glauben und es wurde von einer Gleichstellung der weltlichen und geistlichen Macht ausgegangen.

Die Macht des Königs war zwar im späten 12. und zu Beginn des 13. Jh. gestärkt worden, doch wollte König Magnus sie durch seine Gesetzgebung weiter konsolidieren. Jon Raude hingegen beabsichtigte, die Interessen der Kirche gegenüber dem erstarkenden Königtum zu verteidigen, zumal er davon ausging, dass die Bezirksvorsteher und die Vertreter des Königs die Gesetzgebungs- und Gerichtshoheit der Kirche untergruben.

Die Kirche in der Offensive
Schon im 12. Jh. machte sich in Island wie in Norwegen und anderen Teilen Europas die zunehmende Selbstständigkeit der Kirche bemerkbar. Oben wurden die Forderungen des Bischofs Þorlákur Þórhallsson auf die Verfügungsgewalt über die Kirchengüter angesprochen und auch die Ansprüche des Bischofs Guðmundur Arason auf eine eigene Gerichts-

barkeit. Beide hatten aber keinen großen Erfolg. Im Jahr 1261 veröffentlichte der neugewählte Bischof Árni Þorláksson sein Programm, das darauf abzielte, der Kirche die Vorherrschaft über die Güter und Ländereien zu verschaffen, die ihr gestiftet worden waren.

Schon kurz nach der Annahme des Christentums hatten Goden und andere Herrscher in Island begonnen, Kirchen zu errichten. Das taten sie auf eigene Kosten und stifteten die Kirchen dann Gott oder ausgewählten Heiligen. Allerdings behielten sie sich und ihren Erben die Verfügungsgewalt vor. Sie verfügten daher über die Kirchen wie über anderes Eigentum, wenngleich mit der Verpflichtung, die kirchlichen Dienste sicherzustellen. Nach den isländischen Gesetzen und den Rechtsvorstellungen der germanischen Völker war es eine Grundregel, dass Geschenke zu entgelten waren, anderweitig durfte die Schenkung beim Tod des Beschenkten annulliert werden. Schließlich waren Geschenke, die das Erbe minderten, nicht rechtskräftig. Anstelle eines Entgelts für das Geschenk wurde es in diesem Falle wie oben erläutert an Bedingungen geknüpft. Nun wurde es zum Problem, dass der römisch-katholische Begriff von einem Geschenk ganz anderer Natur war und das Verständnis und die Interpretation vonseiten der Kirchenjuristen bestimmte. Hiernach war ein Geschenk eine uneigennützige Freigiebigkeitsgeste und beinhaltete die unbedingte Überlassung des Eigentums. Mit gutem Grund kann man behaupten, dass in dieser Auseinandersetzung beide Parteien recht hatten, insoweit sie von prinzipiell verschiedenen Rechtsquellen ausgingen.

Es begannen umfangreiche gerichtliche Prozesse, wobei die Urteile zugunsten der Kirche fielen. So schlug das Alþingi im Jahr 1270 einen der reichsten Orte Islands der Kirche zu und die Urteile des Erzbischofs im Jahr 1273 gingen in dieselbe Richtung. Dennoch ließen die Streitfälle nicht nach und hielten bis ins Jahr 1297 an, als die Vermittlung einsetzte. Der Kompromiss lautete, dass alle Güter, die vollständig der Kirche gehörten, unter die Verfügung des Bischofs gestellt werden sollten, alle Güter hingegen, die größtenteils Laien gehörten, sollten diesen unterstellt werden. Andere Eigentumsverteilungen scheinen keine Rolle gespielt zu haben. Auf diese Weise konnte die Kirche nach und nach ihr Eigentum an Land und Gütern vergrößern, hauptsächlich jedoch durch Stiftungen und Erbschaften.

Der Bischof ließ es hierbei aber nicht bewenden. Im Jahr 1273 verkündete er die Botschaft, dass der Klerus nach dem Zölibat leben sollte. Doch in Island wie in weiten Teilen Skandinaviens waren viele Kleriker verheiratet oder hielten Konkubinen und hatten Kinder, selbst diejenigen, die später Bischöfe wurden. Die bischöfliche Botschaft wurde daher unterschiedlich aufgenommen und das Zölibat setzte sich nie als allgemeine Regel durch. Anscheinend entschieden die isländischen Kleriker selbst, wie sie es mit dem Zölibat halten wollten, und dabei blieb es bis zur Reformation. Das Zölibat sollte u. a. die Unabhängigkeit der Kirche fördern und sie aus der Verflechtung mit einer Gesellschaft lösen, die wesentlich von den Machtbeziehungen der Sippen bestimmt war. Statt von ihrer Sippe abhängig zu sein, sollten die Priester voll und ganz der Kirche und ihrem Amt zur Verfügung stehen.

Einführung des neuen Christenrechts 1275

Im Winter 1273-1274 ließ Bischof Árni Þorláksson mit Unterstützung des Erzbischofs Jon Raude ein neues Christenrecht verfassen, das 1275 vom Alþingi bestätigt und im südisländischen Bistum Skálholt eingeführt wurde. Das Christenrecht setzte mit einem Glaubensbekenntnis ein, dem ein Kapitel über die Machtverteilung zwischen König und Bischof folgte. Daran schlossen sich Artikel über die Taufe und andere notwendige Handlungen zur Aufnahme in die christliche Gemeinschaft an. Das Hauptziel des Christenrechts war aber die Beendigung der Eigenkirchenordnung und die Etablierung einer starken, unabhängigen Kirche unter dem Vorsitz des Bischofs, immerhin hieß es unumwunden, dass der Bischof über die Kirchen und deren Eigentum bestimmen sollte. Daneben wurde der Kirche die Gerichtsbarkeit zugesichert. Das Prinzip lautete, dass der Klerus sich mit allen Angelegenheiten an den Bischof und die Laien an den König wenden sollten. Schließlich wurde eine Reihe von Rechtsbereichen aufgezählt, die unter die Gerichtsbarkeit der Kirche fallen sollten, darunter vor allem Erb- und Familienrecht.

Die bedeutendsten Neuerungen, die auch den größten Einfluss auf das Alltagsleben des Volkes und gleichzeitig auf die gesamte Gesellschaftsstruktur hatten, lagen jedoch auf dem Gebiet des Erb- und Familienrechts. Die Artikel über das testamentarische Erbe erlaubten es den Menschen von nun an, über einen bestimmten Anteil ihres Eigentums selbst zu verfügen. Damit wurde das Testament erstmalig gesetzlich verankert. Ein Testament musste in Anwesenheit zweier Zeugen sowie eines Priesters, wenn dieser herbeigeholt werden konnte, verfasst werden und war so unanfechtbar. Hier wurde die Macht der Sippe beschränkt und die individuelle Freiheit zur Verfügung über das Eigentum ausgeweitet. Dies brachte erhebliche Veränderungen in der Gesellschaft in Gang. Zweifellos hat die neue Freiheit der Menschen zu Erbschaftsverfügungen anfangs heftige Auseinandersetzungen hervorgerufen, so sehr wie diese mit den Regeln des weltlichen Erbschaftsrechts kollidierte.

Weitere Neuerungen wurden im Bereich des Familien- und Eherechts eingeführt. So wurde ein Mindestalter für Eheleute festgeschrieben, wonach der Mann bei der Heirat mindestens 14 Jahre und die Frau 12 Jahre alt sein sollte.

Der Mann musste zwei oder mehr Zeugen beibringen, um eine Frau zu heiraten, und ihr unerzwungenes Jawort musste von »guten Männern« gehört werden. Anschließend weihte ein Priester die Verbindung, und damit war die Ehe rechtmäßig nach Gottes Gesetz begründet. Ehescheidungen waren jetzt verboten, es sei denn, es lag Ehebruch vor. In diesem Falle konnte der Bischof dem Ehepartner, der unschuldig war, die Trennung von Tisch und Bett des schuldigen Partners gestatten.

Die finanziellen Angelegenheiten von Eheleuten waren hingegen weiterhin im *Jónsbók* geregelt. Dort waren sowohl die Gütergemeinschaft als auch die Gütertrennung vorgesehen. Wenn der Mann jedoch die Gütergemeinschaft wünschte, sollte die Frau dies nicht ablehnen, sodass in der Realität der Mann bestimmte. Ganz gleich, worauf man sich einigte, lag die Verfügungsgewalt über das Eigentum mit einigen Einschränkungen in den Händen des Mannes. Die Frau hatte die Erlaubnis zur Verfügung über bestimmte finanzielle Mittel und es hing von ihrem Ruf ab, wie weit diese gefasst wurde. Eheleute beerbten sich nicht gegenseitig. Im Abschnitt über die Erbschaft legte das *Jónsbók* die genauen Regeln für die Aufteilung der gemeinsamen Güter fest.

Die Stellung der Kirche
Die Führung der Kirche lag nun in den Händen des Bischofs und ihre Aktivitäten nahmen zu. Der Bischof brauchte deshalb Vertreter und Assistenten, denen er einen Teil seiner Macht übertragen konnte, sodass sich nach und nach eine Verwaltungs- und Führungsstruktur innerhalb der Kirche herausbildete. In Island wurden zwei Ämter besonders wichtig, das des *Propstes* und das des *Officialis*.

Die Aufgabe des Propstes bestand in der Aufsicht und Kontrolle über die Einhaltung von Gesetzen und kirchlichen Verordnungen. Daneben zog er Gelder, wie z. B. Bußen, ein, die der Kirche zukamen. Im Grunde hatte er innerhalb der Kirche eine ähnliche Funktion inne wie der Bezirksvorsteher im weltlichen System. Der Officialis war ein Vertreter des Bischofs und dessen engster Mitarbeiter in kirchlichen wie weltlichen Angelegenheiten. Es konnten auch mehrere Officialis gleichzeitig im Amt sein, die u. a. die Kassen des Bistums verwalteten. Dieses Amt entsprach dem des Lögmannes im staatlichen System.

König Magnus der Gesetzesverbesserer war von der Einführung des Christenrechts durch das Alþingi 1275 nicht gerade angetan. Er konnte diese Initiative des isländischen Bischofs schwerlich billigen, während er selbst mit dem Erzbischof Jon Raude in harten Auseinandersetzungen über die gesetzgebenden Kompetenzen der Kirche stand. Der König ging davon aus, dass die gesetzgebende Gewalt zu gleichen Teilen beim König und dem Bischof lag. Der Erzbischof forderte die Bischöfe hingegen dazu auf, das Recht der Kirche energisch zu verteidigen, nicht zuletzt in Fragen der Gesetzgebung der Kirche in Bezug auf das Christenrecht. In Island lag die Gesetzgebung in weltlichen Dingen beim König und dem Alþingi, in geistlichen aber in den Händen der Kirche. Mit dieser Organisation war die isländische Kirche relativ selbstständig, verfügte über ihre eigene, vom König unabhängige Administration sowie über gesetzgebende Gewalt und Gerichtsbarkeit. Die norwegische Kirche konnte ihre Position mit der nach der Stadt Tunsberg benannten Einigung von 1277 stärken.

Neue Kämpfe

Als König Magnus 1280 starb, brachen heftige Auseinandersetzungen zwischen dem Königtum und der Kirche aus. König Erik wurde am 2. Juli 1280 im Alter von nur 12 Jahren gekrönt, sodass zunächst der Reichsrat das Land regierte. Der Reichsrat war mit Laien besetzt und durch eine im selben Jahr herausgegebene Gesetzesergänzung wurden der Kirche alle Rechte wieder aberkannt, die sie während der Regierungszeit von König Magnus erhalten hatte. Die Gerichtshoheit der Kirche wurde beschränkt, Laien bekamen mehr Einfluss auf die Lenkung der Kirchengüter und die Verwaltung der Kirchenschätze und insgesamt sollte das alte Kirchenrecht gelten. Für Island bedeutete dies, dass die 1275 eingeführten Gesetze wieder außer Kraft gesetzt wurden.

Der Kampf des Erzbischofs Jon Raude für die Freiheit der Kirche in Norwegen und Island zielte letztlich darauf ab, hier eine Struktur aufzubauen, wie sie in Europa allgemein üblich war. Weiter südlich auf dem Kontinent waren ähnliche Kämpfe im Gange und hatten ihre Wurzeln in den neuen Nationalstaaten. Dort wehrte sich die Kirche in Reaktion auf die erstarkende staatliche Macht. In Norwegen und Island setzten zwei gegenläufige Prozesse ein: das offensive Vorgehen der Kirche und die Gegenoffensive der Fürsten.

In Island trafen Staatsgewalt und Kirche beim Alþingi im Sommer 1281 aufeinander, als Bischof Árni Þorláksson und seine Leute, Kleriker wie Laien, sich wie oben beschrieben gegen das *Jónsbók* wendeten, weil mit dessen Einführung die Rechte der Kirche eingeschränkt werden sollten. Es folgten langwierige Auseinandersetzungen um die Kirchengüter, die erst 1297 endeten. Im ersten Jahrzehnt des 14. Jh. blieb es zunächst ruhig, König Håkon V. folgte der Politik des Reichsrates, die Kirche in Schranken zu halten. Als 1319 sein Enkel Magnus Eriksson König wurde, übernahm wiederum der Reichsrat die Macht und behielt den eingeschlagenen Kurs bei. Die Periode um die Mitte des 14. Jh. zeichnete sich dann aber durch den Kampf zwischen Königtum und Kirche aus, wobei die Kirche sich stets in der Offensive befand. Inzwischen hatten hochgebildete Männer, die an ausländischen Bildungszentren studiert hatten, das Ruder übernommen und der Kirche ihren Stempel aufgeprägt. Zu den Neuerungen der Zeit gehörte, dass der Klerus sich regelmäßig auf Konzilen beriet, von denen z. B. zwischen 1311 und 1351 nicht weniger als acht abgehalten wurden. Dort wurden u. a. innerkirchliche Probleme besprochen, allen voran der Lebensstil des Klerus und der Klosterinsassen, aber auch die Pflichten der Laien gegenüber der Kirche. Nichtsdestotrotz standen die Bischöfe immer wieder wegen unsittlichen Verhaltens und mangelnden Gehorsams in Konflikten mit Laien, Klerus und Klöstern.

In den Jahren 1349-1350 grassierte die Pest in Norwegen und hatte schwerwiegende Folgen. Fast die gesamte Führungsschicht des Landes kam um, so starben bspw. alle Bischöfe bis auf einen. Die Organisation des Reiches brach zusammen, die Kirche hingegen hielt stand und die Bischöfe wurden nun zur stabilen Kraft im Reichsrat. Die Krankheit gelangte nicht nach Island, weil keine Schiffe ins Land kamen.

Rechtsstellung des Königs und der Bischofskirche

Huldigung 1319 und Einigung zwischen König und Kirche 1354-1358

Im Jahr 1319 schickte der norwegische Reichsrat Abgesandte nach Island, deren Aufgabe es war, die wichtigsten isländischen Beamten sowie sechs Königstreue und sechs Bauern nach Norwegen vorzuladen, sicherlich mit dem Ziel, sie dem neuen König Magnus Eriksson huldigen zu lassen. Die Isländer reagierten hierauf beim Alþingi mit dem Verfassen eines Schriftstücks, das Bedingungen für eine solche Huldigung diktierte. Zu diesen gehörte die wiederholte Forderung, Isländer als Bezirksvorsteher und Lögmänner einzusetzen, Vorladungen ins Ausland wurden erneut abgelehnt und detaillierte Ansprüche in Bezug auf die Handelsschifffahrt aufgestellt. Schließlich wurde an das Widerstandsrecht erinnert, nachdem Island sich vom Alten Vertrag lossagen konnte, wenn die entsprechenden Forderungen nicht erfüllt würden. Im darauffolgenden Jahr 1320 wurde der Treueschwur dennoch abgelegt, es ist also anzunehmen, dass man sich geeinigt hat.

Nun stand auch eine Einigung zwischen Königsmacht und Kirche kurz bevor. Mit einem Dokument vom 19. Oktober 1354 erkannte der König das Christenrecht des Árni Þorláksson als gesamtisländisches Gesetz an. Damit wurde die Bischofskirche formal in Island eingeführt. Im Jahr 1358 folgte eine Einigung in Bezug auf die Zehntenzahlungen und die Rechnungsführung der Kirchenbauern bzw. Eigenkirchen. Gleichzeitig wurde der Kompromiss von 1297 bestätigt.

Zwei Regierungssysteme – Staat und Kirche
Mit der Huldigung des Königs Magnus Eriksson 1319 war die weltliche politische Ordnung des Landes formal in feste Bahnen gelangt. Dazu gehörte auch die Anerkennung der statthaltenden Regierung des Königs, die ein besonderer Stein des Anstoßes gewesen war. Das Alþingi war zu einem Gerichtshof und zu einer Zusammenkunft der weltlichen Herrscher des Landes geworden. Die Lögrétta hielt einen Teil der Gesetzgebung und der Gerichtsbarkeit in Händen, außerdem trafen sich dort die Oberhäupter der Gesellschaft. Der höchste Vertreter des Königs war der Statthalter (*hirðstjóri*), der entweder Isländer war oder einer anderen Nation angehörte. In den Bezirken vertraten die Bezirksvorsteher die Macht des Königs. Die Lögrétta wurde durch die Lögmänner geleitet, doch über deren Einsetzung gab es lange Konflikte zwischen dem König und der Thingversammlung, wie noch genauer zu sehen sein wird.

Auch die Struktur der Kirche hatte unter der Führung des Bischofs eine gewisse Stabilität erreicht. Dem Bischof standen die Synoden zur Seite, in den Bezirken vertraten die Pröpste die Macht des Bischofs. Die Gerichtshoheit in Sachen des Klerus und des Christenrechts war geklärt, sodass die Gerichte je zur Hälfte mit Klerikern und Laien besetzt wurden.

In den Jahrzehnten seit der Unterwerfung Islands unter den König hatte sich die Politik hauptsächlich um die Etablierung und Sicherung der Macht des Königs und der Kirche gedreht. Nun war eine Zieletappe dieses seit dem 12. Jh. anhaltenden Prozesses erreicht. Eingesetzt hatte er mit der Konzentration der Macht der Goden und den daraus resultierenden innerisländischen Kämpfen. Den wichtigsten Schritt in Richtung auf eine zentrale Staatsmacht stellte der Abschluss des Alten Vertrages dar. Auf dem geistlichen Gebiet bedeutete die Etablierung des Erzbischofssitzes in Nidaros eine Wende. In deren Folge setzte der Kampf der Bischöfe für eine unabhängige Kirche ein, der mit der Souveränität der Kirche neben den weltlichen Strukturen endete. Von da ab teilte sich die gesellschaftliche Macht in zwei Stränge und zwei parallele Institutionen, das Königtum und die Kirche. Im Ergebnis hatte sich in Island eine ganz ähnliche Ordnung eingestellt wie in den meisten anderen christlichen Reichen.

Hier im Anschluss wird die Stellung und Funktion des Königs innerhalb der neuen Ordnung dargestellt und werden die Beziehungen zu anderen Staaten beleuchtet. Weiterhin wird die Praxis zunächst der weltlichen Regierung im 14. und 15. Jh. und dann der kirchlichen Führung ab der Mitte des 14. Jh. bis zur Reformation diskutiert.

Der König und Island

Umwälzungen in den nordischen Ländern
Mit der Krönung des Königs Magnus Eriksson 1319 wurde die Reichsunion zwischen Norwegen und Schweden begründet. Island folgte Norwegen in diese Union. Der inzwischen 15-jährige König wurde 1332 für mündig erklärt und hielt sich fortan größtenteils in Schweden auf. Das Zentrum des Reiches verschob sich nun in Richtung Ostseeraum, was Konflikte mit Dänemark heraufbeschwor. Norwegen hingegen rückte an die Peripherie des Reiches und der Einfluss der norwegischen Landsleute wurde geringer. In ihrer Unzufriedenheit mit der Regierung des Königs lehnten sich die Norweger wiederholt auf, bis sie im Jahr 1344 einen eigenen König wählten, Håkon, den Sohn von König Magnus. Dieser war allerdings noch minderjährig und sollte erst 1355 mit seiner Volljährigkeit die Krone übernehmen.

Wie bereits erwähnt, hatte der Ausbruch der Pest in Norwegen immense, auch politische Auswirkungen. Etwa ein Drittel der norwegischen Bevölkerung starb, die staatlichen Strukturen brachen zusammen und die Wirtschaft des Landes befand sich im Niedergang. In der Folge nahm der Einfluss Norwegens innerhalb der Union weiter ab. Obwohl Håkon VI. Magnusson im Jahr 1355 wie vorgesehen König von Norwegen wurde, blieb auch sein Vater weiterhin König und behielt sich als solcher die Regierung über die Atlantikinseln und bestimmte Distrikte Norwegens vor. Formal bestand also eine Mitregentschaft von Vater und Sohn.

Island war Steuerprovinz des norwegischen Königs. Bedingt durch die Verschiebungen im norwegisch-schwedischen Unionsreich, entfernte sich Island aber noch weiter als zuvor von den Zentren der Macht und stand außerhalb der hier beschriebenen Ereignisse. Gleichwohl hatten diese später wesentliche Konsequenzen für die politische Stellung Islands. Die erhaltenen Annalen geben zu erkennen, dass die Isländer die Ereignisse zwar zur Kenntnis nahmen, sie aber nicht besonders beachteten oder versuchten, Einfluss auf sie zu nehmen.

Königsunion zwischen Island und Schweden 1355-1374
Indem sich Magnus Eriksson, der König von Schweden, die Regentschaft über die Atlantikinseln und bestimmte Bezirke Norwegens vorbehielt, wurde Island aus der Königsunion mit Norwegen herausgelöst und stattdessen mit Schweden verknüpft. Diese isländisch-schwedische Union bestand von 1355 bis 1374. Der stets mit Finanzschwierigkeiten kämpfende schwedische König profitierte von den Einnahmen aus Island, die vor allem aus gewebten Wollstoffen bestanden, die seiner Armee z. B. als Kleidung und Zeltplanen dienten. Daneben spielte die Ausfuhr von Fisch eine wesentliche Rolle bei der Beschaffung von Finanzen, denn jeglicher Transport nach Bergen wurde mit einem fünfprozentigen Zoll belegt. Die höchsten Einnahmen erzielte der König allerdings aus der Verpachtung Islands einschließlich aller Steuern und Verpflichtungen an seine Gefolgsleute, die dafür einen festen Betrag zahlten. Als Vorbild hierfür diente dem König die heimische Verpachtung von befestigten Burgen gegen die Unterstützung der Burgherren.

In den Jahren 1354 bis 1362 wurde Island auf diese Weise verpachtet, und die Günstlinge des Königs konkurrierten um das Amt des Pachtstatthalters, das profitabel gewesen sein muss. Für die isländische Bevölkerung war dieses Verfahren hingegen nicht von Vorteil, denn die Statthalter trieben Steuern und andere Abgaben rücksichtslos ein, weil sie nicht nur ihren finanziellen Verpflichtungen nachkommen, sondern auch Gewinn machen wollten.

Kriege in den nordischen Ländern
Während dieser Vorgänge in Island hielten auch die Auseinandersetzungen in Skandinavien an. Der König des vereinten Reiches Norwegen und Schweden, Magnus Eriksson, stand dem König des dänischen Reiches, Waldemar IV. Atterdag, gegenüber, und die Hanse wurde in diesen Konflikt verwickelt. Als man sich im Jahr 1363 endlich einigte, wurde als Unterpfand die Ehe zwischen Håkon VI. Magnusson und Margarethe, der Tochter von König Waldemar und späteren Königin Margarethe I., begründet. In Schweden fand man sich damit aber nicht ab, und es begann eine Erhebung gegen König Magnus. An seiner Stelle wurde sein Neffe, Albrecht IV. von Mecklenburg, zum König gewählt.

Daraufhin setzten Magnus und Håkon, Vater und Sohn, alles daran, Schweden unter ihre Herrschaft zu bekommen, erlitten aber im Jahr 1365 in der Schlacht bei Gata eine Niederlage gegen die neuen Machthaber. Håkon konnte sich durch Flucht retten, doch Magnus wurde gefangen genommen und saß bis 1371 in Gewahrsam seiner Feinde. Im selben Jahr erhoben sich die Schweden gegen Albrecht, und Håkon VI. ergriff die Gelegenheit und versuchte, Schweden an sich zu bringen. Diese Kämpfe endeten mit einem Friedensschluss, nach dem Magnus gegen hohes Lösegeld freigelassen wurde. Anschließend hielt er sich hauptsächlich in Norwegen auf, ertrank jedoch im Jahr 1374. Der dänische König Waldemar starb 1375. In Schweden war Albrecht von Mecklenburg dem Namen nach König, tatsächlich bestimmte aber der Adel. Als er im Jahr 1389 versuchte, die Macht zu erlangen, wurde er abgesetzt.

Die Nachrichten aus den nordischen Ländern gelangten nach Island und wurden in Annalen erwähnt. Als König Magnus in Gefangenschaft war, scheint Håkon VI. in seinem Auftrag das Königtum geführt zu haben. Den Isländern war allerdings unklar, wer nun ihr König war, und sie wollten Sicherheit erlangen. In den isländischen Annalen *Gottskálksannáll* heißt es im Jahr 1366, dass König Håkon das ganze Land zugesprochen bekommen habe. Dennoch räumte dies nicht alle Zweifel über den rechtmäßigen König aus und es gab mindestens ein Beispiel dafür, dass ein isländischer Häuptling König Magnus in der Gefangenschaft aufsuchte, um seine Unterstützung für die Zuteilung eines Amtes einzuholen.

Innerisländische Kämpfe im 14. Jahrhundert
Mit der Einführung der Gesetzbücher *Járnsíða* und *Jónsbók* wurde die Tötung eines Menschen zu einem strafbaren Verbrechen und die Umsetzung der gesetzlich festgelegten Strafen ging in die Hände der königlichen Vertreter über. Opferreiche Schlachten wie die des 13. Jh. gehörten nun der Vergangenheit an, was man durchaus als Hinweis darauf werten kann, dass Island sich in Richtung auf einen Rechtsstaat zubewegte. Nach den Bestimmungen des *Jónsbók* galt das Leben jedes Menschen im Königreich als geschützt und auf Mord oder Totschlag standen schwere Strafen. Darüber hinaus war festgelegt, dass der Bezirksvorsteher zwar die Bauern für die Gerichte benennen sollte, er selbst aber für die Umsetzung der Urteile verantwortlich war. Doch inwiefern wurden die gesetzlichen Bestimmungen tatsächlich eingehalten?

Annalen und zeitgenössische Briefe aus dem 14. Jh. berichten oft von Tötungen, doch sie geben keine Auskunft darüber, ob es sich möglicherweise um die Vollstreckung von Urteilen gehandelt hat, und daher auch nicht darüber, ob die im Alten Vertrag festgeschriebene Pflicht des Königs zur Sicherung des Friedens und Einhaltung der Gesetze in Island zumindest in gewissem Maße eingelöst wurde.

Doch trotz einiger Hinweise auf eine stabilere Ordnung in der Gesellschaft berichten die Quellen auch von Kämpfen und Unruhen, nicht zuletzt zwischen wohlhabenden Bauern und hochgestellten Machthabern. Selbst tödliche Kämpfe Mann gegen Mann, ohne Erwähnung einer Strafe, waren nicht selten. Natürlich ist es nicht verwunderlich, dass die Landsleute eine Weile brauchten, um sich an das neue Recht und die Verfahrensweisen zu gewöhnen. In einer Reihe von Rechtsergänzungen wurden sie denn auch wiederholt an bestimmte Artikel des *Jónsbók* erinnert. Allein die Buchstaben des Gesetzes dürften aber kaum ausgereicht haben, um die Menschen von überlieferten Sitten wie dem Rachemord abzubringen, die auf tiefere Wurzeln zurückgingen.

Es gab auch einige Beispiele für Angriffe auf Beamte des Königs. So berichten die Annalen von Flatey (*Flateyjarannáll*) aus dem Jahr 1360 von einer Zusammenrottung gegen den Statthalter, bei der große Trupps aufeinandertrafen. Und im Jahr 1362 griff, wie bereits angesprochen, eine bewaffnete Truppe nach Beendigung einer Feier auf einem Häuptlingssitz einen schlecht beleumundeten Pachtstatthalter und einen Lögmann an, die beide nach kurzer Schlacht getötet wurden. Etwa zur selben Zeit wurde ein zweiter Statthalter umgebracht, nachdem er drei Räuber zum Tode verurteilt hatte. Häufig wurden diese Aufstände durch weltliche Beamte oder wohlhabende Bauern heraufbeschworen und richteten sich gegen andere Beamte, sodass es sich im Grunde um innere Kämpfe handelte. Außerdem kam es vor, dass die Vertreter des Königs sich selbst auf Raub und Plünderungen in ihren Bezirken verlegten.

Im Jahr 1393 brachen bewaffnete Kämpfe um Geld und Macht unter wohlhabenden Bauern aus, die zu Mord, Totschlag und Körperverletzungen führten. Doch der Statthalter griff ein und beendete den Konflikt. Indem der mächtigste Mann im Lande die Sache entschied, hatte sich eine bedeutende Verschiebung eingestellt, denn nun reagierten die Beteiligten nicht mehr mit Rachemorden auf ihnen zugefügtes Unrecht. Nach dem Christenrecht des Árni Þorláksson genossen die Kleriker Immunität, die allerdings nicht immer gewürdigt wurde. So gab es auch Beispiele für Misshandlungen und Tötungen von Priestern.

Am weitesten gingen die Ausschreitungen im Jahr 1433, als der dänischstämmige Bischof von Skálholt, Jón Gerreksson, früherer Erzbischof in Uppsala und Kanzler Erichs von Pommern (Eriks VII.), angegriffen und im Fluss nahe dem Bischofssitz ertränkt wurde. Weiterhin gab es Beispiele von reichen Klerikern, die Unruhe stifteten und Ungehorsam zeigten und sogar mit bewaffnetem Gefolge durch das Land zogen und die Menschen tyrannisierten.

Die Königsunion zwischen Island und Dänemark 1383
Nach dem Tod von Magnus Eriksson wurde Håkon VI. König von Norwegen und Albrecht von Mecklenburg, jedenfalls dem Namen nach, König von Schweden, während tatsächlich der Adel, vermittelt durch den Reichsrat, das Sagen hatte. 1380 starb Håkon VI., und sein Sohn Olav, den er gemeinsam mit Margarethe, der Tochter Waldemar Atterdags, hatte, wurde König. Olav war aber nach dem Tod seines Großvaters schon zum König von Dänemark gekrönt worden. Damit entstand eine Königsunion zwischen Norwegen und Dänemark, die bis 1814 Bestand hatte. In Island huldigte man König Olav II. im Jahr 1383, wodurch eine Königsunion zwischen Island und Dänemark begründet wurde, die bis 1944 bestehen blieb. Als Olav König wurde, war er noch nicht voll geschäftsfähig, weshalb seine Mutter Margarethe ab 1376 das dänische Königtum gemeinsam mit der dortigen Staatsregierung und ab 1380 das norwegische Königtum führte. Olav II. starb 1387, und Margarethe I. wurde noch im selben Jahr formal zur Regentin von Dänemark, Norwegen und Schweden gewählt. Damit waren alle drei Reiche unter einer Krone vereint.

Doch nachdem Margarethe I. ihren einzigen Sohn verloren hatte, stand sie vor der Herausforderung, einen Reichserben zu finden, den man zur Übernahme des Königtums erziehen konnte. Die Wahl fiel auf ihren Großneffen, Erich von Pommern, der damals noch ein Kind war. 1389 wurde ihm als König Erik von Norwegen gehuldigt. In den isländischen Annalen von Flatey wurde 1391 knapp erwähnt, dass König Erik noch ein Kind war. Genaueres scheint man in Island nicht gewusst zu haben und offenbar interessierte man sich kaum für Entwicklungen dieser Art. Über eine Huldigung vonseiten der Isländer ist nichts bekannt. 1395-1396 wurde Erik König von Dänemark und 1396 von Schweden. Seine Volljährigkeit erreichte er 1397 und wurde daraufhin zum König aller drei skandinavischen Reiche gekrönt. Während es bis dahin üblich gewesen war, dass die Huldigung in jedem Reich für sich stattfand, gab es nun zum ersten Mal eine gemeinsame Huldigung.

Die Kalmarer Union 1397
Trotz des gemeinsamen Königs war die skandinavische Union eher lose und sollte mit der Gründung von Kalmar auf eine stabilere Basis gestellt werden. In einem auf die Krönung folgenden Dokument wurde daher die Absicht festgeschrieben, die drei Reiche für alle Ewigkeit unter einem König zu vereinen, wobei jedes seine eigene Gesetzgebung behalten sollte, die Reiche sich aber im Kriegsfall gegenseitig unterstützen und nach außen als ein Reich auftreten sollten. Allerdings wurde dieses Dokument nie abschließend ratifiziert. Dänemark hielt die Führung in Händen, zumal es das bevölkerungsreichste, wohlhabendste und dem Kontinent am nächsten liegende Land war. Norwegen brachte der Gründung der Kalmarer Union wenig Interesse entgegen, was schon daran ersichtlich war, dass zwar 12 norwegische Häuptlinge bei der Krönung von König Erik anwe-

send waren, jedoch kein Bischof. Auch wegen seiner geografischen Lage an der Peripherie, weit entfernt von allen Großereignissen, hatte Norwegen wenig Einfluss.

Island stand in keiner direkten Königsunion mit Dänemark oder einem anderen skandinavischen Reich, sondern galt als Steuerprovinz oder sogar Landesteil von Norwegen. Dementsprechend wurde Island im Zusammenhang mit der Gründung der Kalmarer Union 1397 nirgends erwähnt, das Land war kein eigenständiges Mitglied. Es gibt auch keine Anzeichen dafür, dass isländische Vertreter Einspruch erhoben oder Wünsche vorgebracht hätten. Inzwischen war Island nicht mehr nur ein Teil jenes Randgebietes, zu dem sich Norwegen entwickelt hatte, sondern an die äußerste Grenze und in extreme Ferne von den Zentren des Reiches gerückt.

Die Kalmarer Union blieb trotz aller Bemühungen ein lockerer Verbund und löste sich letztlich mit dem Austritt Schwedens 1448 auf.

Die rechtliche Stellung Islands
Aus dem oben Gesagten wurde bereits deutlich, dass sich die Vertreter Islands keinerlei Gedanken über die rechtliche Stellung des Landes gegenüber den skandinavischen Reichen oder anderen Staaten machten. Die isländischen Häuptlinge verteidigten zwar mit Dokumenten wie dem Alten Vertrag einschließlich seiner Novellierungen und anderen Beschlüssen ihre Rechte und Privatinteressen, sie verwahrten sich auch gegen Steuern und andere Abgaben und erinnerten den König an seine Pflichten und versuchten, ihr Mitspracherecht bei der Gesetzgebung und ihr Recht auf isländische Ämter aufrechtzuerhalten. Doch jenseits dieser Besitzstandswahrung war keinerlei Engagement in Bezug auf die Wahl der Könige, den Abschluss von Unionsverträgen oder andere außenpolitische Vorgänge zu erkennen. Veränderun-

gen im norwegischen Regierungssystem, wie z. B. beim Reichsrat, haben entweder nicht ihr Interesse geweckt oder sie haben ihnen zugestimmt, solange sie nicht ihre eigenen Rechte und ihre gesellschaftliche Stellung beeinträchtigten. Der König war weit und auch Großereignisse in Skandinavien oder anderen Teilen Europas lagen in weiter Ferne. Offenbar hielten es die isländischen Oberhäupter nicht für notwendig, die Stellung des Landes innerhalb des Unionsreiches zu definieren oder die isländischen Strukturen an die zeitgenössischen Ideen anzupassen. Es darf auch bezweifelt werden, ob sie sich der neuen politischen Gegebenheiten überhaupt bewusst waren. Wahrscheinlich hätten sie dann aber befürchtet, dass jegliche neuen Überlegungen ihre eigene Position untergraben könnten.

Die zeitgenössischen isländischen Annalen zeigen, dass ausländische Nachrichten sehr wohl mit Passagieren und Kaufleuten der Handelsschiffe nach Island gelangten. Im Allgemeinen hat man den oben beschriebenen Vorgängen aber wenig Interesse entgegengebracht. Die Menschen waren eher mit ihrer nächsten Umgebung und ihrer täglichen Arbeit beschäftigt. Mit der weltlichen Herrschaft kam man nur vermittelt durch die Eintreibung der Steuern, die Visitationen der Machthaber und die Gerichte in Berührung, so unvollkommen, wie diese gewesen sein mochten. Die politische Wahrnehmung der Bevölkerung war grundsätzlich auf die Angelegenheiten der Bezirke und Landkreise beschränkt.

Ebenso wenig war zu erkennen, dass der König sich nennenswert um Veränderungen oder Verbesserungen in Island bemüht hätte, sieht man von der Stärkung des Verwaltungs- und Regierungssystems zu Beginn des Königtums ab. Das Interesse des Königs und all derer, die die Königsmacht vertraten, richtete sich einzig auf die Sicherung der Steuereinnahmen. So wurden keinerlei Bemühungen um Reformen, die Gründung von Handelsplätzen oder die Förderung des Handels oder Fischfangs erkennbar. Die Politik beschränkte sich auf die Bindung des gesamten Islandhandels an Bergen in Norwegen. Die isländischen Großbauern hingegen wahrten ihre Interessen und ihre Position in der Gesellschaft, indem sie die Herausbildung von Siedlungskernen an den Küsten zu verhindern suchten, und waren insofern sehr zufrieden mit der Indifferenz des Königs. Am ehesten beklagten die Isländer sich über den Unfrieden und die Rechtlosigkeit, wie schon im Beschluss von Skálholt 1375 gesehen und wie im Kapitel über die weltliche Herrschaft im 14. und 15. Jh. näher zu diskutieren sein wird.

Es ist ausgesprochen problematisch, die Stellung Islands innerhalb der Union von Norwegen und Dänemark mit Begriffen wie Souveränität, Personalunion, Zweckunion etc. zu bestimmen, zumal solche Begriffe damals entweder noch nicht existierten oder nur sehr undeutlich definiert waren. Hier wurde deshalb versucht, die Position Islands so zu beschreiben, wie sie war, als die einer Steuerprovinz Norwegens.

Beziehungen zu anderen Staaten im 14. Jahrhundert

Der Islandhandel – ausschließliches Recht der Norweger
In den überlieferten Texten des Alten Vertrags mit seinen Novellierungen bis 1319 ist nachzulesen, dass jährlich sechs Schiffe zwischen Norwegen und Island verkehren sollten. Hierdurch wurde einerseits der Handelsverkehr gesichert, andererseits aber auch die Ablieferung der Steuerzahlungen in Form von Waren an den König organisiert. Offenbar war die gesamte Handelsschifffahrt jener Zeit damit abgedeckt.

Der Islandhandel stand ausschließlich norwegischen Untertanen frei. Gemäß einer Gesetzesergänzung von König Håkon V. aus dem Jahr 1302 war es anderen verboten, Handelsfahrten nach Island oder in andere norwegische Steuerprovinzen auszurichten. Bis ins 12. Jh. war Norwegen eine der größten Seefahrtsnationen Europas gewesen und das Reich hatte sich nach Westen ausgedehnt. Doch als es seine größte Expansion erreicht hatte, kam die Seemacht ins Wanken. Gleichzeitig intensivierten sich die Beziehungen zu den skandinavischen Ländern und der Hochadel begann ohne Rücksicht auf die Landesgrenzen untereinander um Einnahmen, Lehen und die Führungsrolle in Skandinavien zu konkurrieren. In gleichem Maße ließ die Seefahrt auf dem Nordatlantik nach.

Während Norwegen und Schweden um die Vorherrschaft rangen, weiteten deutsche Handelsstädte im südlichen Teil der Ostsee ihren Einfluss auf den Handel der Region aus und gründeten die Hanse-Gesellschaften. Die Hanse begann, Fisch, vor allem Trockenfisch und Tran, in Nordnorwegen anzukaufen, und es entwickelten sich florierende Handelsbeziehungen zwischen Norwegen und den Hansestädten, deren Zentrum Lübeck darstellte. In der zweiten

Hälfte des 13. Jh. war die Hanse ausgesprochen aktiv in Bergen und die Stadt wurde zu ihrem norwegischen Hauptquartier. Die Hansekaufleute erhielten dort Vorrechte gegenüber Kaufleuten anderer Länder, insbesondere Engländern, und gründeten um 1350 ein Hansekontor in Bergen. Diese Aktivitäten förderten den norwegischen Fischfang und gleichzeitig wuchs der Außenhandel in Richtung Osten. Vorrangig wurde dabei im Warenaustausch Fisch gegen Getreide verkauft.

Isländischer Export: Von Wollstoffen zum Fisch
Im 13. und bis ins 14. Jh. waren gewebte Wollstoffe die Hauptexportware Islands. Doch im Laufe des 13. Jh. ließ der Verkauf an isländischen Wollstoffen nach, denn nun hatte Flandern die Oberhand über den Tuchhandel erlangt. Quellen aus dem Jahr 1323 lassen erkennen, dass Wollstoffe die wichtigste Exportware darstellten, und noch im Jahr 1329 forderte der König die Isländer in einer Gesetzesergänzung dazu auf, die Produktion von gewebten Wollstoffen in hoher Qualität zu sichern. Doch da standen die Umwälzungen bereits kurz bevor. So wird in einem Urteil der Domkirche in Nidaros im Jahr 1340 erwähnt, dass noch vor Kurzem hauptsächlich Wollstoffe aus Island exportiert worden seien, nun aber die Ausfuhr von Trockenfisch (*skreið*) und Tran eingesetzt habe. Zwar war Trockenfisch auch in der zweiten Hälfte des 13. Jh. schon verkauft worden, doch im 14. Jh. nahm der Export mit steigenden Preisen deutlich zu. Die Ursache für diese tiefgreifende Veränderung im isländischen Export ist im zunehmenden Bevölkerungswachstum in Europa zu sehen, u. a. in den Städten an der Ostsee, von Lübeck bis Tallinn. Für die Norweger änderten sich die Handelsbedingungen, als die Hansekaufleute begannen, Getreide dorthin zu bringen und gegen Trockenfisch zu handeln, wodurch Bergen zum Zentrum des Trockenfischhandels

wurde. Den Isländern öffnete sich damit ein neuer Markt. Der Islandhandel lag allerdings im 14. Jh. in den Händen norwegischer Kaufleute, die wiederum von der Hanse abhängig waren, die den Markt kontrollierte. So wurde Lübeck zum Zentrum des Trockenfischhandels.

Bergen erhält das Handelsmonopol
Schon seit der Regentschaft Magnus' des Gesetzesverbesserers (1263-1280) hatten die norwegischen Könige Wert darauf gelegt, den Handel in den Städten zu fördern. Auf dem Land war der Handel verboten, zumal er an Ortschaften mit zugeordneten Handelsgebieten gebunden war. Bergen wurde mehr als andere Städte durch das Königtum gefördert und entwickelte sich zu einer bedeutenden Handelsstadt.

Ab 1294 wurde deutschen Bürgern und kurz darauf allen Ausländern verboten, Bergen in Richtung Norden zu passieren und damit war ihnen der gesamte Handel nördlich von Bergen untersagt. Island war in dieses Verbot eingeschlossen. Im Jahr 1361 erhielten die Bürger von Bergen das alleinige Recht zum Handel in Island und verteidigten es entschieden. Weitere Privilegien in Bezug auf Handel und Dienstleistungen folgten und sorgten dafür, dass der gesamte Trockenfisch des Reiches nach Bergen geschafft werden musste, bevor die Kaufleute ihn von dort auf die Märkte anderer Länder bringen konnten. Dadurch konzentrierte sich der Provinzhandel und als Teil davon der Islandhandel in dieser Stadt. Dem königlichen Kämmerer in Bergen wurde nun die gesamte Steuererhebung übertragen, sodass die Handelsstadt an der Westküste Norwegens für Island zum Hauptsitz der Obrigkeit wurde. Gleichzeitig übernahm Bergen in weltlichen Belangen die Funktion einer Hauptstadt für Island und behielt diese bei, bis Island dem norwegischen Königtum aus den Händen glitt und Kopenhagen die entsprechende Rolle übernahm.

Ab der Mitte des 14. Jh. nahmen Handelsfahrten nach Island zu, immerhin stiegen die Preise für Trockenfisch und förderten so die Schifffahrt. Auch die Fischvorkommen scheinen sich günstig entwickelt zu haben, sodass sich den Isländern gute wirtschaftliche Bedingungen boten. Doch in den 60er Jahren des 14. Jh. stand Norwegen im Krieg mit seinen Nachbarländern und der Schiffsverkehr nach Island ließ nach. Die Einnahmen der Krone hatten sich nach der Pestepidemie merklich verringert und man ging dazu über, die Steuern und Zölle in Island zu erhöhen.

Island war ins Abseits geraten. In allen wesentlichen Angelegenheiten führten die Ströme von Island weg. Es gab kein politisches Zentrum im Lande, das die verstreuten Siedlungen hätte zusammenführen und die Blicke der Landsleute auf einen Ort hätte lenken können. Die Schlüsselgewalt über den Handel und die Landespolitik lag in Bergen. Die isländischen Machthaber wandten sich direkt dorthin, wenn sie etwas zu klären hatten. Island war darüber hinaus aus dem Blickfeld des Königs und genau genommen ganz Skandinaviens verschwunden und die Kontakte rissen langsam ab. Zu Beginn des 15. Jh. stellten sich Ereignisse ein, die auf die gänzliche Loslösung von Skandinavien hinzuwirken schienen, und England begann sich um Einfluss zu bemühen – das sogenannte englische Jahrhundert brach an. Doch zuvor wurde Island von der Großen Plage heimgesucht.

Die weltliche Macht in Island im 15. Jahrhundert

Die Große Plage 1402-1404

Im Jahr 1402 gelangte mit einem Schiff, das im Fjord *Hvalfjörður* im Westen anlegte, eine unbekannte Krankheit nach Island, wobei unklar ist, ob das Schiff aus Norwegen oder England kam. Nach den Berichten der Annalen lebten Menschen, wenn sie einmal erkrankt waren, nur noch wenige Tage. In späteren Jahrhunderten wurde diese Krankheit als schwarzer Tod oder Pest bezeichnet, doch in den älteren Quellen war ausschließlich von der Plage oder der Großen Plage die Rede. Im Grunde weiß man nicht, um welche Krankheit es sich handelte. Es ist vermutet worden, dass etwa ein Drittel der Einwohner Islands gestorben ist, doch auch darüber gibt es keine genauen Informationen. Die Plage hatte schwere Folgen für die isländische Wirtschaft. Es herrschte ein Mangel an Arbeitskräften, landwirtschaftliche Flächen verödeten, es setzte ein allgemeiner Preisverfall ein und auch die Pacht für Ländereien sank. Der Arbeitskräftemangel trieb die Löhne der Landarbeiter in die Höhe. Das Alþingi verabschiedete daraufhin Beschlüsse, die verhindern sollten, dass die Bauern sich in ihrer Konkurrenz um Arbeiter gegenseitig die Löhne überboten. Die sinkenden Bodenpreise ermöglichten es wohlhabenden Grundbesitzern, aber auch kirchlichen Institutionen, ihre Ländereien zu erweitern. Außerdem wurde der Kirche viel Land gestiftet, als Seelengabe überlassen oder vererbt. Auch Laien konnten plötzlich Ländereien oder Güter erben.

Dies ist jedoch nicht die einzige Erklärung für die Verwerfungen, die sich zu Beginn des 15. Jh. in der isländischen Gesellschaft einstellten. Zur selben Zeit wurde der Fischfang zu einer bedeutenden Geldquelle und diejenigen, die aus ihm Gewinn zogen, nutzten ihren Reichtum zum Ankauf von Land. Der zunehmende Fischfang veränderte auch die Siedlungsstruktur, weil nun mehr Menschen an die Küsten zogen.

Kopenhagen wird Hauptstadt Islands

Königin Margarethe I. war in Island zwar kaum in Erscheinung getreten, erhielt aber dennoch einen sehr wohlwollenden Nachruf in den isländischen Annalen. Sie starb im Jahr 1412 auf ihrem Schiff in Flensburg, und Erich von Pommern übernahm die Regierung. In Norwegen bemerkte man den Wechsel kaum, was wiederum bestätigt, dass sich das Zentrum des Reiches an die Ostsee verlagert hatte und Norwegen abgeschieden am äußeren Rand lag.

In Island wurde dem neuen König erst auf dem Alþingi 1419 gehuldigt, man schwor ihm den üblichen Treueeid und sicherte Steuerzahlungen zu. Erneut wurde betont, dass der König für Frieden zu sorgen und gegenüber seinen Untertanen die Gesetze einzuhalten habe. Weiterhin sollten alle früher eingeführten Gesetzesergänzungen ihre Gültigkeit behalten. Die Treue zu König Erik wurde auch auf dem Alþingi 1431 noch einmal beschworen und die Gültigkeit der zwischen dem Königtum und den Landsleuten bestehenden Beschlüsse und Gesetze bekräftigt. Neue Abgaben wurden abgelehnt. In beiden Dokumenten – von 1419 und 1431 – wurden auch Fragen des Handels und der Niederlassung von Ausländern während der Wintermonate angesprochen. Nach 1431 gab es bis zur Reformation keine weiteren Königshuldigungen mehr in Island.

König Erik war in vielerlei Hinsicht ein tüchtiger Regent, er war intelligent und ein fähiger Sportsmann, doch es fehlte ihm an diplomatischem Geschick und er traf häufig einseitige Entscheidungen ohne den Versuch eines Kompromisses. Während seiner Regierungszeit gab es große Umbrüche in der skandinavischen Politik, die dauerhaften Einfluss haben sollten, so z. B. auf die Stellung Islands und die Entwicklungen dort. Die zweite Hälfte des 14. Jh. war von Auseinandersetzungen zwischen der Hanse und Dänemark bestimmt. Hansekaufleute setzten sich in der Provinz Schonen durch und verdrängten andere Kaufleute. In der Folge konnten die Ostseestädte Handel mit verschiedenen europäischen Städten, vor allem in England, Holland und Frankreich treiben. Der Markt in Schonen verlor seine Stellung als wichtigstes Handelszentrum, die Handelswege verlagerten sich und führten vorrangig durch den Öresund. Im Jahr 1417 erlangte König Erik die Kontrolle über Kopenhagen und verdrängte damit den Bischof von Roskilde. Er machte Kopenhagen zur Hauptstadt des Reiches. Aus isländischer Sicht lösten sich nun die administrativen und politischen Beziehungen zu Bergen und knüpften sich stattdessen an Kopenhagen. Von dort kamen fortan die Botschaften des Königs und dorthin lenkten immer mehr Isländer ihre Schritte. Der Erzbischof hatte seinen Sitz dennoch in Nidaros.

Wegen der beschriebenen Verlagerung der Handelswege, die einen Niedergang des Handels und Einnahmeverluste in Schonen mit sich brachten, ging König Erik im Jahr 1429 dazu über, einen Sundzoll von jedem einzelnen Schiff einzufordern, das durch den Öresund fuhr. Dieser Zoll erwies sich als äußerst gewinnbringend. In Norwegen versuchte der König die Zentralmacht zu stärken, womit er die Politik seiner Mutter, der Königin Margarethe I., fortsetzte. Sie hatte ihren Gefolgsleuten, vorrangig Dänen, die besten Lehen und Burgen in Norwegen zukommen lassen, sodass die Regierung des Landes praktisch in deren Händen lag. Die norwegische Obrigkeit stand hingegen auf schwacher Basis, das Land war arm, dünn besiedelt und hatte eine geringe Bevölkerungszahl. Selbst das Archiv des norwegischen Reiches wurde nach Kopenhagen verbracht und alle Institutionen, die die Grundlage einer selbstständigen norwegischen Regierung hätten bilden können, wurden niedergelegt. Hierdurch verlor der Reichsrat seine Macht und sein Einfluss auf die Landesregierung schwand. Auf diese Weise zerbrach die eigenständige Administration Norwegens und man steuerte auf eine Einverleibung Norwegens zu. Die Lehnsherren auf ihren Burgen betrachteten die Steuereintreibung als ihre erste Pflicht, kümmerten sich sonst aber wenig um die Regierung des Landes, was dazu führte, dass die Bevölkerung in den Siedlungen die Dinge in ihre eigenen Hände nahm. Damit erstarkte ihr Selbstvertrauen und sie bot der Obrigkeit die Stirn. Unruhen und Erhebungen waren die Folge und breiteten sich ebenfalls in Schweden und Dänemark aus, bis der König im Jahr 1440 in Dänemark, 1441 in Schweden und wiederum ein Jahr später in Norwegen entmachtet wurde. An seiner Stelle wurde sein Neffe, Christoph von Pfalz-Neumarkt als Christoph III. zum König gekrönt, starb aber schon 1448, und alle Machtpositionen in Skandinavien standen verödet. In Dänemark wurde Graf Christian von Oldenburg und Delmenhorst zum König gewählt und in Schweden Karl Knutsson, genannt der Bauer. Um Norwegen gab es Streit, beide Könige gaben Dokumente heraus, in denen sie den Norwegern alle Grundrechte zusicherten. Nach hartem Kampf setzte Graf Christian sich durch und wurde im Dom von Nidaros als Christian I. zum König von Norwegen gekrönt. Anschließend wurde ein Unionsvertrag zwischen Dänemark und Norwegen geschlossen.

Am 3. Juli 1449 wurde die erste offizielle Handfeste in Norwegen ausgestellt, ein durch Handschlag bekräftigtes königliches Vertragsdokument. Es erklärte Norwegen zu einer Wahlmonarchie, nachdem das Königreich seit 1260 eine Erbmonarchie gewesen war. Weiterhin sollten die Rechte der Kirche gewahrt bleiben, der Reichsrat sollte mit Norwegern besetzt werden und die alltägliche Regierung des Landes übernehmen sowie an allen wichtigen Angelegenheiten beteiligt werden. Außerdem wurde festgelegt, dass die Lehen an Norweger zu vergeben seien und es gab Artikel über die Besteuerung und die Außenpolitik. Der König sollte regelmäßig und nicht seltener als jedes dritte Jahr nach Norwegen kommen. Im Unionsvertrag vom 29. August 1450 wurde die Gleichberechtigung der Reiche bestimmt. Jedes sollte seinen eigenen Gesetzen folgen und alle überkommenen Rechte genießen, jedoch für alle Zeit an ein und denselben König gebunden sein. Im Krönungseid schwor der König, alle Pflichten des gerechten Königs zu erfüllen.

Der Gesetzescodex Langaréttarbót *1450*
In den vorangegangenen Kapiteln wurden Aufruhr und Unruhe in Skandinavien beschrieben sowie die Gesetzesnovellen, die herausgegeben wurden, um Ruhe und Frieden in der Gesellschaft wiederherzustellen. In Fortführung dieser Politik gab König Christian I. eine Novelle oder einen Codex für Island heraus, der den Titel *Langaréttarbót* erhielt und das Ziel verfolgte, auch hier Recht und Ordnung einkehren zu lassen, denn Island zeichnete sich ebenfalls durch allseitigen Ungehorsam, Unruhe und Aufruhr aus. Es wird davon ausgegangen, dass dieser Codex in gewissem Maße auf Wunsch und nach den Bedürfnissen der Isländer zusammengestellt wurde. Er kann aber auch als Anzeichen für eine sich nach den Turbulenzen der Regierungszeit Erichs von Pommern stabilisierende Königsmacht gewertet werden.

Der Öresundzoll führte dazu, dass das dänisch-norwegische Reich eine stärkere Position gegenüber England einnehmen konnte, zumal englische Kaufleute häufig durch den Sund fuhren. Im Jahr 1447 wurden einige englische Schiffe militärisch festgesetzt und die Engländer so zu Verhandlungen gezwungen, die schließlich 1449 stattfanden. Dabei ging es u. a. um den Islandhandel. Englischen Seeleuten wurde untersagt, ohne Genehmigung des norwegischen Königs nach Island, Helgeland (*Hålogaland*) in Nordnorwegen und in die Finnmark zu fahren. Andere Gebiete des Reiches standen ihnen hingegen offen. Nach dieser Einigung wurden die besetzten Schiffe wieder freigelassen. Die Engländer fuhren aber nichtsdestotrotz nach Island, mit oder ohne Genehmigung.

In der Folge der Friedensverhandlungen mit England wurden 1449 die Gesetzesergänzungen des *Langaréttarbót* zusammengestellt. Darin wurden Lögmänner und Bezirksvorsteher aufgefordert, Recht und Gesetz ohne Parteinahme durchzusetzen und gegen jedwede Unsitte und jeden Widerstand gegen die Obrigkeit bei der Umsetzung der Gesetze vorzugehen. Auf der anderen Seite wurde die Obrigkeit zu unbedingter Königstreue ermahnt und zur Einhaltung der Gesetze. Ausländern wurde streng untersagt, Isländer als Passagiere aufzunehmen, es sei denn, sie befänden sich auf einer Pilgerfahrt zu heiligen Stätten oder nach Norwegen. Eltern wurde verboten, ihre Kinder an Ausländer zu verschenken oder zu verkaufen. Engländer und Iren, die nach Island fuhren, sollten geächtet und ihr Eigentum beschlagnahmt werden. Diese Bestimmung entsprang dem Friedensvertrag mit England, nach dem Fahrten nach Island verboten waren. Weiterhin wurde den Isländer untersagt, einen Bischof ohne Bestätigung durch den Erzbischof und den Reichsrat zu akzeptieren. Es war wiederholt vorgekommen, dass Männer in Island aufgetaucht waren und behauptet hatten, sie wären vom Erzbischof in das Amt eines Bischofs in Island eingesetzt worden. Priester und Klosterangehörige wurden zu Gehorsam gegenüber dem Bischof ermahnt. Zuvor hatte es einigen Widerstand von reichen Klerikern und Klosterinsassen gegeben. Weitere Artikel betrafen die richtige Abrechnung der königlichen Steuern, denn auch hier hatte es Unregelmäßigkeiten gegeben. Schließlich wurde die Pflicht zur Einnahme eines Sitzes im Gericht unterstrichen, sofern man berufen wurde.

Unruhen und Unsicherheit im 15. Jahrhundert
Die Gesetzesnovelle *Langaréttarbót* wurde 1451-1452 in Island verkündet. Selbst wenn die genauen Umstände nicht bekannt sind, so scheint doch eindeutig, dass allgemeine Auflösungserscheinungen und Unfriede in den skandinavischen Gesellschaften, insbesondere in Norwegen, diese Initiative befördert haben. Island war im 14. und 15. Jh. von Kämpfen und Tyrannei bestimmt, obwohl sich langsam geordnetere Regierungsformen durchsetzten. Das 15. Jh. setzte damit ein, dass ein Bezirksvorsteher hingerichtet und ein anderer im Jahr 1446 geächtet wurde. Letzterer hatte sich auf brutale und gesetzeswidrige Weise umfangreiche Güter angeeignet, die dann dem König zugesprochen wurden. Der Schuldige verließ Island und über sein weiteres Schicksal ist nichts bekannt. Diese Beispiele zeigen, dass es gute Gründe für die Einführung des *Langaréttarbót* gab. Doch trotz dieser Bemühungen nahmen die Raubzüge und Gewalttaten kein Ende. Für die Jahre 1471-1476 wird von vier größeren Raubzügen berichtet, einer davon wurde von reichen Priestern angeführt. Einer dieser Priester wurde vom Bischof wegen zahlreicher Vergehen angeklagt, dennoch schloss der Bischof mit ihm einen Vergleich. Der Schuldige zahlte eine erhebliche Summe und blieb ein freier Mann. Gegen Ende des Jahrhunderts brachen heftige Erbstreitigkeiten innerhalb einer der reichsten und mächtigsten Sippen Islands aus, die sich bis ins 16. Jh. hinzogen. Doch nun wurden solche Kämpfe nicht mehr mit der Waffe, sondern vor Gericht ausgetragen.

Schwer ist diese Plage
Es können hier weder alle Verbrechen und Unruhen aufgezählt noch sämtliche Kriegspfade des 14. und 15. Jh. im Einzelnen nachgezeichnet werden. Zweifellos haben die Menschen sich auch gegenseitig angegriffen und sogar ermordet, ohne dass es dafür heute schriftliche Quellen gibt. Den einfachen Leuten wird es kaum möglich gewesen sein, in gleicher Weise wie die Wohlhabenden und Einflussreichen ihr Recht vor Gericht durchzusetzen. Noch weniger liegen Quellen über Auseinandersetzungen und Gesetzesverstöße innerhalb der Bevölkerung vor. Gleichwohl ist davon auszugehen, dass es auch hier zu Streitigkeiten gekommen ist, z. B. zu Auseinandersetzungen über Landmarken, Weiden und Wiesen, Fischereirechte usw., und dass in der Regel der Stärkere gesiegt haben wird. Die wenigen Quellen, die erhalten sind, lassen den Schluss zu, dass man schnell zu den Waffen griff. Die Annalen berichten wiederholt von Hinrichtungen und nennen die Namen von Menschen, die sonst unbekannt waren. Auch die Isländersagas, die gegen Ende des 13. und zu Beginn des 14. Jh. entstanden sind, geben beredtes Zeugnis von Kämpfen und Waffengängen ab, die zweifellos Einfluss auf die Geschichtsschreiber gehabt haben.

Die Tyrannei der Machthaber, die sich Recht und Gesetz mit Schwert und Schild angeeignet haben, hat fraglos vorrangig die einfache Bevölkerung getroffen. Die bewaffneten Horden zogen durch das Land und machten den Bauern, deren Hausleuten und allen anderen das Leben schwer. Die oben diskutierten Beschlüsse und Gesetzesnovellen zeigen, dass die Menschen sich der grundlegenden rechtsstaatlichen Regeln bewusst waren und dass die seit der Landnahmezeit vorherrschende Ordnung langsam abgelöst wurde.

Aus alldem sollte man dennoch nicht den Schluss ziehen, dass die Gesellschaft sich in allumfassender Auflösung befand. Schließlich muss auch erwogen werden, dass schriftliche Quellen sich vorrangig mit dem befassen, was ungewöhnlich und abweichend ist. Dinge, die problemlos vor sich gehen, gelten nicht als berichtenswert. Daher darf man auch vermuten, dass eine Reihe von Auseinandersetzungen auf gesetzmäßigem Wege beigelegt und die Schuldigen durch die Vertreter des Königs bestraft wurden. Die friedlichen Arbeiten und Beschäftigungen der Bevölkerung waren kaum bemerkenswert genug, um sie niederzuschreiben. Deshalb sind es häufig die Störenfriede und Verbrecher, die der Geschichte ihren Stempel aufdrücken.

Die Tyrannei und Hemmungslosigkeit der Mächtigen betraf aber nicht nur die Bevölkerung, auch die Beamten des Königs und der Kirche haben ihren Vorgesetzten nicht immer die Loyalität bewiesen, zu der sie verpflichtet waren, und oben sind bereits Beispiele für Ungehorsam verschiedener Art genannt worden, abgesehen davon, dass häufig gerade die höchsten königlichen Vertreter ihr Amt nicht so genau nahmen. Im Abschnitt über das Christenrecht im *Jónsbók* wurde die Verantwortung der Machthaber gegenüber der Bevölkerung und gegenüber Gott angemahnt, wenn es hieß, dass sie das Volk nicht mit zu großer Habgier bedrängen oder bedrohen und dass geringer Gestellte sich ihrer rechtmäßigen Untertanenpflicht nicht aus Starrsinnigkeit oder Unwissenheit widersetzen durften. Der damalige Zeitgeist zeichnete sich allerdings durch eine bemerkenswerte Ambivalenz aus, einerseits durch große Gottesfurcht, Sündenbewusstsein und Untergebenheit, wie noch genauer zu zeigen sein wird, und andererseits durch Gewalttaten, die sogar mit einem Schein von Heldentum verbrämt sein konnten. Der Abstand zwischen Gottesfurcht und Grausamkeit war erstaunlich kurz bemessen.

Die Bestimmungen des *Langaréttarbót* richteten sich gegen Gewalttaten und Gepflogenheiten, wie sie hier kurz beschrieben worden sind. Die Gesetzesnovelle ergänzte den Alten Vertrag in seinen Versionen von 1262-1264 und 1302 erheblich und zeichnete so für wachsenden Einfluss der staatlichen Gewalt auf die isländische Gesellschaft. Das Ziel war nach wie vor dasselbe, die Sicherung des Friedens und die Einhaltung der Gesetze unter dem Schutz des Königs und seiner Vertreter. Die Ergänzung sollte aber nicht nur die Befolgung der Gesetze sicherstellen, sondern auch die staatliche Administration stärken, wobei unklar ist, wie weit ihr Einfluss tatsächlich reichte. Gewiss war die Novelle allein aber nicht hinreichend, um die Rechtssicherheit im Lande zu gewähren. Gesetze sind zwar ein wichtiges Instrument, um eine Gesellschaft in gewisse Bahnen zu lenken, doch wie oben gesehen waren einzelne mächtige Männer im späten 15. Jh. stärker als die gesetzmäßige Obrigkeit und konnten es sich erlauben, Recht und Gesetz die Stirn zu bieten.

Kirchenpolitik ab der Mitte des 14. Jahrhunderts bis zur Reformation

Bemühungen um Recht und Organisation
Einen der bedeutendsten Streitpunkte zwischen der geistlichen und weltlichen Macht stellte, wie bereits deutlich geworden ist, die Zuständigkeit der Kirche in gerichtlichen Angelegenheiten des Klerus und des Christenrechts dar. Daraus ergibt sich die Frage, wie die Gerichtsbarkeit in der Praxis aussah. Im Allgemeinen achteten die Bischöfe darauf, dass die Gerichte zu gleichen Teilen mit Klerikern und Laien besetzt wurden. Damit war die Gerichtstätigkeit selbst in Sachen des Christenrechts nicht allein auf die Kirchenvertreter beschränkt. Dies entsprach den Grundregeln des Christenrechts nach Árni Þorláksson und den Bestimmungen des *Jónsbók*, das Gleichrangigkeit von weltlicher und geistlicher Macht festlegte. Sowohl Laien als auch Kleriker konnten Partei vor Gericht sein.

Angelegenheiten, die vor diesen Gerichten verhandelt wurden, betrafen häufig das Eigentum einzelner Kirchen wie z. B. Nutzungsrechte an Land, Treibholz etc. und Abgaben wie den Zehnten und Zölle. Außerdem fielen Ehesachen unter die Kompetenz dieser Gerichte. Wenn sich Frauen des Ehebruchs oder illegitimer Geburten schuldig machten, entschied der Bischof selbst und setzte die Buße fest. In Fällen von Ungehorsam bei Klerikern entschied ebenfalls der Bischof, schließlich waren geweihte Männer dem Bischof unterstellt. Ständigen Streit gab es wegen des Erhalts von Kircheneigentum, wegen Konkubinentums bei Priestern und allgemeinen Ungehorsams gegenüber der Obrigkeit. Den Gerichten gelang es dabei nicht immer, mächtige und einflussreiche Leute, Kleriker und Laien gleichermaßen den geltenden Gesetzen zu unterwerfen.

Im Zeitraum 1383-1464 saßen in der Diözese Skálholt einzig Bischöfe, die der Papst eingesetzt hatte, dasselbe galt für Hólar im Zeitraum 1357-1441. Diese Bischöfe waren mit einer Ausnahme alle Ausländer. Ihre Amtsführung wurde unterschiedlich beurteilt, wie später noch genauer zu sehen sein wird.

Im Jahr 1441 benannte das Domkapitel von Nidaros einen Mann norwegischer Herkunft als Bischof von Hólar und der Papst bestätigte diese Benennung. Er erwies sich als erfolgreich im Amt, doch als er gestorben war, wurde auf einer Synode der Priester Ólafur Rögnvaldsson zum Bischof gewählt. Er war ebenfalls norwegischer Herkunft, lebte aber schon lange in Island. In der Benennungsurkunde heißt es, dass einige der vom Papst berufenen Bischöfe der Kirche geschadet hätten, auch wenn dies kein Generalurteil sein sollte. Auf der anderen Seite hätten diejenigen, die von Isländern selbst gewählt worden waren, der Kirche am ehesten genützt, immerhin sei dies auch überkommene Sitte im Lande gewesen. Dieses Vorgehen stand in Übereinstimmung mit dem europäischen Konziliarismus, der darauf abzielte, die Zentralmacht des Papstes und die Einmischung der Landesfürsten zu begrenzen. In Skálholt wurde nach dem Vorbild der nordisländischen Diözese verfahren und ebenfalls ein Isländer gewählt. Doch trotz der Bestätigung durch den König wurde das Amt letztlich einem Dänen zugesprochen. Nach dessen Tod wurde der Isländer erneut gewählt, und seitdem waren die Bischöfe von Skálholt stets Isländer. In Hólar hingegen waren alle bis auf den letzten katholischen Bischof, Jón Arason, Norweger. Im Grunde ging es aber nicht um die Nationalität der Bischöfe, sondern darum, dass derjenige, der von den Landsleuten bestätigt war, das Amt erhalten sollte.

Einzelne Bischöfe engagierten sich besonders für eine strengere Organisation des Christentums und geordnete

Kirchenfinanzen in beiden isländischen Diözesen. Dieses Programm wurde bis zur Reformation durchgehalten, es rief jedoch wiederholt Konflikte hervor. Insbesondere erregten die Aktivitäten des Bischofs Ólafur Rögnvaldsson in Hólar Aufmerksamkeit, zumal er auf harschen Widerstand bei den weltlichen Machthabern stieß. Dabei drehten sich die Kämpfe noch immer um dieselben Fragen, d. h. um die Verwaltung der Eigentümer, über die die Kirche zu verfügen meinte, und um diverse Verpflichtungen der Laien. Bischof Ólafur hatte allerdings mit besonders aufsässigen und einflussreichen Leuten zu kämpfen. Hinzu kam ein krasser Fall von Missbrauch und Inzest, der einem seiner Gegner angelastet wurde und erhebliche Verwicklungen nach sich zog. Auch im südisländischen Skálholt verfolgten die Bischöfe die Interessen der Kirche und hieraus entspannen sich Konflikte mit den weltlichen Herrschern. Diese nahmen aber nicht so scharfe Formen an wie im Norden. Schließlich kam es so weit, dass nordisländische Bauern im Jahr 1513 einen Beschluss fassten, der nach dem entsprechenden Hof *Leiðarhólmsskrá* genannt wurde. Darin forderten sie zum Zusammenhalt gegen die Tyrannei der Bischöfe auf. Allerdings scheint diese Aktion keine nennenswerten Folgen gehabt zu haben.

Die Infrastruktur der Kirche
Mitte des 14. Jh. hielten zwei Institutionen die gesellschaftliche Macht in Händen, der König mit seinem Amtssystem einerseits und die Kirche mit ihren eigenen Strukturen andererseits. Die Forderungen der Kirche kristallisierten sich in ihrem Motto *libertas ecclesiae*, das die Befreiung der Kirche aus dem weltlichen Herrschaftssystem bezeichnete. Darunter verstand man die eigene Verfügung über Einnahmen, Güter und Ämter sowie eigene Gesetze und Gerichtsbarkeit in innerkirchlichen Angelegenheiten und in Bezug auf

das Christenrecht, selbst wenn es Laien betraf. Im Hochmittelalter hatte die Kirche in den meisten Ländern Europas einen Großteil dieser Forderungen umgesetzt. Man könnte annehmen, dass sie damit auf gesicherter Basis stand und den Zenit ihrer Macht erreicht hatte. Doch schnell kamen Schwachstellen ans Licht, die bei Belastung nachgeben konnten und die nachfolgend beschrieben werden sollen.

Die religiöse Praxis der Menschen hatte zunehmend öffentlich sichtbare Formen, wie die Teilnahme an Prozessionen, das Entzünden von Lichtern vor Heiligenbildern, die Einhaltung der Fastenzeit oder Ausübung allgemeiner Enthaltsamkeit angenommen und es wurde viel gestiftet. Doch nur wenig später verurteilten die Reformatoren solche Verhaltensweisen als Aberglauben und als nicht gottgefällig.

Die enorme Konzentration von Landgütern im Besitz der Kirche entwickelte sich zu einem wirtschaftlichen Problem. So gehörten zur Zeit der Reformation bereits 45 % des Gesamtwertes an Grund und Boden der Kirche oder kirchlichen Institutionen und etwa ein Viertel davon den beiden Bistümern. Weder von diesen Landgütern noch von denen, die im königlichen Besitz waren, wurde Zehnt gezahlt, was die Steuereinnahmen des Landes erheblich beeinträchtigte. Im Jahr 1489 beschloss der Bischof von Skálholt deshalb gemeinsam mit dem Statthalter, dass von allen Gütern, die in den vorangegangenen 20 Jahren an den Bischof oder den König gefallen waren, Zehnt zu zahlen sei. Hierdurch wurde das Privileg der Steuerfreiheit de facto aufgehoben. Außerdem stellte es ein bedeutendes Problem dar, dass diese Güter dem allgemeinen Umlauf entzogen waren und weder unter den Menschen noch zwischen den Generationen weitergegeben wurden, was lähmenden Einfluss auf die Gesellschaft hatte, wie noch genauer zu sehen sein wird.

Die Kirche als Bildungsinstitution
Oben wurde von den zunehmenden politischen Aktivitäten und der Machtpolitik des Klerus berichtet. Jetzt soll der Blick auf die Ausübung des Christentums und die Verkündung des Glaubens unter den Landsleuten gerichtet werden.

Geweihte Männer, Priester und Bischöfe, waren die tragenden Säulen der Kirche. Wie bereits gesehen, stammten sie zeitweise vorrangig aus dem Ausland. Manche Bischöfe haben Island nie betreten und andere hatten wenig Geschick im Amt. Doch einige verfügten über ausgezeichnete Bildung, hatten einen vorbildlichen Lebenswandel und führten ihre Ämter mit Bestimmtheit und gemäß den gültigen Gesetzen. Sie lenkten ausländische Kulturströmungen nach Island, bauten die Administration und die Archive auf, schafften Kunstwerke für die Kirchen an, erwarben gelehrte Schriften für die Bibliotheken der Bischofssitze und vermittelten dem Klerus so wichtige Kenntnisse und europäische Bildung. Über die formale Ausbildung des Klerus weiß man wenig. Die Quellen legen nahe, dass Jugendliche zunächst bei gelehrten Priestern lernten und anschließend an die Schulen der Bischofssitze kamen. Über die Organisation der Schulen gibt es nur lückenhafte Quellen, doch ist anzunehmen, dass die Lehre dort stets sichergestellt wurde, denn die Aufrechterhaltung der Gelehrsamkeit unterstand der Autorität der Kirche. Daneben gaben auch die Klöster Unterricht, wenngleich sie formal nie Klosterschulen gründeten. Der Lehrstoff unterschied sich kaum von dem in anderen christlichen Ländern. Es waren die sieben freien Künste, zusammengesetzt aus dem Trivium (Grammatik, Rhetorik, Dialektik bzw. Logik) und dem Quadrivium (Arithmetik, Geometrie, Musik, Astronomie). Prinzipiell dürfte die höhere Bildung in Island daher dieselbe gewesen sein wie in den Nachbarländern.

Universitäten wurden in Skandinavien erst spät im 15. Jh.

gegründet, 1477 in Uppsala und 1479 in Kopenhagen, wobei die Lehre noch unregelmäßig stattfand. Offensichtlich stand es damals nicht zur Debatte, auch in Norwegen eine Universität zu gründen und noch weniger in Island. Daher suchten die Leute aus den nordischen Ländern, sofern sie mehr lernen wollten, als in ihrer Heimat möglich war, die Universitäten im südlichen Europa auf. Hierbei stellten die Dänen die größte Gruppe, gefolgt von Schweden und schließlich Norwegern. Über isländische Universitätsstudenten jener Periode gibt es keine Belege, allerdings ist diese Frage bislang auch nicht erforscht worden. Einige namentlich bekannte Männer reisten damals nach Europa und hielten sich kurz oder lange dort auf, doch über ihr Studium gibt es keine Zeugnisse. Wahrscheinlich waren die Kosten aber auch zu hoch und es gab zu wenige Ämter in Island, für die eine Universitätsbildung Voraussetzung gewesen wäre. Schließlich kamen die Bischöfe meist aus dem Ausland und für die Schulen an den beiden Bischofssitzen brauchte man nur wenige Lehrer. Damit beschränkten sich die Motive zum Universitätsstudium auf individuelle Wissbegier oder persönliches Interesse an den Wissenschaften. Nach 1450 scheint die Zahl der Isländer, die einen Universitätstitel errangen, jedoch zugenommen zu haben, wobei ihr Weg sie hauptsächlich auf den Kontinent führte.

Über wissenschaftliche Betätigungen im Island der damaligen Zeit ist wenig bekannt. Es ist nur eine geringe Zahl an Schriften und anderen Quellen erhalten geblieben. Diese Lücke könnte durchaus mit der Großen Plage von 1402-1404 zusammenhängen, bei der viele Kleriker ums Leben kamen. Derartige Breschen lassen sich so leicht nicht schließen. Es muss aber auch bedacht werden, dass während der Umwälzungen der Reformationszeit eine große Anzahl von Büchern verloren ging, entweder durch Achtlosigkeit und Gleichgültigkeit oder – insbesondere wenn sie katholische Glaubensschriften enthielten – durch gezielte Zerstörung und Vernichtung. Es gibt Beispiele dafür, dass ganze Klosterbibliotheken auf dem Scheiterhaufen landeten und dass Bibliotheken im Meer versanken, als man sie entweder ins Ausland bringen oder innerhalb von Island verlagern wollte.

Isländer, die im Ausland studiert hatten, waren zweifellos mit der Scholastik in Berührung gekommen, doch es ist bisher nicht untersucht worden, welchen Einfluss diese auf die isländische Gelehrsamkeit gehabt hat. Prinzipiell ist es für Wissenschaftler unabdingbar, in Gesellschaft mit anderen Gelehrten zu arbeiten, und gerade die Scholastik wurde im Disput geübt. In Island fanden Gelehrte damals vor allem an den Bischofssitzen und in den Klöstern ein Zuhause, doch es ist unklar, wie groß ihre Zahl tatsächlich war. Domkapitel wurden an den isländischen Domkirchen nicht gegründet. Die Gefahr war also groß, dass die wenigen isländischen Gelehrten, die es gab, in die Isolation gerieten und dies ihre wissenschaftliche Betätigung lähmte.

Die Ausstattung mit Büchern scheint recht gut gewesen zu sein. Man kann ihren Bestand in drei Gruppen einordnen: Bücher für die Messe und andere heilige Riten, wissenschaftliche Schriften in ausländischen Sprachen, hauptsächlich Latein oder in isländischer Übersetzung und schließlich einheimische nordische Schriften. Weil die Priester ihre Bücher nicht als Besitz zur Berechnung des Zehnten angeben mussten, weiß man nicht genau, wie viele und welche Bücher sie besaßen. Anhand der in Island verfassten Schriften ist jedoch erkennbar, dass die Gelehrten durchaus Zugang zu ausländischen Büchern hatten. Außerdem weiß man, dass Laien recht gut sortierte Bibliotheken besaßen und große Manuskripte anfertigen ließen, die im Grunde Kompilationen vieler fremder Schriften waren.

Man ist zu dem Ergebnis gekommen, dass die Ausstattung der Klosterbibliotheken sowie der Bibliothek am Bischofssitz in Hólar ähnlichen Sammlungen in Skandinavien in nichts nachstand und sogar mit Bibliotheken auf dem europäischen Kontinent mithalten konnte. Die Schriften der wichtigsten Gelehrten des Mittelalters waren hier vorhanden. Jedoch ist bemerkenswert, wie konservativ die Sammlungen waren und dass kaum Material über die wichtigsten Strömungen der europäischen Geistesgeschichte des Spätmittelalters zu finden war. Hier ist wiederum auf die Zerstörungen der Reformationszeit hinzuweisen. Die Bibliothek von Skálholt ist weniger erforscht, sie ist aber auch mehrmals abgebrannt, zuletzt im Jahr 1630.

Die Lebensweise des Klerus
Bischof Árni Þorláksson hatte zwar Vorgaben in Bezug auf das Zölibat gemacht, doch hielt man sich im Allgemeinen nicht an sie. Vielmehr schlossen die Kirchenmänner gemäß dem Landrecht Verträge mit ihren Frauen, ließen die Ehen dann aber nicht weihen, wodurch sie nach den Gesetzen der Kirche nicht verheiratet waren. Zur Bestrafung wurden – wie es scheint, eher der Form halber – Geldbußen verhängt und anschließend die Absolution erteilt. Dieser Lebenswandel hinderte die Kleriker offensichtlich nicht an einem Aufstieg innerhalb der Kirche, nicht einmal in die höchsten Ämter. Hier scheint die landesübliche Sitte die allgemeinen Kirchengesetze überlagert zu haben. Die Erzbischöfe mahnten zwar wiederholt die Zölibatspflicht an, doch stießen sie damit auf taube Ohren und nach 1351 blieben auch diese Ermahnungen aus. Die dem Zölibat folgenden Bischöfe in Island erinnerten zwar noch das gesamte 14. Jh. hindurch daran, was aber ebenfalls folgenlos blieb. In Norwegen zeigte sich dasselbe Bild, sowohl Priester als auch Bischöfe hatten Kinder, selbst der Erzbischof Aslak Bolt, einer der begabtesten Kirchenführer Norwegens, hatte eine Tochter, wenngleich diese zur Welt kam, bevor er Bischof

wurde. In Island hatten die Bischöfe sogar Kinder mit mehr als einer Frau, aber auch hier war es seltener, dass sie nach der Bischofsweihe Kinder bekamen. Der Vollständigkeit halber muss jedoch gesagt werden, dass es daneben auch streng zölibatär lebende Bischöfe in Island gab. Oben wurde bereits erwähnt, dass vor allem wohlhabende Priester Ungehorsam gegenüber der Obrigkeit zeigten oder sogar raubend durch das Land zogen, meistens gelang es den Bischöfen jedoch, sie wieder unter die Ordnung des Gesetzes zu bringen.

Wenn hier vor allem die negativen Seiten aufgezählt wurden, entspringt dies dem Hintergrund, dass diese stets als bemerkens- und berichtenswerter galten. Geschichten von Kirchenmännern, die gewissenhaft ihren Pflichten nachkamen und auch sonst ein gesittetes Leben führten, wurden seltener aufgezeichnet und weitergegeben.

Die Klöster
Nach wie vor übten die Klöster wichtige Funktionen aus. Inzwischen gab es neun Klöster im Lande, das jüngste war 1493 auf dem Hof Skriða in Ostisland gegründet, zwei andere hingegen aufgelöst worden. Es handelte sich um Benediktiner- und Augustinerklöster. Zwar wird in einigen Quellen von Zusammenstößen und Unregelmäßigkeiten in den Klöstern berichtet, doch es sind so wenige Beispiele, dass man keine allgemeingültigen Schlüsse aus ihnen ziehen kann. Insgesamt weiß man wenig über die Tätigkeiten der Klöster, die sich eher im Stillen vollzogen. Man hielt sich an die vom entsprechenden Orden vorgegebenen Regeln über Zeremonien und Riten, Messgesang und Gebetsstunden. Daneben waren die Klöster Orte der Gelehrsamkeit und des Unterrichts. Die Klöster verfügten über gut ausgestattete Bibliotheken und unterhielten professionelle Schreiber zur Anfertigung von Büchern. Man nahm auch

Bestellungen von Laien an und kopierte Bücher, ganz gleich, ob es sich um Gesetzessammlungen oder literarische Werke handelte. So können einige Manuskripte aus dem 14. Jh. dem Kloster Helgafell zugeordnet werden.

Die Klöster waren aber auch Spitäler mit angeschlossenen Apotheken sowie Altersheime oder Hospize. So konnten jüngere archäologische Untersuchungen in den Ruinen des Klosters Skriðuklaustur zeigen, wie umfangreich diese Tätigkeiten dort waren. Hierdurch kann die Rolle der Klöster als Gesundheits- und Wohltätigkeitseinrichtungen im isländischen Mittelalter ganz neu beleuchtet werden. Es war üblich, dass man den Klöstern stiftete oder einen Vertrag mit ihnen schloss, um im Alter Asyl zu bekommen. Durch Geschenke, Abgaben und Stiftungen kamen die Klöster zu erheblichem Reichtum, sodass zur Zeit der Reformation 580 Ländereien im Besitz der neun isländischen Klöster waren.

Kirchliche Riten
Im Allgemeinen verfuhr man bei den heiligen Riten nach den Bestimmungen der Kirche. Die sieben Sakramente nahmen einen bedeutenden Platz im religiösen Leben der Menschen ein, insbesondere legte man Wert auf das Bußsakrament oder die Beichte und die Eucharistie, indem man die geweihte Hostie mindestens einmal pro Jahr zu sich nahm. Im Laufe des Mittelalters nahm die Bedeutung der symbolischen Aufnahme des Leibes Christi noch zu und im Jahr 1326 wurde das Fest des *Corpus Christi* unter dem isländischen Namen *dýridagur* offiziell eingeführt. Der Beichte folgten Buße und Ablass, die unterschiedliche Formen von Entsagung und Diensten an der Kirche oder der weltlichen Gemeinschaft enthalten konnten. In den Quellen wird deutlich zwischen dem Ablass und der Sündenvergebung unterschieden, und es scheint, als wäre der Ablass sehr in Grenzen

gehalten worden. Ausländische Ablassbriefhändler tauchten Ende des 15. Jh. in Island auf, doch die Bischöfe nahmen sie mit Zurückhaltung auf, selbst wenn sie sich öffentlich nicht gegen sie wandten.

Sündiges Volk
Es ist schwer einzuschätzen, wie tief der Glauben im Bewusstsein und den Gedanken der Menschen verankert war. Die Quellen geben kaum Auskunft über die alltäglichen religiösen Handlungen der Menschen und noch weniger über ihren inneren Glauben, es sei denn, es wäre etwas Ungewöhnliches oder Abweichendes geschehen. Im 15. und zu Beginn des 16. Jh. kam der Beichte, dem Sündenerlass und dem Ablass offenbar eine große Rolle im Leben der Menschen zu. Anhand von Dokumenten über Seelengaben und Erbschaften ist zu erkennen, dass ein starkes Sündenbewusstsein vorhanden war. Die Menschen fürchteten um ihr Seelenheil und sie spendeten den Kirchen, Klöstern und den Armen, um Erlass für ihre Sünden zu erlangen. Sonst hätte der Ablass auch nie eine solche Bedeutung erlangen können. Dennoch muss bedacht werden, dass diese Handlungen gesetzlich festgelegten und normierten Mustern entsprachen und sie unter diesen Vorzeichen zu interpretieren sind. Insgesamt wurde die Weltsicht der Menschen im Spätmittelalter jedoch von Pessimismus und Untergangsangst geprägt. Man meinte, dass das sündige Volk von Gott durch Kriege, Epidemien, Hungersnöte, Naturkatastrophen und Missernten gestraft und gezüchtigt würde. Diese Auffassung ist deutlich in Urkunden über Votivgaben zu erkennen, z. B. aus der Zeit der Großen Plage 1402-1404 oder als die Menschen im nordisländischen Fjord Eyjafjörður 1477 durch einen mächtigen Vulkanausbruch im nördlichen Vatnajökull bedroht wurden.

Veränderte Einstellung zu Jesus Christus
Zu Beginn des Christentums in Island wurde Christus sowohl in Bildwerken als auch in der Dichtung als siegreicher König und Befreier dargestellt. Er war der wahre König Roms. Im 12. Jh. änderte sich diese Betrachtungsweise. Das Leiden, das Christus für die Sünden der Menschen auf sich genommen hat, rückte in den Vordergrund und der gesamte künstlerische Ausdruck wurde gefühlsbetonter, persönlicher und inniger. In der religiösen Dichtung wurde die Passion Christi erzählt und in bildlichen Darstellungen erschien sein blutiger und geschundener Leib. Das Kreuz als Wahrzeichen des Leidens nahm immer mehr Raum ein und überall im Land, nicht zuletzt an den Hauptverkehrswegen und an gefährlichen Stellen, wurden Kreuze aufgestellt.

Die Gottesmutter und andere Heilige
In dieser harschen Welt wandten sich die Menschen immer mehr Maria, der Mutter Gottes, zu und sahen in ihr ein Abbild menschlicher Güte. In Island fand die wachsende Marienverehrung u. a. Ausdruck in der im 13. und 14. Jh. niedergeschriebenen *Maríu saga* (Saga von Maria), einem der bedeutendsten Werke dieser Art in den nordischen Ländern. Außerdem sind große Sammlungen von Heiligensagas entstanden, die Maria gewidmet waren (*Maríu helgisögur*). Die isländische Marienliteratur gehörte zu den umfangreichsten damals in einer Volkssprache verfassten in Europa. Außerdem entstanden viele Mariengedichte (*Maríukvæði*), sodass aus dem 14. bis ins frühe 16. Jh. ca. 50 isländische Mariengedichte im Ganzen oder in Fragmenten erhalten geblieben sind. Damit ist fast die gesamte Mariendichtung des nordischen Sprachgebietes isländisch. Mit der Verehrung der Gottesmutter folgte man den europäischen Strömungen des Mittelalters und in Island gab es nicht weniger als 200 Gotteshäuser, die Maria geweiht waren.

Andere Heilige, die in Island verehrt wurden, waren König Olaf von Norwegen, Johannes der Täufer und der Apostel Petrus. Es gab drei isländische Heilige, die Bischöfe Jón Ögmundsson, Þorlákur Þórhallsson und Guðmundur Arason. Von diesen erhielt aber nur einer die Anerkennung durch die Kirche, der Heilige Þorlákur.

Die Bildung des gemeinen Volkes
Über die Bildung des einfachen Volkes weiß man wenig, nach dem Abschnitt über das Christenrecht in der *Graugans* sollte jeder das Vaterunser und das apostolische Glaubensbekenntnis können. Beide liegen in isländischer Übersetzung aus der Zeit um 1200 vor. Darüber hinaus waren die Menschen verpflichtet, die Worte und den Ritus bei der Taufe sowie das Mariengebet Ave Maria zu kennen. Diese Vorgaben wurden auch im Christenrecht des Árni Þorláksson von 1275 unterstrichen und im Weiteren durch die Bischöfe und Konzile wiederholt. Daneben wurden Erläuterungen zur Messe verfasst, um den Menschen das Verständnis zu erleichtern. Die Texte zur Messe wurden übersetzt und Anleitungen zum richtigen Verhalten gegeben. Das älteste Manuskript dieser Art stammt aus der Zeit um 1200. Priester waren verpflichtet, jeden Sonntag vor ihrer Gemeinde zu predigen. Sammlungen solcher Predigten sind in isländischer Übersetzung im Homilienbuch (*Hómilíubók*) von ca. 1200 erhalten. Aus dem 15. und 16. Jh. sind hingegen keine vergleichbaren Bücher überliefert. Indem man einer Predigt zuhörte, konnte man Ablass erhalten. Selbst wenn man davon ausgeht, dass nicht immer nach den Vorschriften verfahren wurde, ist doch zu vermuten, dass das Volk recht gut über die Hauptaspekte der christlichen Lehre informiert war.

Kirchenbauten

Vermutlich wurde schon kurz nach der Annahme des Christentums mit dem Bau von Kirchen begonnen, und um 1100 wird es fast überall im Lande Gotteshäuser gegeben haben. Sie wurden alle aus Holz gebaut, jedoch ist keine einzige isländische Kirche aus dem Mittelalter erhalten geblieben. Deshalb beschränkt sich das heutige Wissen über diese Bauten auf schriftliche Quellen und archäologische Erkenntnisse sowie auf Parallelen, die man zu Kirchen in den Nachbarländern, vor allem in Norwegen, ziehen kann. Ein besonderes Kennzeichen der isländischen Kirchen war, dass die hölzernen Außenwände mit einer Schutzwand aus Grassoden und Naturstein umgegeben waren, wodurch die äußere Holzverkleidung wegfiel. Lediglich der westliche Giebel war mit Holz verkleidet, die Dächer mit Grassoden gedeckt. Die Kirchen sahen deshalb aus, als wären sie aus Torf und Natursteinen errichtet, und wurden fälschlicherweise Torfkirchen genannt. Kirchen auf Großbauernhöfen waren größer und kostspieliger ausgestattet, so waren die Außenwände hier holzverkleidet und man verzichtete auf den Schutz aus Grassoden oder Steinen.

Es gibt kaum Erkenntnisse darüber, wie der Grundriss der Kirchen beschaffen war. Die Domkirchen von Skálholt und Hólar bildeten ein lateinisches Kreuz. Am vorderen Ende befand sich die Vorkirche, daran schlossen sich die Hauptkirche und der Chor an. Sie waren dreischiffig, die Seitenschiffe zu beiden Seiten etwas niedriger als das Mittelschiff. Das Querschiff hatte etwa dieselbe Höhe wie das Mittelschiff. Die Domkirchen folgten damit dem Grundprinzip der Basilika. Von innen wurden die Kirchen so paneeliert, dass die tragende Stabwerkkonstruktion der Außenwände sichtbar blieb. Senkrecht stehende Pfosten oder Stäbe dieser Art gelten als Merkmal der norwegischen Stabkirchen. Die Domkirchen waren im Unterschied zu den kleineren Kirchen holzverkleidet, das Dach der Domkirche von Hólar war mit Blei und das der Kirche von Skálholt mit Kupfer gedeckt. Im Inneren war der Chor durch einen Lettner von der Hauptkirche getrennt, mittig im Chor stand der Hochaltar. Der Lettner war mit Durchgängen versehen und vor dem Lettner sowie in den Querschiffen standen Altäre. Ohne Zweifel waren diese Kirchen reich verziert und mit Kunstwerken ausgestattet. Die Domkirchen hatten eine beträchtliche Größe, Forschungen in Skálholt ergaben, dass der Grundriss 50 m lang und 12 m breit war. Zwischen den Giebeln der Querschiffe lagen 20 m und das Dach des Hauptschiffes war vermutlich 13 m hoch.

Es ist bemerkenswert, dass man die Kirchen in Island, einschließlich der Domkirchen, vom Mittelalter bis ins späte 19. Jh. aus Holz errichtete, während man in Westeuropa schon im 12. Jh. dazu überging, fast alle Dome aus Stein zu bauen. Selbst in den bevölkerungsarmen Nachbarländern, wie auf den Orkney- und Färöer-Inseln und in Grönland, wurde Stein als Baumaterial verwendet. Die isländischen Domkirchen waren die größten Stabkirchen der nordischen Länder und gehörten zu den mächtigsten Holzkirchen in ganz Europa. Doch sie verwitterten schnell und mussten ständig repariert und erneuert werden. Außerdem fielen sie wiederholt Zerstörungen zum Opfer, so brannte die Domkirche von Skálholt zweimal ab und die von Hólar wurde durch einen schweren Sturm stark beschädigt.

Die Position Islands im internationalen Gefüge

England und Island
Im 14. Jh. nahm, wie oben bereits erwähnt, der Schiffsverkehr nach Island zu und die Preise für Trockenfisch stiegen. Im letzten Jahrzehnt des 14. Jh. entdeckten englische Kaufleute ihr Interesse am Fischfang und Handel in Island und wurden dort zu oft gesehenen Gästen. Die ersten gesicherten Quellen hierüber stammen allerdings erst aus den Jahren 1412-1413. Die Hauptursache für diese Entwicklung lag in der nachlassenden Handelsschifffahrt von Norwegen nach Island. Aus Anlass der Huldigung des Königs Erik im Jahr 1419 beschwerten sich die Isländer deshalb und bemerkten, dass die Bestimmungen des Alten Vertrages in Bezug auf den regelmäßigen Schiffsverkehr nicht eingehalten wurden. Zumal die Schiffe der Europäer kaum für Überquerungen des Nordatlantiks geeignet waren, nutzten die Isländer die Fischbestände rund um ihre Insel bis etwa 1400 allein. Lediglich die Norweger waren in der Lage, nach Island zu segeln, doch sie verfügten selbst über ausreichend gute Fischgründe und mussten zum Fischen nicht über den Ozean fahren.

Im 15. Jh. fand eine technische Revolution im Schiffsbau statt. Sowohl die Takelage als auch die Segel wurden verändert und bei den Schiffsrümpfen löste die flach und breitbödig gebaute Holk die für die Hanseschifffahrt typische Kogge ab. Dies ermöglichte den Engländern die Schifffahrt nach Island, die zusätzlich durch Einbrüche bei heimischen Fischbeständen angeregt wurde. Ende des 14. Jh. standen englische Kaufleute mit der Hanse in Streitigkeiten um den Handel in Bergen, wobei sie den Kürzeren zogen und ihre Fahrten dorthin einstellten. Im Gegensatz zu Bergen bestand in Island bis zur Mitte des 15. Jh. keinerlei Konkurrenz und fremde Kaufleute oder Fischer wurden nicht vertrieben, bis der dänische Flottenadmiral Didrik Pining im Jahr 1490 mit seinen Kriegsschiffen vor Island auftauchte, um die Interessen des Königs zu wahren.

Die Engländer bereiteten im 15. Jh. den Weg für die Schifffahrt über den Atlantik nach Island und legten damit auch den Grundstein für ihre Seemacht. Anfangs waren die Fahrten nach Island sehr lukrativ, die englischen Waren verkauften sich dort besser als in Norwegen, wo die Hanse das Sagen hatte. Außerdem hatten die Engländer großes Interesse an isländischem Trockenfisch. Letztlich nützten die Geschäfte damit sowohl Island als auch England.

Ungesetzliche Handelsschifffahrt
Die Fahrten englischer Kaufleute nach Island beeinträchtigten die Steuereinnahmen des Königs aus seiner Provinz, immerhin waren die norwegischen Kaufleute im Gegensatz zu den englischen zur Zahlung von Zöllen für jedes einzelne Schiff verpflichtet. Weil die Kaufleute aus Bergen das alleinige Recht auf den Handel in den Steuerprovinzen hatten, war der Handel der Engländer ungesetzlich. Erich von Pommern reagierte hierauf im Jahr 1413/14 mit einem Schreiben, in dem er den Isländern jeglichen Handel mit Ausländern untersagte, und 1415 schickte er eine Abordnung nach London, um mit der englischen Regierung zu verhandeln. König Erik war dem englischen König, Heinrich V., insofern verbunden, als er mit dessen Schwester Philippa verheiratet war. Die norwegische Delegation überbrachte die Botschaft, dass es einzig den Untertanen des norwegischen Königs gestattet sei, in dessen Steuerprovinzen Handel zu treiben oder zu fischen. Dies beantwortete Heinrich V. 1415 mit einem Erlass, der es englischen Untertanen für die Dauer eines Jahres verbot, zum Fischen oder in anderen Angele-

genheiten die Inseln des norwegisch-dänischen Königs aufzusuchen, insbesondere jedoch nach Island zu fahren, es sei denn, es entspräche alter Gewohnheit. Er hatte zu diesem Zeitpunkt keinerlei Interesse an einem Konflikt mit Norwegen, zumal er gerade im Krieg mit Frankreich stand. Die untere Kammer des Parlaments jedoch bat um die Aufhebung des Verbotes und die englischen Kaufleute fuhren weiter nach Island, ohne dass dies Konsequenzen gehabt hätte.

Im bereits erwähnten Huldigungsdokument von 1419 bezogen sich die Isländer auf das Handelsverbot mit Ausländern. Sie wiesen darauf hin, dass die gesetzlich vorgesehene Schifffahrt nach Island nicht gesichert war und sie daher auf den Handel mit anderen angewiesen seien. Die Ausländer hätten gerechten Handel geführt und sich friedlich verhalten. Die isländische Politik lief darauf hinaus, den Engländern unter den genannten Bedingungen den Fischfang und Handel zu erlauben. Im Jahr 1419 und erneut 1423 kam ein Abgesandter des dänischen Königs gemeinsam mit Vertretern der Hanse nach Island, vermutlich, um die Aktivitäten der Engländer zu überwachen. Im Ergebnis wurde eine Klageschrift verfasst, die schwere Anschuldigungen gegen die Engländer enthielt, denen u. a. Raub und Gewalttaten vorgeworfen wurden. Es wurde angedeutet, dass die Gefahr bestehe, Island an die Engländer zu verlieren. Weiterhin wurde die Erneuerung des Verbotes gegen ausländische Kaufleute angemahnt und darauf hingewiesen, dass auch Deutsche und andere immer häufiger nach Island kamen. In den folgenden Jahren bekräftigte die englische Regierung das genannte Verbot für ihre Untertanen. Diesen war einzig gestattet, nach Bergen zu segeln. Doch das Verbot wurde weiterhin ignoriert.

Im Jahr 1428 überfielen deutsche Piraten die Stadt Bergen, raubten sie aus und brannten sie nieder. Im selben Jahr lieferten sich die Einwohner Bergens eine Seeschlacht mit den Engländern, bei der die norwegische Flotte große Verluste erlitt. Daraufhin verließen die Hansekaufleute Bergen und kehrten erst 1435 zurück. Nach diesen Ereignissen entstand in Island ein Machtvakuum. Die Kontakte zum politischen Zentrum Bergen waren unterbrochen und der König mit dem Krieg um Holstein und den Angriffen der Hanse beschäftigt. Unter diesen Umständen konnten sich Ausländer und insbesondere Engländer ungestört den größten Teil des Islandhandels aneignen. Noch bis 1490 hielt das Gerangel um die Verbote und Gebote an. Schließlich erlangte die dänisch-norwegische Regierung die Oberhand, wobei die Kontrolle über die Schifffahrtsroute durch den Öresund entscheidend war. Englische Seeleute, die durch den Sund fuhren, wurden mit einer Reihe von Zöllen, Durchfahrtsverboten und anderen Zwangsmaßnahmen belegt, um dem Verbot über den Islandhandel Nachdruck zu verleihen. Auf diese Weise gelang es dem dänisch-norwegischen Königtum, seine Macht über Island wiederherzustellen.

Das Ziel des Königs war letztlich die Wahrung seiner Steuerinteressen. In der Gesetzesnovelle *Langaréttarbót* von 1450 erklärte er Engländer und Iren, die ohne königliche Genehmigung nach Island segelten, für geächtet und vogelfrei. König Christian I. (1448-1481) gewährte allerdings begrenzte Handelsgenehmigungen für Island und befahl seinem Statthalter, diese zu kontrollieren, sodass die Engländer nun direkt nach Island fahren durften. In der Realität änderte dies hingegen wenig, denn es waren keine Schiffe zur Überwachung der Küsten vorhanden. Die ungesetzlichen Handelsfahrten hielten deshalb an. Die Position des Königs wurde jedoch gestärkt, als die Bürger von Hamburg ihn zu ihrem Fürsten und Beschützer erklärten. Hamburger Kaufleute standen weithin in Konkurrenz zu ihren englischen Kollegen. In der Folge wurden 1465 Verträge mit Hamburg geschlossen, nach denen der englische König zusicherte, Handelsfahrten englischer Untertanen nach Island ohne königliche Genehmigung zu unterbinden. Gleichzeitig waren Fahrten in andere dänisch-norwegische Steuerprovinzen gänzlich verboten. Insofern scheint Island ein gewisses Privileg genossen zu haben. Doch schon ein Jahr später widerrief König Christian I. die Ausnahmen für die Engländer, die sich davon jedoch nicht beirren ließen. Als der Statthalter des Königs in Island, Björn Þorleifsson, 1467 die königlichen Rechte verteidigen wollte, wurde er im Auftrag der Engländer ermordet. Dies konnte der König natürlich nicht unbeantwortet lassen und setzte sechs englische Schiffe auf ihrem Weg durch den Öresund fest. Die Engländer nahmen daraufhin die Hansekaufleute in ihrem Land gefangen und beschlagnahmten deren Eigentum, weil sie vermuteten, dass die Hanse hinter der Aufbringung der Schiffe steckte. Die Folge war ein Seekrieg auf dem Nordatlantik, der 1473 mit dem Frieden von Utrecht beendet wurde. Danach kehrte vorübergehend Ruhe ein, doch als die Hamburger ihre Fahrten nach Island aufnahmen und die Dänen ihren Einfluss stärkten, indem sie den Flottenadmiral Didrik Pining zum Hauptmann über Island erklärten, reagierten die Engländer mit der Bewaffnung ihrer Fischfang- und Handelsflotte sowie deren Begleitung durch Kriegsschiffe.

Hamburg und Island
Die wiederholten Versuche, die englischen Fischer und Kaufleute von Island fernzuhalten, waren nicht von Erfolg gekrönt. Bisher hatten die führenden Männer der Hanse es hingenommen, dass die Engländer nach Island fuhren und den Trockenfisch anschließend auf englische Märkte brachten. Sie hatten jedoch darauf geachtet, dass der isländische Fisch nicht direkt auf den europäischen Kontinent gelangte, denn das hätte die Position Bergens gefährdet. Auf dem Kontinent bestimmten die Lübecker Kaufleute die Märkte

und sie bekamen ihren Trockenfisch aus Bergen, wo sie alle Fäden in der Hand hielten. Nach Bergen kam der Fisch hingegen direkt aus Island. Im Jahr 1416 konnten die Lübecker auf dem Hansetag durchsetzen, dass allen anderen als ihnen selbst verboten wurde, in die Steuerprovinzen des norwegischen Königs, einschließlich Island, zu fahren oder von dort zum Kontinent. Ihr Ziel war es, sicherzustellen, dass der gesamte Trockenfisch aus den Provinzen zuerst nach Bergen kam und von dort nach Lübeck, sodass die Kaufleute der Stadt die europäischen Märkte kontrollieren konnten. Dieses Verbot wurde bis etwa 1470 aufrechterhalten. Wenn andere Hansekaufleute nach Island segelten, waren sie daher verpflichtet, ihren Fisch in England zu verkaufen. Doch trotz dieser Regelung werden in isländischen Quellen seit dem frühen 15. Jh. wiederholt deutsche Kaufleute erwähnt. Sichere Kenntnisse liegen über mindestens ein deutsches Handelsschiff aus Danzig vor, das wohl 1433 nach Island kam.

Ab 1475 nahmen deutsche Kaufleute, vorrangig aus Hamburg, Fahrten nach Island auf. König Christian I. hatte ihnen wenige Jahre zuvor gegen den Widerstand der Lübecker und Bergener eine Genehmigung erteilt. Nach dem Tod des Königs bat der norwegische Reichsrat 1481 die Lübecker Kaufleute um Unterstützung bei ihren Versuchen, die Handelsfahrten der Hamburger nach Island zu stoppen, damit Bergen wieder allein den Islandhandel kontrollieren konnte. Bis gegen 1500 hatten die Hamburger kaum Interessen in Bergen zu wahren, doch nach ihrem Ausschluss vom Handel mit dem norwegischen Trockenfisch wurden für sie die isländischen Fischgründe attraktiv. So fuhren Hamburger Kaufleute nach Island, während Christian II. die Engländer und die Lübecker mit Beschränkungen belegte und die Durchfahrtzölle am Öresund als Druckmittel benutzte.

Für etwa ein halbes Jahrhundert hatten die Engländer den

Handel in Island bestimmt, doch nun setzte ein harter Konkurrenzkampf mit den Deutschen ein. Die Zeiten waren den Deutschen günstig, sie versicherten sich der Unterstützung des Königs und steuerten ihre Schiffe nach Island.

Vertrag mit den Engländern 1490
Im späten 15. Jh. begannen Auseinandersetzungen um die Position Islands innerhalb der staatlichen Organisation Europas. Für einen Zeitraum von etwa 60 Jahren hatten englische Kaufleute den Islandhandel kontrolliert, doch in den 80er Jahren des Jahrhunderts übernahm die dänisch-norwegische Königsmacht mit Unterstützung der Deutschen wieder das Zepter. Der Nachfolger Christians I., König Johann I., genannt Hans (1481-1513), erklärte, dass die Hansekaufleute ihren gesamten Trockenfisch aus Bergen beziehen und nicht nach Island segeln sollten. Dabei war es schwierig, die Hansekaufleute und die Bergener Kaufleute an einen Tisch zu bekommen, zumal die Lübecker ihre überkommenen Handelsinteressen zu verteidigen suchten. Als die Hamburger begannen, ihren Fisch direkt aus Island auf die europäischen Märkte zu bringen, verschärfte sich der Konflikt zwischen Bergen und Hamburg einerseits und den Hansestädten Lübeck und Hamburg andererseits. Die Hamburger konnten sich durchsetzen, was wiederum Konflikte zwischen Deutschen und Engländern hervorrief. In Island galten die Geschäfte mit den Deutschen als günstiger als mit den Engländern, und Island knüpfte immer engere Bande zum deutsch-nordischen Wirtschaftsgebiet, ohne dass die Beziehungen zu England jedoch ganz abrissen, wonach es vorübergehend ausgesehen hatte. Island hatte sich zu einem interessanten Markt entwickelt, wovon der dänische König wirtschaftlich wie politisch profitieren konnte. Schon kurz nach seiner Machtübernahme 1481 begann König Hans, mit England Verträge über Handel und Schifffahrt nach Island

vorzubereiten, schließlich hatte er jetzt eine viel stärkere Position inne. Das Ergebnis wurde im Vertrag vom 20. Januar 1490 festgeschrieben und lautete, dass es den Untertanen des englischen Königs gestattet sei, gegen die Zahlung der üblichen Steuern und Zölle Fischfang und Handel in Island zu betreiben. Im selben Jahr erteilte der König auch den Holländern Handelsrechte in Island. Damit setzte König Hans eine deutlich liberalere Handelspolitik durch, als bis dahin üblich gewesen war.

Wie bereits erwähnt, war Didrik Pining als Statthalter nach Island gekommen, nannte sich nun aber Hauptmann. Er brachte 1490 den beschriebenen Vertrag nach Island und legte ihn dem Alþingi vor, das bestimmen sollte, welche Rechte die ausländischen Kaufleute im Lande erhalten sollten. Das Alþingi antwortete mit einem Urteil, dem sogenannten Piningsurteil (*Piningsdómur*), das darauf lautete, dass es Engländern und Deutschen freistehe, nach Island zu kommen, solange sie gerechten Handel trieben und den Frieden wahrten. Allerdings wurde es Ausländern nach diesem Urteil untersagt, sich ohne dringende Not während der Wintermonate in Island niederzulassen. Wenn sie dennoch überwinterten, war es ihnen verboten, isländische Arbeitskräfte in ihre Dienste zu nehmen, und sie durften weder Fischerboote unterhalten noch Fischer anstellen. Damit sicherten die isländischen Großbauern ihre Interessen und verhinderten die Bildung von Fischerdörfern und Städten. Die gesellschaftspolitische Ordnung in Island verblieb so in ihren festen Strukturen.

Als sowohl Deutsche als auch Engländer nach dem Piningsurteil das Handelsrecht in Island erhalten hatten, brach zwischen ihnen ein heftiger Konkurrenzkampf aus, der sogar blutige Formen annahm. So kam es im Jahr 1532 in Grindavík, einem Handelsplatz im Südwesten Islands, zu einer Schlacht zwischen Engländern einerseits und Leuten aus

Bremen und Hamburg andererseits. Im darauffolgenden Jahr wurde geschlichtet und beide Parteien erhielten gleiches Recht, sofern sie Frieden hielten.

Der Markt für Trockenfisch auf dem Kontinent war bis gegen 1500 klein gewesen, doch danach setzten Veränderungen ein und der Export durch Hamburger Kaufleute stieg schnell an, sodass sie in der ersten Hälfte des 16. Jh. die Konkurrenz mit den Engländern um den isländischen Trockenfisch gewannen. In England ließ der Konsum an Fisch mit der Reformation nach, auf dem Kontinent, wo sich der katholische Glaube in weiten Gebieten hielt, war dies jedoch nicht der Fall. Außerdem empfanden die Isländer die Geschäfte mit den Deutschen als lukrativer. Die Engländer waren zu dieser Zeit schlecht beleumundet, man warf ihnen vor, dass sie ihren Verpflichtungen nicht nachkamen, ihre Waren zu teuer verkauften und sogar Raub und Plünderungen zu verantworten hatten. Ab der Mitte des 16. Jh. traten sie in Island kaum noch in Erscheinung, es sei denn als Schmuggler. Damit hatten die Deutschen den Wettlauf um den isländischen Fisch vorübergehend gewonnen.

Unterbindung des deutschen Fischfangs vor Island
Die Zentralgewalt innerhalb des dänisch-norwegischen Reiches stärkte ihre Position, was u. a. daran sichtbar wurde, dass der norwegische Reichsrat im Jahr 1537 abgeschafft wurde. Der König legte nun besonderen Wert auf die Förderung des Handels und der dänischen Handelsschifffahrt. Deshalb ließ er prüfen, ob die dänischen Städte Interesse am Fischfang vor Island hätten. Die Deutschen hatten sich in Island etabliert und ignorierten das Verbot über die Niederlassung von Ausländern während der Wintermonate. Deswegen erneuerte der König dieses Verbot im Jahr 1542 und verlieh ihm Nachdruck, indem er im Jahr 1545 den gesamten Besitz der Deutschen, der sich in Island befand, konfiszieren ließ.

Dazu gehörten u. a. 45 Fischerboote. Auf diese Weise fand die deutsche Fischerei vor Island ein jähes Ende. Der König übernahm die Boote und begründete eine eigene Fischerei, die bis zur Mitte des 18. Jh. aufrechterhalten wurde. Damit war die Basis zur Übergabe des Islandhandels an dänische Untertanen geschaffen. Im Jahr 1547 verpachtete der König Island einschließlich aller Zölle und königlichen Renten für die nächsten zehn Jahre gegen eine Gesamtgebühr an den Stadtrat von Kopenhagen. Vertreter des Stadtrates fungierten hiernach als Statthalter Islands. Dies war eine Vorstufe des Handelsmonopols, das im Jahr 1602 eingeführt werden sollte, wie noch zu erläutern sein wird.

Grönland und die neue Welt

Grönland
Als Grönland ab 985 besiedelt wurde, kamen die meisten Landnehmer aus Island und ließen sich hauptsächlich rund um die beiden Siedlungen Vestribyggð und Eystribyggð nieder. Die westliche Siedlung scheint um die Mitte des 14. Jh. aufgegeben worden zu sein, die östliche verschwand in den Jahrzehnten zwischen 1460 und 1500. Zur selben Zeit hielten die Inuit Einzug in Grönland. Bei archäologischen Ausgrabungen wurden Überreste von Kleidung gefunden, die zeigen, dass man auch in Grönland der europäischen Mode des 15. Jh. folgte. Im Jahr 1406 trieb ein Schiff mit einer Gruppe von Isländern nach Grönland ab und die Menschen hielten sich für vier Jahre dort auf. Leider weiß man nichts Genaues über die Umstände ihres Aufenthaltes. Diese Reise gilt als die letzte, die ausgehend von den isländischen Siedlungen unternommen wurde. Danach verliert sich die Spur.

Die wahrscheinlichste Erklärung für das Verschwinden der nordischen Siedlungen in Grönland ist die damalige Abkühlung des Klimas. Die Menschen hatten ihre Wirtschafts- und Lebensweise aus den nordischen Ländern nach Grönland gebracht, wo sie den neuen Bedingungen auf Dauer aber nicht standhielt.

Nach der Eroberung Konstantinopels durch die Osmanen im Jahr 1453 waren die Wege nach Indien versperrt und die Europäer suchten in westlicher Richtung nach einer neuen Route. Zu Beginn des 16. Jh. berichten Quellen von Seefahrten nach Nordwesten, und im Grunde kann man sagen, dass der englische Seefahrer Martin Frobisher Grönland erneut entdeckte, als er in den Jahren 1576-1578 eine Nordwestpassage nach Indien suchte.

Die neue Welt
Die Entdeckung Amerikas durch Kolumbus im Jahr 1492 hatte tiefgreifenden Einfluss auf die Denkweise und die Lebensanschauungen der europäischen Welt. Die nordischen Siedlungen in Grönland waren verschwunden und die nordische Landnahme auf dem amerikanischen Kontinent wegen der geringen Zahl an Siedlern, der Feindschaft mit den Ureinwohnern und der ungünstigen Voraussetzungen in Labrador und Neufundland nicht von Erfolg gekrönt gewesen.

Im 15. Jh. verlor sich die Vormachtstellung der Hanse und die Handelsbeziehungen zwischen den Mittelmeergebieten und Nordeuropa intensivierten sich. Das wichtigste Handelszentrum stellte London dar, gefolgt von Bristol. Die Stadt war ein Scharnier zwischen Nord- und Südeuropa und an den Docks wurden Waren aus Island, wie Trockenfisch, und Waren aus den südlichen Ländern, wie Tuche und Stoffe verschiedener Art, Olivenöl und Wein, umgeschlagen. Man weiß, dass Kolumbus spätestens im Februar 1477 nach Bristol fuhr und dort viel Neues zu Gesicht bekam, wie z. B. mächtige Stapel aus Trockenfisch. Es ist kaum zu bezweifeln, dass er wissen wollte, woher diese Waren kamen, und dass Isländer oder englische Seeleute ihn über die Länder im Westen informieren konnten. Kolumbus fuhr noch im selben Jahr nach Island, wie sein Sohn Fernando in der Biografie des Entdeckers anmerkte. Unter diesem Gesichtspunkt erscheinen die Entdeckungsfahrten der Isländer und Grönländer keineswegs als isolierte Ereignisse, sondern als ein historisches Glied in der Kette der Entdeckungsreisen dieser Welt.

Wirtschaft

Einleitung
Die unterschiedlichen Wirtschaftszweige sind schon mehrfach angesprochen worden, vorrangig im Zusammenhang mit den Versuchen, den gesamten Islandhandel an die Stadt Bergen in Norwegen zu binden. Es ist auch bereits auf das Desinteresse und die Passivität der Königsmacht in Bezug auf die Förderung von Neuerungen und Weiterentwicklungen hingewiesen worden. Die einflussreichen isländischen Bauern waren mit dieser Politik einverstanden, zumal sie ihre Interessen bei unverändertem Zustand am ehesten gewahrt sahen. Als der Trockenfisch um die Mitte des 14. Jh. Wollprodukte als wichtigste Exportware ablöste und die Menschen an die Küsten zu ziehen begannen, unternahmen die Bauern zusammen mit der Obrigkeit alles, um die Herausbildung von Siedlungskernen zu verhindern. Es gab hauptsächlich zwei Gründe hierfür, zum einen wollten sich die Bauern den konkurrenzlosen Zugang zu Arbeitskräften sichern, zum anderen fürchtete man, dass die Menschen an der Küste in Not geraten könnten, sobald der Fisch ausblieb. Nachfolgend sollen die wichtigsten Wirtschafts- und Erwerbszweige dargestellt werden, wobei bemerkt werden muss, dass sich hier bis zur Mitte des 18. Jh. kaum etwas veränderte.

Landwirtschaft
Von der Landnahmezeit bis ins 20. Jh. war die Landwirtschaft der grundlegende Wirtschafts- und Erwerbszweig in Island. Die Fischerei nahm zwar Anfang des 14. Jh. zu, wurde aber erst im 20. Jh. bestimmend. Die Landwirtschaft bestand ihrerseits größtenteils aus Viehwirtschaft. Die wichtigsten Haustiere zur Produktion von Lebensmitteln waren

Rinder und Schafe, mit ihnen sicherten die Bauern ihr Auskommen. Die Kühe gaben Milch, aus der zum größten Teil Butter, Käse und Skyr, ein quarkähnliches Produkt hergestellt wurden. Im Mittelalter wurde eine bedeutende Zahl an Schafen gehalten, aus deren Wolle Kleidung angefertigt und Wollstoffe und Tuche gewebt wurden. Wollene Überwürfe gehörten zu den wichtigen Exportartikeln des Mittelalters. Wenn das Vieh geschlachtet wurde, erhielt man neben Fleisch auch Tierhäute, die u. a. zu Schutzkleidung verarbeitet wurden. Im Mittelalter hielt man mehr Rinder als in späterer Zeit. Pferde dienten als Transportmittel für Menschen und Waren, sie wurden als Reit-, Zug- und Lastpferde eingesetzt. Weil es keine Straßen und Wege gab, konnten jedoch keine Wagen oder Kutschen fahren. Die Verkehrswege bestanden im Grunde aus Pfaden, die durch Menschen, Pferde und andere Haustiere ausgetreten wurden. Der Verzehr von Pferdefleisch war verboten. Ziegen wurden in recht großer Zahl gehalten und dienten vor allem der Milchgewinnung, doch auch das Fleisch und die Häute wurden genutzt. Weiterhin hielt man bis ins frühe 17. Jh. auch Schweine, die aber von ganz anderen Rassen abstammten als die heutigen Schweine. Auf vielen Höfen wurde Geflügel gezüchtet, vor allem Gänse. Auf jedem Hof gab es Hunde, Katzen waren eher selten. Katzenfelle galten dennoch als Exportware. Gartenbau kannte man so gut wie gar nicht, doch man sammelte wilde Engelwurz und eine Flechte (*fjallagras*, dt. Islandmoos). Beide galten als äußerst gesund.

Neben den Produkten der Viehwirtschaft stellte Fisch den größten Teil der Nahrung dar, nicht nur Meeresfische sondern auch Süßwasserfische aus Flüssen und Seen. Eier holte man aus den Vogelfelsen an den Küsten, wo man saisongebunden auch Seevögel fing.

In Island sind die Sommer bekanntlich kurz und die Winter lang, deshalb war es lebensnotwendig, einen genügend großen Heuvorrat für die Haustiere anzulegen. Kühe wurden im Winter im Stall gehalten, Schafe und Rinderbullen verblieben im Freien, zumal es kaum Schafställe gab und die Rinderställe den Kühen vorbehalten waren. Heu wurde gefüttert, solange man welches hatte, sonst vertraute man auf die Winterweide, womit in harten Jahren allerdings große Risiken verbunden waren. Der große Bedarf an Heu erforderte Wiesenwirtschaft, jedoch verfügte man lediglich über wenige und sehr primitive Werkzeuge. Am ehesten ist dabei der Ard zu nennen, ein hölzerner Hakenpflug, der von zwei Ochsen gezogen wurde und den Erdboden aufriss. Der eigentliche Pflug, der den Boden aufbricht und die Schollen wendet, war in Island unbekannt. Wenn das Frühjahr nahte, düngte man die Wiesen mit Mist. Die so bewirtschafteten Wiesen mussten gegen Beweidung geschützt werden, wozu man in vielen Gegenden Mauern aus Geröll oder Lavabrocken aufschichtete. Ähnliche Mauern dienten auch der Landbegrenzung und werden in vielen Quellen erwähnt. Mit geübtem Blick kann man ihre Überreste bis heute in der Landschaft entdecken. Zur Heuernte und beim Stich von Grassoden wurden selbstgeschmiedete Sensen verwendet, die über dem Feuer gedengelt wurden, damit sie scharf blieben. Wegen der altertümlichen Bearbeitungsmethoden blieb die Heuwirtschaft teuer und aufwendig, zudem war man sehr von der Witterung abhängig und allzu häufig misslang es, genügend große Heuvorräte für den Winter anzulegen. In der Folge ging das Vieh ein und der Mangel an Nahrungsmitteln verursachte Hungersnöte.

Neben der Viehzucht wurde Getreide, vorrangig Gerste, angebaut. Im frühen 17. Jh. gab man den Getreideanbau jedoch auf, weil einerseits der Import an Getreide zugenommen und andererseits eine Abkühlung des Klimas eingesetzt hatte. Wegen der Klimaveränderungen begannen sich die Gletscher auszubreiten und vorher bewirtschaftete Gebiete unter sich zu begraben. So kamen im 20. Jh., als sie ihren erneuten Rückzug antraten, frühere Hofplätze zum Vorschein. Das Auftreten von Meereis wird in den Quellen der Freistaatzeit kaum erwähnt, jedoch einige Male im 13. Jh. In späteren Zeiten wird häufiger von Meereis berichtet, allerdings liegen hier prinzipiell bessere Quellen vor. Meereis ist gefrorenes Meerwasser, das in den polaren Ozeanen auftritt. Für Island stellte das Meereis stets eine Gefahr dar, weil es den Schiffsverkehr behinderte, die Temperaturen absenkte und Eisbären an Land kommen konnten.

Handwerk

Das Handwerk spielte neben der Landwirtschaft eine wesentliche Rolle. Wie bereits erwähnt, stellten gewebte Wollstoffe und wollene Überwürfe wichtige Produkte aus der Schafhaltung dar. Die gewebten Stoffe dienten als Kleidung, Segeltuch, Verpackung, Planen und Vorhänge. Es gab allerdings häufig Qualitätsmängel, und im 17. Jh. verringerte sich die Produktion. Die erwähnten Überwürfe dienten als äußere Schutzbekleidung und waren so gewebt, dass längere Fäden auf der Außenseite des Stoffes herausstanden, wodurch das Kleidungsstück an ein Fell erinnerte. Kurz nach 1200 kam es jedoch aus der Mode und der Markt brach zusammen. Handwerk wie Weberei u. Ä. wurde in Heimarbeit ausgeführt.

Handwerk ganz anderer Art waren die Holzkohle- und Eisengewinnung. Zum Köhlern wurde klein geschnittenes Holz in luftdicht verschlossenen Meilern langsam verbrannt, bis es zu Kohle wurde. Eisen gewann man aus Raseneisenerz, einem metallhaltigen Sediment des Bodens, das dicht unter der Grassode in feuchten und sumpfigen Niederungen vorkommt. Das genaue Verfahren ist nicht bekannt, obwohl es bis ins 15. Jh. angewandt wurde. Anscheinend konnte der isländische Eisenbedarf bis dahin einigermaßen gedeckt werden. Später wurde der Import von Eisen kostengünstiger als die eigene Produktion. In geringem Maße wurde auch Salz gewonnen. Wesentlich bedeutender war jedoch der Abbau und Export von Schwefel, dessen Bedarf in Europa mit der Herstellung von Schießpulver enorm anstieg. Weiterhin wurde Bier gebraut und bei Feiern gern in großen Mengen genossen.

Fischfang
Parallel zur Landwirtschaft wurde seit der Landnahme Fischfang betrieben. Sehr wahrscheinlich haben Fischfang und Fischverzehr mit der Christianisierung zugenommen, weil während der Fastenzeit und an Fastentagen kein Fleisch gegessen werden durfte. Als Fisch Mitte des 14. Jh. zur Hauptexportware wurde, bedeutete dies eine große Umstellung für die isländische Gesellschaft. Die Küstenfischerei war jahreszeitlich gebunden. In Süd- und Westisland, wo die besten Fischgründe waren, setzte die Saison im Februar ein und endete im Mai. Es gab keinen Berufsstand der Fischer, vielmehr schickten die Bauern ihre Landarbeiter oder Hausleute in die Fischereistationen entlang der Küsten. Man fuhr auf offenen, nicht besonders großen Ruderboten mit zumeist zweimal sechs Rudern hinaus. Die Fanggeräte waren eher einfach und bestanden aus langen Schnüren, die mit einer Reihe von Angelhaken aus gebogenem Eisen bestückt waren. Die Schnüre waren aus Flachs oder Leinen gefertigt. Der Fang mit Netzen kam erst im 18. Jh. auf. Fischereistationen entstanden in Gegenden, in denen es küstennahe gute Fischgründe gab. An diesen Orten wurden Hütten aus Naturstein und Grassoden errichtet, in denen die Fischer während der Saison wohnten. Es kam auch vor, dass sie sich ganzjährig ohne Vieh und Zugang zu Weidegebieten dort aufhielten. Diese Fischereistationen entwickelten sich jedoch nicht zu Fischerdörfern, zumal die Bauern dies aus

Furcht vor der Konkurrenz um Arbeitskräfte zu verhindern suchten.

Handel

Die isländische Wirtschaft des Mittelalters war auf Subsistenz ausgerichtet, sodass Handel nur eine untergeordnete Rolle spielte. In der *Graugans* gab es Bestimmungen zur Preiskontrolle, was auf einen gewissen Mangel an Waren hinweist. So sollten die Preise für Mehl, Leinwand, Holz, Wachs und Teer festgelegt werden. Vermutlich betrachtete man diese Waren als Grundbedarf. Der isländische Getreideanbau war so gering, dass Mehl eingeführt werden musste. Dennoch importierte man nie sehr große Mengen. Leinwand brauchte man für die Ausstattung der Kirchen, außerdem trugen wohlhabende Leute Unterwäsche aus Leinwand. Bauholz für den Haus- und Bootsbau war eine spezifische Bedarfsware, zumal die isländischen Wälder kein geeignetes Holz hervorbrachten, und unklar ist, inwieweit Treibholz genutzt werden konnte. Wachs diente zur Beleuchtung, vor allem in Kirchen, aber auch zur Herstellung von Wachstafeln zum Schreiben. Teer diente als Holzschutzmittel und zum Abdichten von Booten und Gebäuden. Nach und nach wurde der Import vielseitiger und verschiedene Gebrauchs- und Luxusgüter kamen hinzu, darunter Schmuck. Auch Kunstwerke, mit denen die Kirchen ausgestattet wurden, sowie Kirchenschätze, von denen einige bis heute in Kirchen und Museen erhalten geblieben sind, kamen aus dem Ausland.

Es gilt als unwahrscheinlich, dass Metalle eingeführt wurden, abgesehen von Eisen, wie oben bereits erwähnt. Allerdings wurden Gegenstände aus Metall importiert, wie z. B. Kupferkessel. Blei wurde für Kirchendächer verwendet und für die religiösen Riten brauchte man Dinge wie Messwein und Weihrauch.

Neben dem bereits beschriebenen Export von Wollstoffen spielten Tierhäute verschiedener Art eine Rolle, darunter Fuchs- und Katzenfelle sowie Lammfelle. Im 13. Jh. kamen russische Tierfelle auf den europäischen Markt, sodass die isländischen Produkte nur noch geringen Absatz fanden. Weiterhin wurden Pferde exportiert und zeitweise stellten Schwefel und lebende Falken sehr begehrte Waren dar. Der isländische Falke (Gerfalke) galt als königliche Kostbarkeit und als besonders gut für die Jagd geeignet. Deshalb war er ein beliebtes Geschenk an Könige, Fürsten und andere Machthaber. Als Friedrich II., damals König von Sizilien, eine Schrift über die Kunst der Beizjagd verfasste, nannte er den Islandfalken den besten aller Jagdfalken.

Es ist bemerkenswert, dass für die Freistaatzeit kein Export von Lebensmitteln erwähnt wird. Als Fisch im 14. Jh. zur wichtigsten Ausfuhrware wurde, verkaufte man ihn vorrangig als Trockenfisch, seltener als Salzfisch.

Handelsreisen

Schiffsreisen nach Island waren nicht ungefährlich, immerhin musste der offene Nordatlantik überquert werden, auf dem jederzeit mit allen Wettern zu rechnen war. Steuermänner, häufig die Eigner der Schiffe, Matrosen und Passagiere hatten meist vielfältige Waren bei sich, um ihre Reise- und Aufenthaltskosten zu begleichen, und waren dadurch in gewisser Weise gleichzeitig Händler.

Zu Beginn der Freistaatzeit scheint es noch viele Häfen gegeben zu haben, doch für das 13. Jh. werden nicht mehr als zehn Häfen genannt, in denen Schiffe anlegten. Diese geringe Zahl erklärt sich daraus, dass die Isländer zu dieser Zeit kaum noch Schiffe besaßen. Anfangs verfügten sie über eine beachtliche Flotte und besorgten ihren Handel selbst, doch schon im 12. Jh. gab es nur noch wenige isländische Schiffseigner und im 13. Jh. war lediglich ein einziges Schiff in isländischem Besitz. Diese Verschiebung wurde sicherlich durch den Mangel an Bauholz verursacht. Schiffe waren teuer und Schiffsreisen gefährlich, überdies fehlte es an einer Zentralmacht, die den Handel gefördert hätte. Im Ergebnis bildete sich weder eine Schicht von Kaufleuten heraus, noch wurden Handelsplätze gegründet, vielmehr betrieben wohlhabende Bauern einen gewissen Handel als Nebentätigkeit. Da der Islandhandel an Norwegen gebunden war, gingen fast alle Exportwaren zunächst dorthin und anschließend in andere Länder. Importwaren, ganz gleich, woher sie ursprünglich kamen, nahmen denselben Weg in umgekehrter Richtung. Hierdurch war Island in Bezug auf Schifffahrt und Handel für den größten Teil der Freistaatzeit von Norwegen abhängig.

Nichtsdestotrotz kamen die Isländer weit herum und nach der Christianisierung wurden sie in Europa leichter akzeptiert und das Reisen dadurch vereinfacht. Isländer werden in Quellen als Mitglieder der Leibgarde des byzantinischen Kaisers, der sogenannten Warägergarde, erwähnt. Später unternahmen sie Pilgerfahrten nach Rom, Santiago de Compostela oder Jerusalem. Der Abt Nikulás Bergsson (gest. 1159) verfasste eine Reisebeschreibung für eine Pilgerfahrt von Island nach Rom und weiter nach Jerusalem. Die topografischen Angaben und Städtebeschreibungen sind so genau, als hätte er die Orte selbst besucht. Diese Reisebeschreibung war, soweit man weiß, die erste ihrer Art in den nordischen Ländern. Weitere isländische Schriften aus dem Mittelalter beinhalten ähnlich ausführliche Beschreibungen fremder Länder und bezeugen damit eine bemerkenswerte Kenntnis der Welt.

Die Stände

Einleitung
Anhand der Quellen kann man zu keinem anderen Schluss kommen, als dass es innerhalb der europäischen Gesellschaften von Anfang an Gruppen mit unterschiedlicher Rechtsstellung gegeben hat. Die Hauptdifferenzierung stellte dabei die Teilung in Freie und Unfreie dar. Dasselbe gilt für Island zur Zeit der Landnahme. Die Freien gliederten sich in weitere Gruppen und im Laufe des Mittelalters bildeten sich in den europäischen Gesellschaften vier Hauptstände heraus: der Adel und der Klerus, die Bürger und die Bauern. Die gesellschaftliche Stellung der Stände, einschließlich ihrer Rechte und Pflichten, war gesetzlich festgelegt. Für die isländische Freistaatzeit traf die genannte Differenzierung zwar nicht vollständig zu, sie wurde aber bei der Einführung des *Jónsbók* auf dem Alþingi 1281 erkennbar. Allerdings gab es keinen Bürgerstand in Island.

Bauern – Landlose – Sklaven
Den Kern der isländischen Gesellschaft bildete der Bauernstand, dennoch war die Stellung der Bauern äußerst unterschiedlich. Zunächst eigneten sich die Siedler Ländereien an und wurden so zu landbesitzenden Bauern. Doch sobald die Zahl der Menschen in Island zunahm und die einzelnen Güter kleiner wurden, ist zu vermuten, dass Land ge- und verpachtet wurde und sich die Pachtwirtschaft herausbildete, die anschließend jahrhundertelang bestimmend blieb. Daneben teilten sich die Bauern in zwei Gruppen, einerseits in die Thinggeld oder Steuern zahlenden Bauern, die über ein bestimmtes Mindesteigentum verfügten, und andererseits in diejenigen, die zu wenig Eigentum besaßen, um Steuern zu zahlen. Lediglich die Erstgenannten genossen die vollen

Rechte in der Gesellschaft. Weiterhin könnte man die Bauern in folgende Gruppen einteilen: Erstens Bauern, auf deren Besitz Kirchen standen, und die deshalb einen Anteil des Zehnten erhielten. Hierzu gehörten Goden und andere, die wegen ihrer Abstammung, ihres Reichtums oder ihrer Fähigkeiten zu Einfluss gekommen waren. Zweitens Bauern, die auf eigenem Landbesitz wirtschafteten und deren Auskommen sehr unterschiedlich war. Drittens Pächter, deren Zahl im Laufe der Zeit, während immer mehr Ländereien in den Besitz der Großbauern und der Kirche übergingen, anstieg. Im Mittelalter war die Bezeichnung Bauer (*bóndi*) ein Ehrentitel der reichen Bauern. Andere, die von der Landwirtschaft lebten und genügend besaßen, um Steuern zu zahlen, wurden Gemeine (*almúgi*) genannt. An diese schlossen sich die ärmsten Bauern an sowie die Bedürftigen (*ómagar*) und Bettler (*húsgangar*). Pächter genossen in Island mehr Freiheit und bessere Rechte als in den benachbarten Ländern.

Zusätzlich sind diejenigen zu nennen, die sich in Fischereistationen niederließen (*búðsetumenn*), wobei einige zusätzlich zur Fischerei ein wenig Vieh hielten und andere einzig der Fischerei nachgingen. Dem Gesetzgeber waren die Letztgenannten ein Dorn im Auge, einerseits wegen des Risikos der Verelendung und andererseits wegen der Eigeninteressen der Bauern. Schließlich gab es freie Lohnarbeiter, die gleichwohl dazu verpflichtet waren, sich einem Haushalt anzuschließen und einem Bauern unterzuordnen. Sie verfügten über keinerlei politische Rechte und ihre Lebensbedingungen hingen sehr vom jeweiligen Hausherrn ab. Mit der Einführung des *Jónsbók* 1281 wurden die gegenseitigen Rechte und Pflichten der Landarbeiter und der Bauern festgelegt.

Zu Beginn der Landnahme gab es auch Sklavenhaltung, es ist aber schwer, ihren Umfang zu bemessen. Zunächst muss bedacht werden, dass es kaum möglich gewesen sein wird, eine große Anzahl von Sklaven auf kleinen Schiffen über den Nordatlantik zu transportieren. In Island gab es wenige Großbauernhöfe, doch auf kleinen Höfen in dünner Besiedlung waren die Voraussetzungen für Sklavenhaltung äußerst ungünstig. Allein die Beaufsichtigung und Kontrolle der Sklaven wäre so aufwendig gewesen, dass man stets mit Aufruhr und Flucht hätte rechnen müssen. Deshalb war es für die Bauern vorteilhafter, freie Lohnarbeiter einzustellen. Andererseits gibt es in der *Graugans* ausführliche Bestimmungen über Sklaven und sie werden auch in den Isländersagas häufig erwähnt, wobei die Sagas erst 200 bis 250 Jahre später geschrieben wurden. In zeitgenössischen Quellen aus dem späten 12. und dem 13. Jh. ist von Sklaven hingegen nicht die Rede.

Bedürftige waren Menschen ohne Angehörige, die in einer Art öffentlicher Fürsorge der Landkreise oder Kirchen lebten. Wenn arbeitsfähige Menschen sich auf das Betteln oder Landstreichen verlegten, war dies strafbar, und laut *Graugans* stand hierauf Waldgang, d. h. strenge Acht oder Vogelfreiheit.

Klerus

Zum Klerus gehörten Bischöfe, Pröpste und Priester sowie Mönche und Nonnen. Sie genossen eine Sonderstellung und Privilegien, die mit wachsender Souveränität der Kirche genauere Konturen annahmen. Der Klerus war von verschiedenen weltlichen Pflichten befreit, vor allem von der Steuerpflicht. Anfangs waren viele Priester gleichzeitig Kirchenbauern und verfügten sogar über Godentümer. Sie vereinten damit weltliche Macht und Priestertum. Doch im Jahr 1190 verbot der Erzbischof in Nidaros die Priesterweihe für Goden und die oben beschriebenen Auseinandersetzungen um die Kirchengüter setzten ein, die damit endeten, dass die Kirche sich die wertvollsten einverleibte. Weiterhin gab es Priester, die selbst für ihre Ausbildung aufgekommen waren oder die Unterstützung ihrer Sippe erhalten hatten und sich dann für einen bestimmten Lohn als Priester anstellen lassen konnten. Ihre Position war individuell verschieden, einige von ihnen kamen zu großem Wohlstand und Ansehen. Schließlich gab es Priester, für deren Ausbildung ein Kirchenbauer gesorgt und deswegen bedingungslosen Anspruch auf deren Dienste hatte. Diese Priester waren nur begrenzt selbstständig.

Treuegeschworene – Adel
Viele isländische Häuptlinge hatten dem norwegischen König die Treue geschworen. Sie nahmen von ihm Titel und Privilegien entgegen und unterstanden der Hofordnung. Diese Gruppe von Isländern könnte man als den frühen Keim eines Adelsstandes begreifen, dessen Position sich in der zweiten Hälfte des 13. Jh. stärkte, als das isländische Godentum durch ein Adelssystem abgelöst wurde. Die Goden waren jetzt in ihren angestammten Gebieten zu einer Art Landesverwalter des Königs geworden. Aus Anlass der Huldigung Håkons V. im Jahr 1302 wurde der Alte Vertrag revidiert und die neuen Landesverwalter brachten u. a. die Forderung vor, dass Lögmänner und Bezirksvorsteher Isländer aus der jeweiligen Sippe sein sollten, die ihr Godentum aufgegeben oder an den König abgetreten hatte. Damit war der Grundstein zur Herausbildung eines isländischen Erbadels gelegt. Zu den Privilegien des Adels gehörten Ansprüche auf Ämter und weitgehende Steuerfreiheit. Die materielle Grundlage des neuen Adelsstandes stellten die Groß- oder Hauptbauernhöfe (*höfuðból*) dar, die vererbt wurden. Einzelne Sippen sammelten erhebliche Ländereien an und zogen darüber hinaus Profit aus dem Fischfang, dem Schwefelabbau und verschiedenen Ämtern. Im Laufe der Zeit wur-

de die hohe Konzentration an Landbesitz zu einem Problem für die Gesellschaft. In der zweiten Hälfte des 15. Jh. hatten sich die Steuerprivilegien so ausgeweitet, dass die steuerpflichtigen Bauern die Bürde der Armenversorgung kaum noch stemmen konnten. Deshalb war man gezwungen, die Privilegien teilweise zurückzuführen, wie es oben bereits im Zusammenhang mit der Kirche beschrieben worden ist.

Alltagsleben

Wohnraum
In Island sind keinerlei Gebäude aus dem Mittelalter erhalten geblieben. Bei Untersuchungen der Baugeschichte muss man daher auf archäologische Forschungen oder überlieferte Beschreibungen in Dokumenten und literarischen Werken zurückgreifen. Auf der anderen Seite wurden viele Baumethoden bis ins 20. Jh. beibehalten, selbst wenn sich die Bauformen deutlich verändert haben.

Gebäude aus behauenem Naturstein oder aus Mauersteinen waren in Island so gut wie unbekannt und Häuser aus Holz wurden zu profanen Zwecken kaum gebaut, wenngleich sie zeitweise in Fertigteilen importiert wurden. Holzkirchen als Stabwerkkonstruktion gab es allerdings in großer Zahl, wie oben bereits beschrieben worden ist. Typische Häuser bestanden aus einer Holzkonstruktion, die je nach materiellen Möglichkeiten und lokalen Bedingungen an der Innenseite paneeliert, außen jedoch von Wänden aus Grassoden und Natursteinen umgeben war. Das Dach war eine Holzkonstruktion, die mit Reisig oder anderen geeigneten Materialien abgedichtet und anschließend mit spezifisch zugeschnittenen Grassoden gedeckt wurde. In der Anfangszeit bestanden die Höfe aus einem länglichen Gebäude, dem Langhaus, dessen lange Außenwände leicht konvex ausgebildet waren, sodass es in der Mitte breiter war als an den Enden. Das Haus bildete einen einzigen Raum, in dem sich die Menschen hauptsächlich aufhielten. Später differenzierten sich weitere Räume heraus, die sich an das frühere Langhaus anlagerten. Hierzu gehörten zunächst ein weiterer Wohnraum, eine Vorratskammer und ein Abtritt. Diese Grundform wurde jahrhundertelang beibehalten, auch wenn es leichte Veränderungen gab.

Man ist lange der Ansicht gewesen, dass die Isländer in den ersten Jahrhunderten in jämmerlichen Nestern gehaust hätten. Doch die archäologischen Funde und historischen Quellen lassen eher den Schluss zu, dass die Häuptlingssitze aus geräumigen und komfortablen Häusern bestanden und auch die wohlhabenden Bauern annehmlich wohnten, doch hing das alles von den materiellen Verhältnissen und den jeweiligen Bedingungen ab. Die Häuser der Armen würde man nach heutigen Maßstäben wohl tatsächlich als jämmerlich betrachten, doch gilt dies auch für andere Teile Europas.

Tägliches Leben
Aus den Quellen, vor allem den Isländersagas, ist einiges über das alltägliche Leben der Isländer zu erfahren. Über die Nahrungsmittel der Menschen liegen zwar nur begrenzte Informationen vor, dennoch ist eindeutig, dass sie sich hauptsächlich von Fleisch, Fisch und Milchprodukten ernährt haben. Die begrenzte natürliche Haltbarkeit dieser Lebensmittel stellte ein gewisses Problem dar. Fleisch und Fisch wurden getrocknet, seltener gesalzen, weil Salz knapp war. Es war aber durchaus üblich, das Schlachtvieh auf der Winterweide zu lassen, bis man es brauchte und z. B. erst zu Weihnachten schlachtete.

Die Kleidung der Menschen bestand vorrangig aus Wollstoffen und den bereits beschriebenen wollenen Überwürfen. Für körpernahe Wäsche benutzte man feineren Wollstoff sowie Leinen und Leinwand. Über den Zuschnitt der Kleidung gibt es nur sehr begrenzte Kenntnisse.

Doch was taten die Menschen zu ihrem Zeitvertreib? In den Isländersagas werden Sport und Spiele häufig genannt. Insbesondere ist vom isländischen Ringkampf, *Glíma*, die Rede und vom Schwimmen. Außerdem waren Bäder in den zahlreichen warmen Quellen des Landes sehr beliebt. Daneben betrieben die Männer Waffensport, Fechten und Bogenschießen. Auch das Ballspiel wird oft genannt. Mit feuchten Tierhäuten maß man ähnlich wie beim heutigen Tauziehen seine Kräfte. Schließlich waren Pferdekämpfe ein beliebtes Vergnügen, dabei wurden zwei Pferde gegeneinander aufgehetzt und kämpften, bis eines floh oder unterlag. An langen Winterabenden vertrieb man sich die Zeit mit Brettspielen, Schach war spätestens seit dem 13. Jh. bekannt. Bei Festen löste man Rätsel, führte Possenspiele auf und tanzte.

Für Feiern und Feste jeder Art waren die Isländer sehr zu haben, am häufigsten wurden solche Ereignisse für den Herbst und die Weihnachtszeit beschrieben. Der Herbst war die Zeit der Ernte und des Schlachtens und bestens geeignet, um sich zu vergnügen und Speisen und Getränke im Überfluss zu genießen. Weihnachten war in vorchristlicher Zeit das Fest der Wintersonnenwende und wurde von der Kirche erst später mit der Geburt Christi verknüpft. Zu den allgemeinen Feiertagen kamen individuelle Feste hinzu, wobei sich z. B. Hochzeiten der Häuptlinge zu mehrtägigen Festivitäten mit einer großen Zahl von Gästen hinziehen konnten. Bei solchen Gelegenheiten gab es Vorführungen, Spiele und Tanz, Gedichte wurden vorgetragen und Geschichten erzählt. Auch der Leichenschmaus nach der Beerdigung eines Häuptlings konnte mehrere Tage andauern. Hierbei muss man sich vergegenwärtigen, dass die Gäste zu solchen Feiern über weite und unwegsame Strecken anreisten und die Gastfreundschaft und Gesellschaft anderer dann natürlich so lange wie möglich genießen wollten.

Geistige Kultur

Dichtung
Im Hochmittelalter bildete die Literatur in Form von Dichtung und Prosatexten den Eckpfeiler der isländischen Kultur. Die Dichtung ist in zwei Hauptgruppen einzuteilen, die eddische und die skaldische Dichtung (*eddukvæði* und *dróttkvæði*). Zur eddischen Dichtung gehören einerseits die Götterlieder (*goðakvæði*) und andererseits die Heldenlieder (*hetjukvæði*). Die zuerst genannten sind Liedersammlungen über die heidnischen Götter und den entsprechenden Götterglauben in den nordischen Ländern. Die zuletzt genannten handeln von Helden der Völkerwanderungszeit im Süden Europas, von Königen einschließlich ihrer Sippen und deren Heldentaten.

Die eddische Dichtung ist prinzipiell nicht bestimmten Autoren zuzuordnen und auch über ihr Alter und ihre Herkunft gibt es geteilte Meinungen. Fest steht dennoch, dass die Dichtungen unterschiedlich alt sind und man zur genaueren Bestimmung jede einzeln betrachten muss. Im Allgemeinen geht man davon aus, dass sie ab dem 8. bzw. 9. Jh. und in den nachfolgenden fünf Jahrhunderten entstanden. Die älteste erhaltene Handschrift stammt aus der zweiten Hälfte des 13. Jh. Man weiß aber, dass Snorri Sturluson Eddalieder gekannt und für seine eigenen Arbeiten verwendet hat, was nicht später als 1220 geschah.

Die skaldische Dichtung unterscheidet sich grundsätzlich, sowohl in der Form als auch im Inhalt, von der eddischen Dichtung. Nach isländischen Quellen des 13. Jh. galt Bragi der Alte als erster Dichter, der das skaldische Versmaß anwandte. Die ursprünglich mündlich weitergegebene Skaldendichtung ist teilweise in den schriftlich fixierten Sagas überliefert. Im Allgemeinen handeln die Skaldendichtungen von gerade vergangenen Ereignissen und die meisten sind Lob- oder Preisgedichte für Könige und andere Fürsten oder aber Trauergesänge.

Die meisten Skalden waren namentlich bekannte Hofdichter, zunächst Norweger, doch gegen Ende des 10. Jh. wurden diese von Isländern abgelöst. Der erste und berühmteste unter den isländischen Hofdichtern war Egill Skallagrímsson, der wohl um 910 geboren wurde.

Zu den Neuerungen in der Literatur des Spätmittelalters gehörten Balladen (*sagnadansar*), Reimlieder (*rímur*) und religiöse Gedichte (*helgikvæði*). Sagnadansar waren Lieder, die zum Tanz gesungen wurden. Es handelte sich um Gruppentänze, bei denen Vorsänger die Strophen sangen und die Tänzer und Tänzerinnen in den Refrain einfielen. Diese Form der Unterhaltung scheint schon zu Beginn des 12. Jh. nach Island gelangt zu sein. Die Lieder stammten ebenso von den Britischen Inseln wie vom europäischen Kontinent, vorrangig aus Frankreich.

Rímur entstanden zuerst im Spätmittelalter, hielten sich aber sehr lange und wurden noch im 19. Jh. gedichtet. Auch heute sind sie in Island bekannt und werden noch gepflegt. Es handelt sich um lange epische Lieder, bei denen Geschichten in eine gebundene, streng vorgegebene Form mit komplizierten Versmaßen gebracht werden. Der Stoff besteht fast immer aus der Nacherzählung einer Ritter- oder Vorzeitsaga, in Einzelfällen sogar aus Isländersagas. Rímur wurden gesungen und dienten den Menschen als Unterhaltung. Sie erinnern an die Kunst der französischen Troubadoure und deutschen Minnesänger.

Neben den Rímur stellten die religiösen Dichtungen die umfangreichste Literaturgattung des isländischen Spätmittelalters in gebundener Sprache dar. Da es sich um Nacherzählungen der Heiligenlegenden handelte, waren sie mit der katholischen Heiligenverehrung verknüpft. Zunächst wurde bei dieser Dichtung das skaldische Versmaß (*dróttkvæðaháttur*) verwendet, doch später hielten verschiedene ausländische Versmaße Einzug. Mit der Reformation verschwand diese Dichtkunst, zumal Heiligenverehrung nicht mehr gern gesehen war. Das berühmteste Gedicht stammte aus der Mitte des 14. Jh. Es heißt *Lilja* (»Lilie«) und wird dem Mönch Eysteinn Ásgrímsson zugeschrieben.

Prosa
Einen umfangreichen Teil der Prosaliteratur bildeten die Königssagas (*konungasögur*), die insbesondere die Geschichte der norwegischen Könige darstellten. Weitere wichtige Gattungen sind die zeitgenössischen Sagas (*samtímasögur*), die Rittersagas (*riddarasögur*), die Vorzeitsagas (*fornaldarsögur*) und die Isländersagas (*Íslendingasögur*), auf die im Folgenden kurz eingegangen werden soll.

Der Beginn der Königssagas liegt ein wenig im Unklaren, doch schon vor 1200 gab es isländische Übersetzungen von Heiligenlegenden und Apostelgeschichten. Nachfolgend entstanden isländische Sagas, die nach mündlichen Quellen aufgeschrieben wurden und zweifellos in gewissem Maße durch ausländische Vorbilder geprägt waren. Im Vorwort zum *Buch der Isländer* erwähnte Ari der Gelehrte, dass er das Leben der Könige aufgezeichnet habe. Um 1200 entstanden weiterhin die ältesten Sagas über die Könige Olaf Tryggvason (*Ólafs saga Tryggvasonar*) und Olav den Heiligen (*Ólafs saga helga*).

In der Folge wurden längere und ausführlichere Übersichtswerke verfasst. Hierzu zählt die Handschrift *Morkinskinna*, die an die *Saga von Olav dem Heiligen* anschließt und etwa bis 1177 reicht, sowie die *Fagurskinna*, in der die Geschichte der norwegischen Könige bis 1184 verfolgt wird. Beide Handschriften zählen zu den wichtigsten Quellen, die Snorri Sturluson als Vorbild dienten, als er mit der *Heims-

kringla (Der Weltenkreis) eine weitere Geschichte der norwegischen Könige schrieb. Genau genommen setzt Snorris Werk mit der Geschichte sagenhafter schwedischer Könige ein, wird aber zuverlässiger, sobald es sich den norwegischen Dynastien zuwendet. Das Leben jedes einzelnen Königs wird dargelegt und die Reihe endet bei Magnus Erlingsson und den Ereignissen des Jahres 1177.

Die zeitgenössischen Sagas werden in zwei Gruppen eingeteilt: die Bischofssagas (*biskupasögur*) und die Saga der Sturlungen (*Sturlunga saga*). Die Niederschrift der Bischofssagas begann früher, doch hatten isländische Geschichtsschreiber zuvor schon die oben erwähnten Heiligensagas der beiden norwegischen Könige verfasst.

Die Bischöfe Þorlákur Þórhallsson (gest. 1193) und Jón Ögmundsson (gest. 1121) galten als Heilige. Die Gebeine beider wurden um 1200 exhumiert und in Schreine überführt, weiterhin wurden Tage für die jeweiligen Messen bestimmt und ihre Lebensgeschichten aufgeschrieben. Die Bischofssagas erinnern an übersetzte Heiligenlegenden und stehen somit im Kontext der etablierten christlichen Hagiografie. Ebenfalls um 1200 wurden die Lebensgeschichten der fünf ersten Skálholtsbischöfe aufgezeichnet. An diese Texte schloss sich die Saga des Skálholtsbischofs Árni Þorláksson (gest. 1298) an, die zu den wichtigsten Quellen zur isländischen Geschichte des späten 13. Jh. gehört.

Die *Sturlunga saga* ist eine im 13. Jh. angefertigte Kompilation einzelner Sagas. Ihr Stoff umfasst Kämpfe und andere Geschehnisse im Umfeld der weltlichen Herrscher der Zeit und steht somit in Verbindung zu den Bischofssagas. In Stil und Positionierung unterscheiden sie sich jedoch deutlich. Den Kern der *Sturlunga saga* bildet die *Íslendinga saga* des Lögmannes Sturla Þórðarson (1214-1284), eines Neffen von Snorri Sturluson. Diese Saga umfasst den Zeitraum 1183-1264, ihr Schauplatz ist ganz Island.

In der norwegischen Literatur machten sich im frühen 13. Jh. bedeutende Veränderungen bemerkbar. König Håkon, später der Alte genannt, begeisterte sich für ausländische Ritterromanzen, die ihren Ursprung in Frankreich hatten und sich von dort als Modeliteratur über Europa ausbreiteten. Mit Hilfe gelehrter Männer übersetzte er die Ritterdichtungen in nordische Prosa. Diese Übersetzungen werden als Rittersagas (*riddarasögur*) bezeichnet. Die Rittersagas sind in einem besonderen Stil verfasst, der sich von dem der Isländersagas grundsätzlich unterscheidet. Er ist ausladend und wortreich, dennoch gefällig und poetisch. Die ursprünglich in Norwegen angefertigten Übersetzungen wurden einzig in isländischen Handschriften bewahrt. Als die Rittersagas in die nordische Sprache übersetzt wurden, bemühte man sich um eine Angleichung an die nordischen Sagas. Der Stoff handelt von Personen, die im Süden Europas zu Hause waren, einige waren authentisch, andere entstammten Volkssagen und Legenden. Bald begannen auch die Isländer, solche Sagas zu verfassen, die äußerst beliebt wurden und sich über Jahrhunderte hinweg hielten, nicht zuletzt in Form von gereimten Balladen (*rímur*). Die ältesten isländischen Rittersagas stammen aus der Zeit um 1300.

Auch die Vorzeitsagas (*fornaldarsögur*) nahmen ihren Anfang in Frankreich und breiteten sich von dort über Europa aus. Nach Island kam diese Literatur mit den sogenannten Vorzeitsagas der nordischen Länder (*fornaldarsögur Norðurlanda*). Ihre Aufzeichnung setzte Mitte des 13. Jh. ein. Mit den Vorzeitsagas löste die Unterhaltungsfunktion die unterweisende Funktion ab, die in der Geschichtsschreibung des 13. Jh. bestimmend gewesen war. Wahrscheinlich gingen die Vorzeitsagas auf Überlieferungen seit dem 5. bis 7. Jh. zurück.

Die Vorzeitsagas werden hauptsächlich in Heldensagas (*hetjusögur*) einschließlich der Wikingersagas einerseits und

Märchen (*ævintyri*) andererseits unterteilt. Die Heldensagas spielen vor der Wikingerzeit, besonders berühmt sind die *Völsunga saga*, eine Prosaerzählung der Heldenlieder über die Völsungen und die *Hervarar saga*, ebenfalls eine Prosaerzählung, die auf alten Gedichten basiert.

Isländersagas
Die Isländersagas (*Íslendingasögur*) gehören zu den berühmtesten Literaturgattungen des isländischen Mittelalters. Über ihren Ursprung ist schon viel geschrieben worden, was hier nicht wiederholt werden soll. Als man mit der Aufzeichnung der Heiligensagas und der zeitgenössischen Sagas begann, ganz gleich, ob sie von Bischöfen, Königen oder anderen weltlichen Herrschern handelten, wollte man vermutlich mehr über deren Sippen und Herkunft erfahren. Außerdem dürfte während der Umwälzungen der Landnahmezeit eine Menge Erzählstoff entstanden sein. Diese Stoffe wurden bewahrt und gaben später, als vermittelt durch die Kirche ausländische Literatur nach Island gelangte, den Anstoß für die Sagaliteratur.

Die Isländersagas sind weltliche Geschichten, die vom Leben der Menschen insbesondere gegen Ende der Landnahmezeit um 930 und im nachfolgenden Jahrhundert erzählen. Der Schauplatz der Sagas ist Island und die Nachbarländer, er kann sich aber bis in ferne Länder und Städte ausdehnen. Die Isländersagas wurden hauptsächlich im 13. und zu Beginn des 14. Jh. niedergeschrieben. Die ältesten erhaltenen Manuskripte stammen aus der Zeit um 1250, nach 1300 nimmt ihre Zahl zu. Lange wurde angenommen, dass die Sagas ein glaubwürdiges Abbild der Ereignisse gäben, die sie beschreiben, und dass sie zuverlässige historische Quellen wären. Doch seit der Einführung kritischer Quellenforschung haben sich in diesem Punkte Zweifel eingestellt. Die Sagas wurden anonym verfasst.

Zu den berühmtesten Isländersagas gehören die *Njáls saga*, *Egils saga*, *Laxdæla saga*, *Eyrbyggja saga*, *Grettis saga* und *Hrafnkels saga Freysgoða*. Sie sind in viele Sprachen übersetzt worden, Gesamtausgaben der Isländersagas liegen in den skandinavischen Sprachen, in Deutsch und Englisch vor.

Gelehrte Schriften
Mit der Kirche kam ausländische Bildung und Gelehrsamkeit nach Island. Angehende isländische Kleriker studierten häufig in Deutschland, aber auch in Frankreich und England. Um 1100 gelangte die Schrift nach Island und die Schriftkultur begann sich auszubilden. Der bereits erwähnte, im Winter 1117-1118 angefertigte Gesetzescodex stellt die älteste gesicherte Quelle über einen in Buchform fixierten Text dar. Ebenfalls zu den ältesten erhaltenen Schriften gehört das »Erste grammatische Traktat«, das wahrscheinlich kurz vor 1150 entstanden ist. Der Autor verfolgte darin das Ziel, das lateinische Alphabet an die isländische Sprache anzupassen, sodass es einfacher würde, Isländisch zu lesen und zu schreiben. Zu einheimischen Texten gehörten Gesetze, Genealogien und Übersetzungen heiliger Texte und die »klugen Schriften« von Ari Þorgilsson dem Gelehrten.

Gesetze wurden nach und nach in Codices gesammelt, ohne dass sie dadurch zu formal gültigen Gesetzbüchern geworden wären. Zwei wichtige Manuskripte stammen aus dem 13. Jh. und einige Fragmente aus dem 12. Jh.

Als Beleg für genealogische Schriften können die Verzeichnisse im Anhang des *Buches der Isländer* dienen. Auch das *Landnahmebuch* kann zu Teilen als genealogisches Verzeichnis gelten, zumal hier 430 Männer und Frauen als selbstständige Landnehmer namentlich aufgeführt und Informationen über ihre Sippen, Vorväter sowie nahe und ferne Verwandte beigefügt wurden. Das *Landnahmebuch* erläutert die Ursachen für die Besiedlung Islands.

Übersetzungen heiliger Texte sind Kommentare und Auslegungen, die bspw. in Predigtsammlungen, den Homilien, veröffentlicht wurden. Priester waren verpflichtet, bei der Messe zu predigen, und zu ihrer Unterstützung wurden die Homilienbücher zusammengestellt, die Predigten der wichtigsten Kirchenväter enthielten. Es gibt Grund zu der Annahme, dass diese Schriften unter den ersten waren, die ins Isländische übersetzt wurden.

Mit den »klugen Schriften« des Priesters Ari Þorgilsson ist vorrangig das *Buch der Isländer* gemeint, das eine kurze Geschichte Islands von der Landnahme bis in die Gegenwart des Autors darstellt. Dieses Buch ist von kritischem Geist und großer Genauigkeit geprägt, was sich u. a. darin äußert, dass Ari auf seine Informanten hinweist, die er als klug und ehrlich einschätzt.

Weiterhin entstanden wissenschaftliche Schriften über Sprache, Naturkunde, Navigation, Astronomie, Mathematik und angrenzende Länder, wie z. B. die Orkney- und die Färöer-Inseln.

Königsmacht und Kirche gegen Ende des 15. Jahrhunderts

Stärke der Kirche – Schwäche der Königsmacht
Gegen Ende des 15. Jh. stand die katholische Kirche auf dem Höhepunkt ihrer Macht, doch schon bald nahte der Umbruch. Die Aktivitäten der Kirche hatten sich stetig ausgeweitet und Einnahmen und Ausgaben waren gleichermaßen gestiegen. Letztlich war die Kirche einem Großkonzern ähnlich geworden, in dem die Bischöfe als Geschäftsführer wirkten, immerhin besaß die Kirche zu dieser Zeit knapp die Hälfte aller Landgüter in Island. Im Vergleich zur Macht der Bischöfe war die Königsmacht schwach, zumal die Kirche den Menschen im Alltag näher stand als die weltlichen Institutionen. Außerdem war der König weit weg und hatte oft anderes zu tun, als sich um seine isländische Provinz zu kümmern. Selbstherrliche Bezirksvorsteher verhielten sich wie eigenständige Regionalhäuptlinge, ritten mit ihrem Gefolge durch das Land, lehrten die Bauern das Fürchten und fielen ihnen zur Last. In der zweiten Hälfte des 15. Jh. begannen Bischöfe wie Ólafur Rögnvaldsson ihre Kampagne gegen einzelne Laien, die ihnen die Stirn boten, bis diese klein beigeben mussten.

Obwohl die weltlichen Herrscher zunächst den kirchlichen unterlagen, schöpfte die Königsmacht doch gegen Ende des 15. und zu Beginn des 16. Jh. neue Kraft. Allerdings stellten sich nun Angriffe aus anderer Richtung ein und man erinnerte daran, dass nach dem Alten Vertrag von 1302 Lögmänner und Bezirksvorsteher Isländer sein sollten. Denselben Anspruch stellte man an die Statthalter, auch wenn dies keine Grundlage im Alten Vertrag hatte. Begründet wurde diese Forderung damit, dass ein Statthalter die isländischen Gesetze und die Sprache kennen müsse. Doch zu diesem Zeitpunkt war die dänische Seemacht erstarkt und dänische Kriegsschiffe kamen nach Island, u. a. um die Vorherrschaft über Island gegenüber den Engländern und später den Deutschen zu behaupten. Der Statthalter Islands war nun gleichzeitig Hauptmann in der dänischen Flotte und musste deshalb mit der Kriegsführung auf See vertraut sein. Auf diesem Gebiet hatten die Isländer aber weder Erfahrung noch Kenntnisse.

Die zunehmende Stärke der Königsmacht wurde den Isländern denkwürdig vor Augen geführt, als der Flottenadmiral Christoffer Huitfeldt im Jahr 1541 mit einem dänischen Kriegsschiff in Island erschien und mit bewaffneter Truppe zum Alþingi kam, um dort die Bestätigung der neuen Kirchenordnung durchzusetzen. Auch in den Jahren 1542-1547 kamen dänische Kriegsschiffe nach Island, und die Isländer ließen die Forderung nach einem isländischen Statthalter fallen.

Deutscher Einfluss in Island
In der ersten Hälfte des 16. Jh. wurden deutsche Kaufleute sehr umtriebig in Island. Der König reagierte darauf, indem er Island für einen Zeitraum von zehn Jahren an den Stadtrat von Kopenhagen verpachtete. Dieser hatte jedoch nicht die Kapazitäten, mit den Deutschen zu konkurrieren. Beispielsweise schickten die Kopenhagener zwei Schiffe nach Island, während die Deutschen mit 20 bis 30 vor Ort waren. Obwohl den isländischen Großbauern die Überwinterung von Ausländern alles andere als recht war, erhielten die deutschen Kaufleute – mithilfe der Unterstützung einiger isländischer Autoritäten – eine beschränkte Genehmigung zum Überwintern.

Bislang war der Handel sehr begrenzt gewesen, weil die Isländer Subsistenzwirtschaft betrieben hatten, doch im 15. Jh. änderte sich dies langsam, was zum Teil auf das Wirken der Deutschen zurückging. Nach und nach entstand eine Handels- und Konsumgesellschaft. Gleichzeitig wurde Hamburg zum Tor zur Welt für die Isländer. Sie lernten die deutsche Kultur kennen, deren Einfluss sich in der isländischen Kunst und Literatur bemerkbar machte.

Die Reformation in Island

Im Zenit der Macht
Gegen Ende des Mittelalters stand die katholische Kirche in Island im Zenit ihrer Macht, ganz gleich ob man ihren weltlichen Reichtum betrachtet, ihre administrative Stellung oder ihre Autorität in der Gedankenwelt der Menschen. Für die Zeit um 1500 gibt es viele Anzeichen einer Stagnation innerhalb der Kirche und der gesamten geistigen Kultur Islands. In den letzten Jahrzehnten des Katholizismus sah man jedoch auch Funken einer Wiederbelebung. So ist Bischof Stefán Jónsson (1491-1512) wahrscheinlich während seines Studiums in Frankreich mit dem Humanismus in Berührung gekommen und hat diese neue Strömung in der Domschule von Skálholt an seine Studenten weitergegeben. Sein Nachfolger, Ögmundur Pálsson (1521-1540), hatte in England und anschließend in Rostock studiert. Er setzte sich für eine bessere Bildung der Priester ein und schickte junge Männer zum Studium ins Ausland. Unter seiner Führung kam die Kirche zu mehr Reichtum und Ansehen. Der Bischof von Hólar, Jón Arason (1524-1550), war den weltlichen Dingen zugewandt und ein charismatischer Führer und Dichter. Er hatte sich zwar zeitweise im Ausland aufgehalten, über ein formales Studium liegen aber keine Kenntnisse vor. Er brachte 1530 die erste Druckerpresse nach Island und begann mit der Herausgabe von Büchern.

Eine neue Kirchenordnung
In Dänemark übernahm Christian III. im Jahr 1534 die Macht, während das Reich noch im inneren Krieg lag, den der König erst 1536 gewinnen konnte. Christian III. war ein überzeugter Lutheraner, der die Reformation in Dänemark ohne nennenswerten Widerstand durchsetzen konnte. Unter Mit-

hilfe des Luther-Vertrauten Johannes Bugenhagen ließ er eine neue Kirchenordnung verfassen, die 1537 in Dänemark in Kraft trat.

Der Bischof von Skálholt, Ögmundur Pálsson, hatte zwei junge Männer, Gissur Einarsson und Oddur Gottskálksson, zum Studium nach Hamburg geschickt. Dort lernten sie zwar die Grundsätze der Reformatoren kennen, traten nach ihrer Heimkehr aber in den Dienst ihres katholischen Bischofs. 1538 erhielten die isländischen Bischöfen die neue dänische Kirchenordnung, auf die sie beide ablehnend reagierten. In einem offenen Brief an das Volk übte Bischof Ögmundur im März 1539 harsche Kritik am Irrglauben Luthers, warnte vor ihm und beschuldigte seine Ausgesandten des Vandalismus in den Kirchen. Gleichwohl bestätigte er seinen Vertrauten Gissur Einarsson als Superintendenten der Kirche und nicht etwa als Bischof, womit die notwendige Kontinuität innerhalb der katholischen Kirche formal unterbrochen wurde.

Doch nun verschärften sich die Kämpfe. Am Pfingstsonntag 1539 überfiel der deutsche Statthalter mit seinem Vogt das Kloster Viðey im Fjord Kollafjörður (heute vor Reykjavík), das er als Lehen erhalten hatte, er raubte es aus und vertrieb die Mönche. Anschließend wandte der Vogt sich mit bewaffnetem Gefolge nach Osten und wollte weitere Klöster ausrauben. Doch als er an den Bischofssitz Skálholt kam und sich kriegerisch gab, stieß er auf Widerstand und wurde mitsamt seiner Gefolgschaft von den Ansässigen umgebracht.

Auf der Synode beim Alþingi 1540 wurde die neue Kirchenordnung diskutiert und abgelehnt. Gleichzeitig wurde erklärt, dass Gissur Einarsson rechtmäßig gewählter Bischof sei. Dieser hatte sich einer Verpflichtung unterworfen, die so allgemein formuliert war, dass jeder seine eigene, katholische oder lutherische, Interpretation herauslesen konnte.

Im selben Jahr noch wurde der deutsche Statthalter, der den Klosterraub veranlasst hatte, abgesetzt, und der Flottenadmiral Christoffer Huitfeldt übernahm das Amt.

Im Jahr 1541 waren die Lutheraner überzeugt, dass Bischof Ögmundur gemeinsam mit seinem katholischen Amtsbruder in Hólar eine Gegenoffensive plante. Statthalter Huitfeldt ließ daraufhin den Bischof festnehmen und als Gefangenen auf sein Schiff verbringen. Anschließend ritt er mit bewaffneter Truppe zum Alþingi nach Þingvellir. Dort fand gleichzeitig die Priestersynode statt, auf der Gissur die neue Kirchenordnung bestätigen ließ. Anschließend fuhr der Flottenadmiral und Statthalter nach Dänemark und nahm Bischof Ögmundur mit, der kurz nach der Ankunft dort verstarb.

Die neue Kirchenordnung war nun rechtsgültig für die Diözese Skálholt und man begann mit den Umstrukturierungen. Doch in Island lagen die Dinge anders als in Dänemark und die Stellung der Kirche war weniger beeinträchtigt als dort. In Dänemark wurden die Bischöfe auf feste Gehälter gesetzt, schließlich lagen die Bischofssitze in Städten. In Island hingegen lagen die Bischofssitze auf Groß- oder Hauptbauernhöfen, die als selbstständige Einheiten mit eigenen Einnahmen und Ausgaben zu betrachten sind. Die Einnahmen verminderten sich nun, u. a. weil der halbe Bischofszehnte an den König überging.

Anders als auf dem europäischen Festland kam es in Island während der Reformation nicht zum Bildersturm. Der Superintendent Gissur Einarsson ging bei den notwendigen Neuerungen behutsam und ohne Eile vor.

Die letzte Schlacht 1548-1550
In den Reihen des Bischofs von Hólar, Jón Arason, war man einigen lutherischen Neuerungen durchaus zugewandt. So war der Bischof selbst nicht abgeneigt, einzelne Reformen innerhalb der Kirche vorzunehmen. Er stand in mancher Hinsicht unter dem Einfluss des Humanismus, auch wenn man ihn selbst nicht als Humanisten betrachten konnte, und legte Wert auf den Erhalt der Stellung der Kirche und darauf, dass Einheimische in geistliche wie weltliche Ämter erhoben wurden. Jón Arason war Patriot im Sinne des norddeutschen Humanismus, der Interesse an der Volkssprache und der Nationalgeschichte hatte.

Wie bereits erwähnt, blieb Jón Arason zunächst unbehelligt in seiner nordisländischen Diözese, während Gissur Einarsson in Südisland sich schon der Reformation angeschlossen hatte. Jón Arason war ein beliebter Herrscher mit einer weitverzweigten Sippe im Hintergrund und besten Beziehungen zur Obrigkeit. Er traute sich jede Großtat zu und war kein bequemer Widersacher für Gissur Einarsson.

Als Gissur 1548 gestorben war, wählten die Priester auf der folgenden Synode zwei Bischöfe, einen katholischen und einen lutherischen. Um die Bestätigung des Königs einzuholen, reiste der katholische Bischof nach Dänemark. Dort wurde er allerdings gefangen genommen und kehrte nicht mehr nach Island zurück. Es hieß, dass Jón Arason einen Brief an Karl V., Kaiser des Heiligen Römischen Reiches, geschrieben und um seine Unterstützung für die Weihe dieses katholischen Bischofs gebeten habe. Der dänische König war gleichzeitig deutscher Herzog und damit dem Kaiser unterstellt. Wahrscheinlich hat der Kaiser seinen Einfluss geltend machen wollen, konnte sich damit aber nicht durchsetzen. Nachdem nun kein Bischof in Skálholt saß, hielt Jón Arason es für seine Pflicht, die notwendigen Amtsgeschäfte zu übernehmen, immerhin genoss er die Unterstützung des katholischen Teils der Synode. Daraufhin befahl der König den Bischof zu sich, allerdings ist ungewiss, wann der entsprechende Brief in Island eintraf. Im Jahr darauf, 1549, sandte der König einen weiteren Brief, in dem er Jón Arason mit der Acht belegte und für vogelfrei erklärte. Wahrscheinlich hatte der König zu diesem Zeitpunkt den Brief des Kaisers erhalten und das Schreiben des Bischofs an den Kaiser als Hochverrat gewertet. Anschließend schrieb der König an einen der mächtigsten isländischen Häuptlinge, Daði Guðmundsson, und beauftragte ihn mit der Festnahme des Bischofs.

Gleichzeitig hatte Jón Arason sich schriftlich an Papst Paul III. gewandt und u. a. um Anweisungen für die Verwendung der für Rom bestimmten Steuern gebeten, zumal es in Nidaros keinen Erzbischof mehr gab und man die Steuern nicht dorthin abführen konnte. Die Antwort des Papstes ließ Jón Arason öffentlich in der Domkirche von Hólar verlesen. Danach sollten die Steuern unter den Armen verteilt werden. Mit gleichem Brief forderte der Papst den Bischof auf, seine Diözese in Gottesfurcht, Gehorsam und Treue zum Heiligen Stuhl zu erhalten. Daraufhin ging der Bischof zum Angriff gegen Skálholt über, wo er den Katholizismus wiedererrichten wollte. Er ließ den lutherischen Bischof festnehmen, reinigte die Domkirche und entsandte erneut Mönche in das Kloster auf der Insel Viðey. Anschließend zog er nach Westisland, um den Häuptling Daði Guðmundsson, den er zuvor exkommuniziert hatte, vor Gericht zu bringen. Jón Arason unterlag und wurde gefangen genommen. Danach wurde er nach Skálholt verbracht und sollte angeklagt werden. Es fand sich aber niemand, der einen Platz im Gericht einnehmen wollte. Man fürchtete, dass die Gefolgsleute des Bischofs Skálholt angreifen und ihn befreien könnten. Schließlich übernahm der königliche Vogt als Vertreter des Statthalters die Initiative und entschied über das Schicksal des Bischofs. Er wurde zusammen mit zweien seiner Söhne zum Richtstock geführt und ohne Recht und Gesetz hingerichtet. Die nordisländischen Verteidiger suchten daraufhin den Vogt auf und töteten ihn mit 14 seiner Männer. Diese Taten hatten so gut wie kein Nachspiel.

Auswirkungen der Reformation
Die Nachrichten von den Aktionen des Jón Arason erreichten den König im Herbst 1550. Im darauffolgenden Frühjahr kam eine Flotte von vier Kriegsschiffen nach Island, zwei wurden nach Nordisland geschickt und 300 Soldaten, hartgesottene Landsknechte, gingen an Land. Doch mit der Hinrichtung des Bischofs war jeder Widerstand gebrochen. Die Gesandten des Königs führten einen Brief mit sich, der die Gefangennahme von Jón Arason gemeinsam mit seinen Söhnen befahl. Sie sollten nach Dänemark überführt werden und der lutherische Bischof Ólafur Hjaltason den Bischofssitz in Hólar übernehmen. Die Vereidigung fand am 15. Juni 1551 in Oddeyri nahe Akureyri statt. Damit erlangte die lutherische Kirchenordnung Gültigkeit in ganz Island. In direkter Fortführung wurde ein Urteil über Jón Arason und seine Söhne gefällt, das sie für Hochverräter erklärte und ihren gesamten Besitz dem König zusprach. Die Anführer der Militäraktion plünderten anschließend die Domkirche in Hólar sowie drei Klöster in der Diözese. Hiernach schickte der König bis 1555 jährlich Kriegsschiffe nach Island, die noch lange einsatzbereit lagen, u. a. um ausländische Piraten abzuwehren.

Mit diesen Ereignissen hatte die Kirche einen wesentlichen Teil ihrer Finanzen und ihrer Schätze eingebüßt. Die Landsleute wurden durch militärische Gewalt zur Annahme des neuen Glaubens gezwungen und die Staatsmacht erlangte mehr Einfluss. Zwar waren die administrativen Strukturen schwach, doch hielt dies den König nicht davon ab, sie so zu reorganisieren, dass an die Stelle der relativ selbstständigen lokalen Herrscher, die sich ihre Rechte mithilfe ihrer Gefolgschaft sicherten, eine Staatsmacht unter der Führung des Königs trat, die Recht und Gesetz durchzusetzen und den Frieden zu sichern versprach.

Wachsender Finanzbedarf des Königs

Es ist leicht ersichtlich, dass eine derart expandierende Staatsgewalt höherer finanzieller Einnahmen bedurfte. Die Basis hierfür war Landbesitz. Vor der Reformation besaß der König lediglich 2% der Landgüter in Island, um 1590 waren es bereits 19%. Diese Steigerung entstand durch die Landbesitze der Klöster und den Privatbesitz der katholischen Bischöfe, die an den König fielen. Um die Mitte des 17. Jh. besaßen die Bischofssitze, die Kirchen und der König zusammen fast die Hälfte aller Landgüter, gemessen an ihrem Wert. Hinzu kamen Gold, Silber und andere Schätze, die der König aus den Kirchen, Klöstern und Bischofssitzen entfernen ließ. Ihren Landbesitz behielten die Bischofssitze hingegen, immerhin stellte er ihre wirtschaftliche Grundlage dar. Die Hälfte des Bischofszehnten sowie die gesamten Bußgelder, die zuvor der Kirche zugekommen waren, fielen jetzt an den König. Es ist schwer zu sagen, welchen Einfluss diese Verschiebungen auf die Wirtschaft des Landes hatten. Vor der Reformation floss das Geld aus dem Land in die Kassen der Erzbischöfe und des Papstes, nun floss es in die Kassen des Königs. Dennoch ist klar, dass die weltlichen Herrscher sich auf Kosten der Kirche bereichert hatten. Andere Einkünfte des Königs bestanden aus Steuern nach dem Alten Vertrag von 1262-1264 sowie Abgaben auf Landbesitz und Einnahmen aus dem Fischfang. Auch der Handel brachte ihm einiges ein. Im Jahr 1561 konnte er den Deutschen den Schwefelhandel abnehmen. Außerdem behielt er sich das Vorkaufsrecht für alle weißen Falken vor.

Auf der anderen Seite stand eine konsolidierte Staatsgewalt, die eher dazu geeignet war, Recht und Gesetz aufrechtzuerhalten und den Frieden zu sichern. Die äußere Landesverteidigung, z. B. gegen Piraten, wurde gestärkt, wenngleich sie noch immer weit davon entfernt war, im Ernstfall angemessenen Schutz zu bieten. Weiterhin wurde versucht, die Kirche und den Schulunterricht zu verbessern sowie die Bildung und das Auskommen der Pfarrer zu sichern. Einen Anteil hieran hatte, dass den Isländern ab 1579 Vorrang bei der Vergabe von Stipendien zum Studium an der Universität Kopenhagen gewährt wurde. Notwendige Verbesserungen und Modernisierungen im Inland, wie z. B. der Bau von Brücken und Straßen, blieben weiterhin unbeachtet, ebenso wie die Förderung von Neuerungen im Erwerbsbereich.

Zusammenfassend ist festzustellen, dass Island mit der Reformation eine wachsende staatliche Gewalt kennenlernte, wie sie der allgemeinen Entwicklung in Europa im 16. Jh. entsprach. Dennoch waren die Bedingungen in Island andere als in Europa. Dort bildete der Bürgerstand einen Gegenpol zum Adel, er unterstützte den König und beförderte zusammen mit ihm Handwerk, Handel und Industrie. Vertreter des Adels andererseits wurden zu Beamten des Königs, statt ihm wie zuvor den Heeresdienst zu leisten. In Island aber hatte sich lediglich eine geringe Form des niederen Adels herausgebildet und ein Bürgertum war überhaupt nicht vorhanden. Zwar schien der König geneigt, den Isländern den Außenhandel zu überlassen, doch brauchten sie hierzu Schiffe und andere Infrastruktur, zu deren Förderung nichts unternommen wurde. Die Reformation war mithilfe der dänischen Militärgewalt durchgesetzt worden. Die Kirche behielt einen nennenswerten Teil ihres Eigentums und ihrer Einkünfte. Die Bevölkerung wurde nicht mit neuen Abgaben belastet und die Bedingungen zum Handel verschlechterten sich nicht, solange die Witterung gut war. Doch dies sollte sich ändern.

Neuformation der Kirche

Langsame Veränderungen
Die neuen lutherischen Bischöfe, Marteinn Einarsson und Ólafur Hjaltason, unternahmen große Anstrengungen zur Befestigung der reformierten Kirchenordnung, gingen aber dennoch behutsam zu Werke. Sie nahmen Veränderungen am Ablauf der Messe vor und gaben Schriften im neuen Geiste heraus. Problematisch war allerdings, dass es an Pfarrern fehlte, die sich in der evangelischen Theologie auskannten. Daneben mangelte es an Geld für Lohnzahlungen an die Pfarrer. Zwar verringerte sich mit der Zahl der Kirchen auch die Anzahl der Pfarrer, doch hatten diese nun Familien, was die Kosten erhöhte. Es wurde großer Wert darauf gelegt, dass die Bevölkerung mit der Lehre Luthers vertraut gemacht wurde. Entsprechende Kenntnisse waren nun Voraussetzung für den Empfang des Altarsakraments, das eine Frage des Seelenheils war. Weiterhin wurden regelmäßige Visitationen eingeführt, sodass die Pfarrer die Familien zu Hause besuchten, die Kinder nach der Lehre befragten und den sittlichen und christlichen Lebenswandel überwachten. Der Unterricht der Kinder endete mit der Konfirmation. Durch die Predigten, Visitationen und Konfirmationen erhielten die Pfarrer eine wichtige erzieherische Funktion. Der König nutzte sein Recht zur Einsetzung der Pfarrer, wodurch diese dem König auf besondere Weise verbunden waren. Zu den Pflichten der Pfarrer gehörte es denn auch, dem Volk zu erläutern, dass der König der nächste Vertreter Gottes auf Erden sei. Die Treue zum König und sogar dessen Verehrung nahmen langsam zu und trugen zur Konsolidierung der staatlichen Macht bei, die nach und nach ausgebaut wurde.

Gegenoffensive der Kirche
Die ersten lutherischen Bischöfe gingen bei der Beseitigung katholischer Sitten nicht besonders streng vor, doch dies änderte sich im Laufe des 16. Jh. Man begann gegen die Prozessionen zu polemisieren, Bildersturm setzte ein und Kreuze wurden entfernt, z. B. wurde ein Kreuz, das als besonders heilig galt, abgebaut und zerstört. Man agierte entschiedener und wollte evangelische Grundsätze durch Prinzipienfestigkeit etablieren. Allen voran ging der Bischof von Hólar, Guðbrandur Þorláksson (1571-1627), den man als einflussreichsten lutherischen Bischof in Island betrachten kann. Er hatte an der Universität Kopenhagen studiert, was insofern eine Neuerung darstellte, als isländische Theologen ihre Bildung bis dahin hauptsächlich in Deutschland erhalten hatten. Die Universität Kopenhagen war das Hauptquartier der lutherischen Lehre im dänischen Reich, das gleichzeitig die Botschaft von der Macht und Herrlichkeit des Königs verkünden sollte. Guðbrandur Þorláksson war ein überzeugter Royalist, der sich der Unterstützung des Königs durchaus gewiss war. Seine Amtstätigkeit als Bischof begann er dennoch nicht mit der Etablierung evangelischer Sitten, sondern mit weltlichen Aktivitäten, die darauf hinausliefen, die Ländereien zurückzuerlangen, die dem Bischofssitz seiner Ansicht nach unrechtmäßig entzogen worden waren. Er ging mit äußerster Härte vor und geriet in schwere Auseinandersetzungen mit den weltlichen Häuptlingen. Daneben erhob er selbst Anspruch auf Ländereien, die der Bischofssitz seinen Vorfahren zu katholischen Zeiten unberechtigt abgenommen haben soll.

Nach Ansicht des Bischofs war die isländische Kirche Teil der Reichskirche Dänemarks, die dem König und dem Bischof von Seeland unterstand. Gleichwohl genoss sie mehr Eigenständigkeit als vergleichbare Kirchen, vor allem in finanzieller Hinsicht. Auch die große Entfernung zu den Zentren des Reiches sicherte die Unabhängigkeit in gewissem Maße. Isländische Bischöfe hatten daher größeren Einfluss auf die Führung des Landes als die Bischöfe in anderen Teilen des Reiches. Die weltlichen Herrscher konnten sich damit aber nur schwer abfinden, sodass es erneut zu Kontroversen über die Zuständigkeiten der weltlichen und geistlichen Macht kam. Die Lögmänner meinten, dass das Alþingi die gesetzgeberische Gewalt mit dem König teilte und dies auch für Fragen der Kirche gelten müsse. Das Königtum wies solche Gedanken zurück und behielt dem König allein die Gesetzgebung vor und damit auch die Macht über die Kirche. Bischof Guðbrandur stützte diese Auffassung und argumentierte, dass der König auf geistlichem Gebiet allein bestimmte, wenn auch in Kooperation mit dem Bischof.

Guðbrandur Þorláksson förderte die Domschule in Hólar, indem er z. B. das Lateinstudium intensivierte. Doch sein wichtigstes kulturpolitisches Vorhaben war die Herausgabe von Büchern. Die ersten lutherischen Bischöfe hatten bereits die Druckerpresse von Jón Arason übernommen, doch nur wenige Schriften herausgegeben. Dies änderte sich nun unter Bischof Guðbrandur. So wurde die Herausgabe der ersten isländischen Bibel im Jahr 1584 zu seiner größten bleibenden Leistung. Zwar hatte es schon seit etwa 1200 einzelne Bücher der Bibel in isländischer Übersetzung gegeben und das Neue Testament war 1540 auf Isländisch gedruckt worden, doch nun erschien erstmals die gesamte Bibel in isländischer Sprache. Insgesamt kamen während der Amtszeit von Guðbrandur ca. 90 bis 100 Schriften heraus. In diesen wurde Gottes Wort jedoch als freudloses Christentum verkündet, das stets an den furchterregenden Zorn Gottes erinnerte und mit Höllenqualen drohte – eine Botschaft, die dem isländischen Volk während der nächsten zwei Jahrhunderte gepredigt werden sollte. Eine positive Begleiterscheinung der umfangreichen Herausgebertätigkeit waren die weit verbreiteten guten Lesekenntnisse des Volkes. Außerdem förderten die isländischen Autoritäten auf diesem Wege die Volkssprache.

In Skálholt wurde dasselbe Programm verfolgt. Der Bischof, Oddur Einarsson, war wie sein Amtskollege in Hólar hochgebildet und hatte nicht nur Interesse an Theologie und Nationalgeschichte, sondern auch an Mathematik und Astronomie. Er war Schüler des Astronomen Tycho Brahe gewesen. Weiterhin ist zu erwähnen, dass die Bischöfe in den Jahren 1589 bis 1662 von den Isländern selbst gewählt wurden, danach jedoch berief der König sie ins Amt, ohne die Isländer zurate zu ziehen.

Nach stetigen Anstrengungen zur Ausmerzung katholischer Sitten und Gebräuche kann man sagen, dass die eigentliche Reformation etwa um 1630 vollzogen war. Zu diesem Zeitpunkt hatten die Menschen sich im Allgemeinen an die neuen Gepflogenheiten angepasst, auch wenn noch bis 1800 oder sogar länger ein Nachhall der katholischen Jahrhunderte zu verspüren war und die Bevölkerung z. B. den lateinischen Gesang bei der Messe vermisste. Etwa um 1600 verschärfte sich die Orthodoxie. In Übereinstimmung mit der freudlosen Botschaft, die die gedruckten Schriften aus Hólar verkündeten, wurden auch in den Kirchen gelehrte prinzipienfeste Predigten gehalten, die die Höllenangst schürten. Beide Bischöfe, Guðbrandur Þorláksson und Oddur Einarsson, waren ernsthafte und sittsame Männer, denen gemeinsam war, dass sie scharf gegen jede Form von Unterhaltung, Tanz und Spielen vorgingen. Sie waren insofern erfolgreich, als der Tanz so gut wie verschwand und die Isländer erst im 19. Jh. wieder zu tanzen begannen. Im Glaubensleben der Individuen spielten Heiligkeit und Innerlichkeit eine große Rolle. Seinen Glauben sollte man durch die Teilnahme an den Gottesdiensten der Kirche unter Beweis stellen. Insbesondere bekamen zwei Aspekte mehr Bedeutung: zum einen die Hausvisitationen, bei denen die Pfarrer die Menschen aufsuchten, mit ihren Gemeindekindern sprachen, den Unterricht der Kinder überwachten und Streitigkeiten schlichteten; zum anderen das Altarsakrament, das für die Erlangung des Seelenheils von größter Bedeutung war. Der Empfang des Altarsakraments hatte auch eine soziale Komponente, insofern als man durch die Teilnahme seine gesellschaftliche Würde pflegte. Diejenigen, die es nicht empfingen, wurden in der Gemeinschaft leicht an den Rand gedrängt.

Weltliche Regierung

Königsmacht und Alþingi
Mit der sich ausweitenden staatlichen Macht verschob sich der Blick auf die Gesetzgebung, die nun vollständig dem König obliegen sollte. In diesem Sinne nahm die Königsmacht in den Jahren 1551-1570 ihre Interessen wahr und besetzte die Ämter der Lögmänner, die der Lögrétta vorstanden, ohne dieselbe zu beteiligen. Doch etwa 1570 wählte die Lögrétta ihre Lögmänner wieder selbst und forderte, dass das Alþingi an der Gesetzgebung beteiligt und die Einführung neuer Abgaben grundsätzlich durch die Thingversammlung legitimiert werden müsse. Offensichtlich konnte man sich darauf einigen und ab etwa 1600 war diese Ordnung etabliert. In der Praxis war es so, dass der König in größeren Angelegenheiten einen Gesetzesbefehl an das Alþingi schickte, in geringeren Dingen aber das Alþingi die Gesetze erließ. Diese Anordnung hielt sich jedoch nicht lange, denn nach 1630 ist nicht mehr erkennbar, dass die Thingversammlung an der Gesetzgebung beteiligt gewesen wäre. Ab Mitte des 17. Jh. scheinen die Isländer die Gesetzesbefehle dann ohne Widerspruch akzeptiert zu haben. Schon vor der Einführung der absoluten Monarchie 1662 wurden die Gesetze des Königs in der Lögrétta auf dem Alþingi nur noch veröffentlicht, nicht mehr verabschiedet. Obwohl der König die Gesetzgebung in der ersten Hälfte des 17. Jh. größtenteils in seine Hände nahm, respektierte er die überkommenen isländischen Gesetze und erwartete von den Isländern, dass sie sich an ihn wandten, wenn sie Veränderungen am *Jónsbók* wünschten.

Die zweite Forderung der Lögmänner betraf die Einsetzung der Bezirksvorsteher. Nach dem Alten Vertrag in der Version von 1302 sollten diese Isländer sein. Gleichzeitig war festgelegt, welche Anforderungen sie zu erfüllen hatten. Das eigentliche Ziel bestand aber darin, die Deutschen aus den Ämtern im Lande zu vertreiben und die Eigeninteressen der isländischen Häuptlinge zu sichern. Die Argumente waren dabei immer noch dieselben, dass nämlich Einheimische die isländischen Gesetze und die Gegebenheiten vor Ort am besten kannten. Die dänischen Autoritäten waren dem nicht abgeneigt, zumal ihnen der zunehmende Einfluss der Deutschen in Dänemark Sorge bereitete. Zwar hatte man sich nach 1620 in Sachen Nationalität der Lögmänner und Bezirksvorsteher nicht mehr auf den Alten Vertrag bezogen, doch ab Mitte des 17. Jh., nachdem einer der Beauftragten des Statthalters seine Macht zur Ämterbesetzung grob missbraucht hatte, waren die alten Bestimmungen wieder obenauf. Fortan waren die meisten Bezirksvorsteher Isländer.

In der Regel waren es vielversprechende dänische Marineoffiziere, die als Statthalter bzw. Hauptmänner eingesetzt wurden. Sie kamen zur Thingzeit nach Island, reisten anschließend aber wieder ab und gingen Tätigkeiten in der Marine nach. In Island ließen sie ihre Vertreter zurück, die Vogt genannt wurden und häufig sehr schlecht beleumdet waren.

Der Ehrgeiz des Reiches manifestierte sich im König und dessen Handlungen, in prächtigem und elegantem Hofleben, prunkvollen Bauten und einer schlagkräftigen Armee. An Island ging all dies vorbei. Hier wurden keine Großbauten zum Preis des Königs errichtet und es wurde auch nichts zur Beförderung der Wirtschaft unternommen. Die Isländer scheinen sich damit zufriedengegeben zu haben und bereit gewesen zu sein, ihren Anteil zur Prachtentfaltung des Königs in Kopenhagen beizutragen. Die Residenz des isländischen Gouverneurs, d. h. des Statthalters oder Hauptmanns, hingegen war klein und heruntergekommen. Zu Beginn des

18. Jh. hieß es von der zugehörigen Kirche, dass man in ihr wegen Nässe und Schmutz kaum einen Gottesdienst abhalten konnte.

Das Alþingi kam jährlich am alten Thingplatz zusammen. Die Bezirksvorsteher benannten 84 Männer zur Teilnahme, außerdem waren sie selbst verpflichtet, zum Alþingi zu kommen. Weiterhin erschienen der Statthalter und sein Vogt, gelegentlich mit bewaffneter Gefolgschaft, sowie der Bischof von Skálholt, der beim Alþingi die Synode abhielt. Daneben kamen diejenigen zum Thing, die eine Angelegenheit vorzubringen hatten oder Partei in einer Gerichtssache waren. Schließlich gehörten Menschen dazu, die als Bedienstete vor Ort sein mussten, und einige erschienen aus Neugierde oder zu ihrem Vergnügen.

Die Thingversammlung wurde wie früher um den Monatswechsel Juni-Juli eröffnet, die Thingdauer war aber sehr kurz, manchmal war es nur ein einziger Tag, was zu Komplikationen führte, wenn die Verhandlungen nicht abgeschlossen werden konnten. Im Jahr 1593 wurde die Thingdauer auf eine Woche verlängert. Noch immer wurde das Thing unter freiem Himmel abgehalten, sodass es kaum Gebäude in Þingvellir gab. Dies rief Probleme hervor und provozierte Beschwerden, vor allem, wenn es regnete oder sehr windig war. Im Jahr 1691 wurde ein Zelt oder eine Hütte für die Lögrétta errichtet, doch auch dies war nicht zufriedenstellend. Bis die Lögrétta in ein Gebäude einziehen konnte, sollte noch einige Zeit vergehen.

Aus der Gruppe der 84 Thingteilnehmer bestimmte der Statthalter 36, die einen Sitz in der Lögrétta einnahmen. Die Lögrétta hatte gemeinsam mit dem König die gesetzgebende Gewalt inne, bis diese ganz an den König überging. Die Versammlungen der Lögrétta wurden von den Lögmännern geleitet. Die Lögrétta hatte auch die Funktion eines Gerichts, fällte Urteile und sorgte für deren Umsetzung. Auf diese Weise wurde die traditionelle Thingstätte zum größten Hinrichtungsplatz des Landes. Im 17. und 18. Jh. machte sich der übermäßige Alkoholgenuss bemerkbar und in Þingvellir wurde gern über die Stränge geschlagen, sodass es gelegentlich übel zuging.

Die weltliche Regierung lag in den Händen von Häuptlingen und Herrschern aus bedeutenden Sippen. Zwar gab es formal keinen Adel in Island, doch hielten sich diese Männer und Sippen für gleichbedeutend mit dem Adel. Sie versuchten sogar, rechtsgültige Adelstitel einzuführen, was ihnen aber nicht gelang, zumal der Adel zu dieser Zeit in Dänemark schon auf dem Rückzug war und das erstarkende Bürgertum den König stützte. Diskriminierung nach Herkunft und Stellung war hingegen systemimmanent und gesetzlich abgesichert, indem bspw. Strafen für Beleidigungen oder Ehrverletzungen nach der Stellung bemessen wurden. Reichtum und Ämter gingen Hand in Hand und Ämter hielten sich innerhalb der Sippen. Im Grunde war diese Herrscherschicht nicht gesetzlich verankert, wie es durch das Standesrecht im Ausland der Fall war. Vielmehr war es eine Gruppe von herausgehobenen Menschen, die untereinander in Beziehung standen, häufig auch durch Abstammung oder Verschwägerung verbunden waren und zusammenhielten, wenn es darauf ankam. Reichtum und Macht dieser Sippen zeigten sich nicht zuletzt, wenn sie durch prächtige Hochzeiten ihre Bande enger knüpften. Dabei konnte es allerdings zu Problemen wegen zu naher Verwandtschaft kommen.

Offensive der staatlichen Macht
Zu Beginn des 17. Jh. betrachteten die Dänen ihr Reich als Großmacht. Um dies zu unterstreichen, legte Christian IV. großen Wert auf Repräsentation. Die Dänen hatten Kriege gewonnen, der Öresundzoll war Gold wert und die Wirt-

schaftspolitik des Merkantilismus brachte gute Einnahmen. Mit großem Selbstbewusstsein trat der König in den Dreißigjährigen Krieg ein, wurde aber nach vier Jahre währender Kriegsführung besiegt und musste 1629 in den Lübecker Friedensvertrag einwilligen. Damit hatte sich das Blatt gewendet. Anstelle des vorherigen Optimismus trat Pessimismus und im hochverschuldeten Reich griff Misstrauen um sich. Die Weltsicht der Menschen wurde von großem Glaubensernst geprägt. Doch das Reich konnte sich erstaunlich schnell erholen und der König präsentierte seine Stärke bei den prunkvollen Hochzeiten seiner beiden Kinder. Das kulturelle Leben florierte erneut. Doch die Bedingungen in Island waren miserabel.

Die Reformation hatte, wie oben bereits erläutert, eine Wende bei der Stärkung der zentralen Staatsgewalt herbeigeführt, die sich im Laufe des 17. Jh. weiter festigte. Der König errichtete ein leistungsstarkes stehendes Heer und emanzipierte sich in militärischen Fragen vom Adel. Die Angehörigen des Adels wurden zu Beamten des Königs. Die Administration sollte effektiver werden und auf Gesetzen und Regeln fußen. Für die Isländer bedeutete dies, dass die dänische Flotte, mit der sie Mitte des 16. Jh. schon Bekanntschaft gemacht hatten, ausgebaut wurde. Schließlich wollte Dänemark gegenüber England und Deutschland seine Vorherrschaft auf dem Nordatlantik sichern. Auch der Zugriff auf die Bezirksvorsteher, die sich bislang als selbstständige lokale Herrscher gegeben hatten, wurde verschärft und sie zu Gehorsam und Unterordnung gezwungen. Die Untertanen hatten dem zu folgen.

Die erstarkende Staatsmacht zog Veränderungen der Lebensweise nach sich. Gesellschaften, in denen die Macht fern ist, sind offener und die gegenseitige Kontrolle ist eher sozialer Natur als machtgebunden. Auseinandersetzungen werden in der Gemeinschaft eher durch Kompromiss und Einigung beigelegt, nicht durch das Eingreifen der Obrigkeit. Dies änderte sich nun. Die staatliche Macht übernahm die Kontrollfunktion und damit auch in gewissem Maße die Verantwortung für die Individuen. Die Gesellschaft war nicht mehr in gleicher Weise offen und es bildeten sich schärfere Grenzen zwischen privatem und öffentlichem Leben heraus. Die Pfarrer, die gleichzeitig Vertreter der staatlichen Macht waren, beobachteten bei ihren Visitationen das Leben der Menschen in den Haushalten und die Bezirksvorsteher griffen nun in Angelegenheiten ein, die vorher als privat gegolten hatten.

Strafen

Die erstarkende Staatsmacht erhob Forderungen nach strenger Zucht und Ordnung, das sittliche Verhalten der Menschen wurde genau kontrolliert und Verstöße mit drakonischen Strafen belegt. Insbesondere wurde Wert darauf gelegt, jedwede Sexualität an die Ehe zu binden, sodass hart gegen Ehebruch oder Konkubinentum vorgegangen wurde. Frauen versuchten der Strafe zu entkommen, indem sie die Vaterschaft ihrer unehelichen Kinder verschwiegen oder zum Kindsmord griffen. Man war der Ansicht, dass grausame Strafen den Zorn Gottes mildern könnten, der sonst in Form von Katastrophen jeglicher Art über die Menschen hereinbrechen würde. In diesem Sinne galt es als heilsam, wenn das Volk die Vollstreckung der verhängten Strafen mit ansah und z. B. bei Hinrichtungen anwesend war. Die Menschen waren daher verpflichtet, solche Ereignisse zu besuchen. Die Statthalter und Hauptmänner setzten die staatliche Macht um und überwachten die richtige Glaubenseinstellung.

Die Strafen waren äußerst rigoros. Prügelstrafen und Auspeitschen gehörten noch zu den leichteren Formen, gefolgt von Brandmarkung bei Diebstahl und schließlich Todesstrafen. Zum Tode verurteilte Frauen wurden ertränkt, Männer wurden gehängt oder enthauptet. Gefängnisse gab es in Island nicht, bis 1690 ein Provisorium eingerichtet wurde. Dennoch wurden Menschen nicht eher als gegen Ende des Jahrhunderts zur Verbüßung von Gefängnisstrafen nach Dänemark verbracht. Die Härte der Strafen in Island scheint sich aber nicht von der in den Nachbarländern unterschieden zu haben. Es gibt Beispiele für Folterungen, die anscheinend bei einzelnen Schwerverbrechern angewandt wurden, sonst aber nicht üblich waren. Insgesamt ist jedoch nicht zu erkennen, dass die Strenge der Strafen die Anzahl der Verbrechen gemindert hätte.

Obwohl die staatliche Gewalt gefestigt worden war und ihr allein die Verfolgung der Gesetze und Verhängung von Strafen oblag, bedeutete dies noch nicht, dass die Menschen das Recht gar nicht mehr in die eigenen Hände genommen hätten. Die Herrscher der mächtigen Sippen waren es gewöhnt, ihre Ehre selbst zu verteidigen und diejenigen anzugreifen, mit denen sie im Konflikt standen. Diese Handlungsweise wurde nun zunehmend als Beleidigung der Hoheitsrechte des Königs angesehen und dasselbe galt für persönliche Einigungen oder Vergleiche ohne die Einschaltung der rechtmäßigen Instanzen. In gewissem Maße war es aber auch gestattet, sich untereinander zu einigen. Die gemeine Bevölkerung wandte sich ungern an die Obrigkeit und klärte ihre Angelegenheiten lieber selbst, auch wenn dabei häufig der Stärkere siegte. So gibt es Beispiele für Schlägereien bei Kirchenbesuchen. Die Bischöfe hielten ihre Pfarrer an, zu vermitteln und Versöhnungen herbeizuführen.

Hexerei und Scheiterhaufen
In den 20er Jahren des 17. Jh. brach eine regelrechte Hysterie aus, die sich gegen die Hexerei wandte. Zauberei hatte es in Europa schon lange gegeben und die Verfolgung von Zau-

berern und insbesondere Hexen war im Grunde nichts Neues. Auch in Island hatten die Menschen sich lange mit Zauberei befasst, die man in weiße und schwarze Zauberei unterschied. Gegen weiße Zauberei und andere Riten, die als gut bewertet wurden, hatte man nie etwas einzuwenden gehabt. Doch um 1600 setzten sich unter dem Einfluss der Reformation, der Orthodoxie und der neuen staatlichen Gewalt Überzeugungen durch, die größtenteils aus Dänemark und Deutschland kamen. Dabei spielte das dualistische Denken eine besondere Rolle. Hiernach war man entweder mit Gott und vertraute auf ihn in allen Lebenslagen oder man unterwarf sich dem Teufel. Unglück und schlechte Zeiten konnten so ein Zeichen der Fürsorge Gottes sein oder aber eine Folge sündhaften Lebenswandels. Die Isländer gingen lange eine Art Mittelweg, indem sie an Schutzgeister (*vættir*) glaubten, die ihnen in schweren Zeiten beistanden. Diese Einstellung übertrug sich später auf den Glauben an den Beistand der Heiligen. Nach der Reformation wurde all dies aber für Aberglauben erklärt und sollte ausgerottet werden.

In den Jahren 1625-1685 wurden in Island 26 Menschen wegen Hexerei hingerichtet, die meisten verbrannt. Besonders hart traf es dabei die Westfjorde im Nordwesten des Landes, wo im Zeitraum 1654-1685 21 Menschen hingerichtet wurden. Zwar ist schwer zu begründen, warum gerade dieser Landesteil so stark betroffen war, doch gab es hier sehr aktive Männer in Machtpositionen, die sich intensiv mit der Hexenlehre befasst hatten. Daneben dürften soziale Ursachen eine Rolle gespielt haben, wie der besonders schwere Überlebenskampf in dieser Gegend und die harte Konkurrenz um knapp bemessenes Wirtschaftsland, die zu Spannungen zwischen den Menschen führte. Die Siedlungen waren sehr abgelegen, häufig in engen Fjorden, die durch hohe Berge voneinander getrennt waren, und die Menschen lebten isolierter als in anderen Landesteilen. Bemerkenswert ist, dass in Island hauptsächlich Männer wegen Hexerei verurteilt wurden. Lediglich eine Frau wurde als Hexe verbrannt.

Allgemeine Lebensbedingungen

Wirtschaftliche Bedingungen 1550-1600
Gegen Ende des 16. Jahrhunderts hatten sich die Lebensbedingungen verbessert. Die Bevölkerungszahl hatte zugenommen, der Handel war in ausreichend guter Verfassung und immer mehr Menschen zogen an die Küsten.

Im Jahr 1547 war Island an den Stadtrat von Kopenhagen verpachtet und dem Fischfang der Deutschen ein Riegel vorgeschoben worden. Dennoch erhielten die Deutschen einzelne Häfen zur Pacht von den Dänen. Mit der Zeit wurden sie aber aus Island vertrieben und 1602 das dänische Handelsmonopol gesetzlich eingeführt. Der deutsche Einfluss war nichtsdestotrotz, wie oben bereits erwähnt, erheblich. Die Kaufleute sprachen Niederdeutsch oder Plattdeutsch, was von Isländern leicht verstanden und bei Geschäften mit Deutschen genutzt werden konnte, außerdem lernten etliche Deutsche Isländisch. Es kam aber auch vor, dass die Deutschen sich zu sehr einmischten, sogar die Gerichtsbarkeit an sich rissen und isländische Bauern, wenn sie zur Handelszeit im Frühjahr und Herbst mit ihnen zu tun hatten, für schlechtes Verhalten mit Bußen belegten oder für Gesetzesverstöße bestraften. Damit griffen die Deutschen in Hoheitsrechte des Königs ein, was natürlich nicht geduldet werden konnte.

Obwohl die Engländer die Konkurrenz mit den Deutschen um die Mitte des Jahrhunderts verloren hatten, verschwanden sie nicht sofort. Um 1580 erweiterte sich der Markt für Fisch in England und die Anzahl englischer Schiffe, die vor der Küste Islands fischten, nahm wieder zu. Hierdurch wurde der Handel mit den Isländern angeregt. Es gab im 15. Jh. und in der ersten Hälfte des 16. Jh. großen Widerstand gegen die Aktivitäten der Engländer, doch in der zweiten Jahrhunderthälfte und im 17. Jh. war davon nichts mehr zu spüren.

Die Bauern lebten im 17. Jh. unter ganz ähnlichen Bedingungen wie im Jahrhundert zuvor. Vieles weist darauf hin, dass isländische Bauern mehr Freiheit und Eigenständigkeit genossen als die Bauern der Nachbarländer, bspw. gab es in Island weder Schollenzwang noch allgemeine Frondienste. Einzig im Umkreis von Klöstern, Bischofssitzen und den Amtssitzen der Hauptmänner konnten Abgabe- und Dienstpflichten eingefordert werden. Die Versuche der Statthalter und Hauptmänner zur allgemeinen Einführung solcher Dienste blieben erfolglos. In schlechten Jahren oder bei Hungersnöten stieg allerdings die Zahl der Bettler, die dann am ehesten bei Verwandten oder in ihren Landkreisen Asyl finden konnten. Auf Landstreicherei standen schwere Strafen.

Die freien Landarbeiter, Männer und Frauen, waren wie früher dazu verpflichtet, sich dem Haushalt eines Bauern anzuschließen. Dabei konnten die Konditionen sehr unterschiedlich sein. Einige ließen sich jeweils für ein Jahr anstellen (*vinnumenn, vinnukonur*), andere nur für die Sommersaison (*kaupamenn, kaupakonur*). Die Sommerarbeiter gingen im Winter in der Regel der Fischerei nach. Noch immer war es aber verboten, sich ganz an der Küste niederzulassen, es sei denn, man hatte Vieh und Weiderechte.

Im späten 16. Jh. kam es selten vor, dass mehrere schlechte Jahre, d. h. lange und harte Winter, aufeinanderfolgten, doch dies änderte sich in der ersten Hälfte des 17. Jh. Wie zuvor waren die Menschen davon abhängig, dass das Vieh, insbesondere Kühe und Schafe, den Winter überstand. Kühe wurden während der Winterzeit im Stall gehalten, Schafställe hingegen waren selten und die Schafe blieben draußen, was in harten Wintern zu großen Verlusten führen konnte. Andere Haustiere werden in den Quellen der Zeit kaum erwähnt.

Die niedrig wachsenden isländischen Birkenwälder gingen im 17. Jh. stark zurück, was sowohl auf die Nutzung durch die Menschen zurückzuführen war als auch auf die Verschlechterung des Klimas. Der Getreideanbau wurde nun vollständig aufgegeben. Die Menschen sammelten hingegen weiterhin Engelwurz und Islandmoos, Gemüsegärten wurden selten angelegt. Doch an den Stränden gab es weitere nützliche Pflanzen. Fisch aus Seen und Flüssen sowie Meeresfisch spielte nach wie vor eine große Rolle für die Ernährung, aber auch das Fleisch von Walen und Seehunden. Die Methoden zum Walfang hatten die Isländer inzwischen von ausländischen Seeleuten gelernt. Diese zusätzliche Nutzung natürlicher Ressourcen konnte das Überleben sichern.

Neben dem Trockenfisch wurden nun landwirtschaftliche Produkte exportiert. Hierzu gehörten vorrangig Fleisch und Fette, Wollstoffe und Strickwaren. Das Stricken erlernten die Isländer im 17. Jh. Vor allem für ärmere Leute, die keine Webstühle besaßen, war dies ein großer Fortschritt. Außerdem brachen Strickwaren das Eis für illegale Geschäfte mit Engländern und Holländern, durch die sich die Situation der Bevölkerung sehr verbesserte. Man strickte Socken und Fäustlinge und tauschte sie gegen ausländische Waren. Weiterhin wurden Butter und Eiderdaunen wichtige Exportwaren. Im 17. Jh. wurde die Heißreinigung der Daunen eingeführt.

Hungersnot
Wie bereits angedeutet, stellten sich zu Beginn des 17. Jh. harte und lange Winter ein, die zu Hungersnöten führten. In den Quellen heißt es, dass in den Jahren 1602-1604 um die 9000 Menschen an den Folgen einer Hungersnot starben. Hinzu kamen Verluste von Schiffen, Einbrüche bei den Fischbeständen und Epidemien, wie z. B. die Ruhr. Erst im

Laufe des Jahrhunderts besserten sich die klimatischen Bedingungen wieder. Die Isländer wandten sich an den König und baten um Nachlässe bei den Steuern, außerdem beschwerten sie sich über das Geschäftsgebaren der Monopolkaufleute. Gleichzeitig griffen sie zu ungesetzlichen Handlungen und schlachteten z. B. das Vieh, das zur Pacht gehörte und damit Eigentum des Landbesitzers war. Darüber hinaus führte die Hungersnot zu Raub, Diebstählen und Plünderungen, die wiederum grausam bestraft wurden.

Seeräuber
Zu allen Schicksalsschlägen gesellten sich nun noch Angriffe von Piraten. Zwar hatte die dänische Flotte ihre Schutzmaßnahmen verstärkt, doch blieben sie weiterhin ungenügend. Die Isländer selbst waren im Zuge der Reformation entwaffnet worden. Ein Versuch, Bestimmungen über eine Mindestbewaffnung einzuführen, scheiterte. Die Häuptlinge ritten nicht mehr mit bewaffneten Trupps durch das Land, zumal solche Züge als Provokation der Königsmacht verstanden wurden. Schließlich waren nur noch die einfachsten Waffen vorhanden und in den zerstreuten Siedlungen war es fast unmöglich, sich gegen Angriffe von außen zu verteidigen. Auf der anderen Seite war in Island aber auch nicht viel zu holen.

Wie bereits erwähnt, waren die Beziehungen zwischen Isländern und Engländern größtenteils gut und die Geschäfte für beide Seiten günstig, dennoch blieb es nicht dabei. Einige englische Seeleute, die vor der isländischen Küste gefischt hatten, heuerten nach ihrer Heimkehr auf Piratenschiffen an, die es vor allem auf die spanische Flotte abgesehen hatten. Sie wurden sogar zu Freibeutern, was bedeutete, dass sie von ihrer Regierung eine Genehmigung zur Piraterie bekamen und diese zu ihrer Haupteinnahmequelle wurde. Im Jahr 1579 geschah es schließlich, dass 70 Seeräuber in Island auftauchten, verschiedene Orte angriffen und den höchsten Beamten des Landes, den Statthalter Eggert Hannesson entführten, der später gegen beträchtliches Lösegeld wieder freigelassen wurde.

Daneben gab es Zusammenstöße mit Basken, die allerdings nichts mit Piraterie zu tun hatten. Ein baskisches Schiff, das im Nordmeer auf Walfang gewesen war, wurde vom Kurs abgetrieben und die Seeleute, 50 an der Zahl, suchten Schutz in Island. Die Einwohner hielten die Ankömmlinge aber für Räuber und Diebe, 18 Männer wurden vor Gericht gestellt und im Jahr 1615 hingerichtet. Noch zur damaligen Zeit wurde dieses Vorgehen verurteilt und bis heute teilt man diese Einschätzung. Anderweitig waren die Beziehungen zwischen Basken und Isländern gut und eine der ältesten Quellen über die baskische Sprache findet sich in einem isländischen Manuskript.

Im Jahr 1614 raubten Piraten die Westmänner Inseln vor der Südküste Islands aus, und doch sollte dies nur ein Vorgeschmack auf die kommenden Ereignisse sein. Denn im Jahr 1627 tauchten in Island nordafrikanische Berber auf, die in den Diensten des osmanischen Sultans standen und von den Isländern Türken genannt wurden. Sie überfielen verschiedene Gegenden in Ostisland und verschleppten 110 Menschen. Der größte Raub fand erneut auf den Westmänner Inseln statt, wo bei Kämpfen 34 Menschen starben und anschließend 242 der insgesamt etwa 450 Einwohner von den Piraten gefangen genommen und nach Nordafrika verbracht wurden. Die Seeräuber hinterließen erhebliche Zerstörungen und brandschatzten z. B. die Kirche. Die verschleppten Isländer wurden in Nordafrika als Sklaven verkauft. Man versuchte zwar, Geld zusammenzubekommen, um die Landsleute loszukaufen, doch war das dänische Reich finanziell angeschlagen und die Isländer zu arm. Gleichzeitig machte sich die Meinung breit, dass die Leute von den Westmänner Inseln für ihren sündhaften Lebenswandel womöglich eine gerechte Strafe Gottes erhalten hatten. Armut gepaart mit der Unerbittlichkeit orthodoxen Denkens erklärt vielleicht die Teilnahmslosigkeit den eigenen Landsleuten gegenüber.

Außenhandel 1602-1640
Im Jahr 1602 wurde entschieden, den Bürgern von Kopenhagen, Helsingör und Malmö den gesamten Islandhandel zu übergeben, sodass letztlich das vorherige dänisch-deutsche Monopol durch ein rein dänisches ersetzt wurde. Das Monopol sollte den Isländern Verbesserungen bringen, und in der Handelskonzession von 1602 gab es Festlegungen über die Qualität der Waren und die Preisgestaltung. Gleichzeitig wurde das Verbot der Überwinterung für alle Ausländer, die mit dem Fischfang oder Handel zu tun hatten, mit geringfügigen Ausnahmen erneuert.

Doch schon bald wurden isländische Beschwerden über schlechte Qualität und zu hohe Preise laut, deren Ursache allerdings die ausländische Inflation war. Im Jahr 1619 wurden daher Festpreise eingeführt und 1620 die Isländische Handelsgesellschaft (*Íslenzka verzlunarfélagið*) gegründet. Die Initiative hierzu ging von der Regierung aus, die gleichzeitig Kontrollfunktionen gegenüber der Gesellschaft wahrnahm. Letztlich waren die Handelswaren von zu schlechter Qualität und zu teuer, woraufhin die Tätigkeit der Gesellschaft im Jahr 1670 eingestellt wurde.

Nachfolgend wurde Island in Handelszonen aufgeteilt und sieben Kaufleute erhielten jeweils die ausschließlichen Konzessionen. Diese ausgewählten Kaufleute waren gleichzeitig die Hauptteilhaber einer neu gegründeten Gesellschaft. Der Erfolg blieb aber auch hier aus. Vor allem machten die Kriege, in die Dänemark verwickelt war, den Kaufleuten das Leben schwer.

Unter diesen widrigen Umständen kam der illegale Handel mit den Engländern den Inselbewohnern zu Hilfe. Es zeigte sich, dass die Engländer sich nur bedingt um das Handelsmonopol der Dänen scherten. Von Beginn an bis 1670 wurden deshalb Versuche unternommen, die Engländer zu vertreiben. Doch der illegale Handel florierte weiter zu beiderseitigem Vorteil. Letzten Endes hatte das Handelsmonopol hierdurch weniger schwere Folgen für die Isländer, als es das vermutlich ohne die Engländer gehabt hätte.

Im Jahr 1670 wurde Christian V. der neue dänisch-norwegische König. Zuvor war kritisiert worden, dass einzig die Favoriten des Königs am Islandhandel beteiligt worden waren, sodass man nun anregte, auch anderen die Möglichkeit zur Teilnahme zu geben. Ein Abgesandter des Königs unterbreitete daher den Isländern den Vorschlag, dass sie selbst einen Teil des Handels übernehmen könnten, wozu sie allerdings zunächst Finanzanteile hätten beisteuern müssen. Laien wie Klerus erklärten sich für nicht finanzkräftig genug.

Hier muss angemerkt werden, dass die Isländer keine Segelschiffe unterhielten, die es ihnen erlaubt hätten, in weiter entfernten Gewässern zu fischen, als es auf offenen Ruderbooten möglich war. Im 17. Jh. war die isländische Bevölkerung zahlenmäßig klein und außerdem arm. Die Wirtschaft stagnierte, doch nach wie vor hatte das dänische Königtum kein Interesse an einer wirtschaftlichen oder infrastrukturellen Förderung Islands. Aber das Hauptproblem lag im fehlenden isländischen Bürgertum.

Landespolitik 1630-1662 – wachsende Königsmacht
Seit dem Beginn des 17. Jh. hatte die Königsmacht den Druck auf Island verschärft, was Mitte des Jahrhunderts zu erkennbarem Widerstand führte, der vor allem vom Bischof Brynjólfur Sveinsson und dem Lögmann Árni Oddsson ange-

führt wurde. Beide waren königstreu, gleichwohl gingen sie gegen neue Abgaben vor und wollten die althergebrachten Rechte verteidigen. Die Zusammenarbeit zwischen dem Bischof und dem Lögmann wurde von den anderen weltlichen Herrschern argwöhnisch betrachtet, die sich gegen die erweiterten Aktivitäten der Kirche wandten. Diese Auseinandersetzungen weisen auf die Herausbildung einer neuen wohlhabenden Machtgruppe im Lande hin. Sie hatte sich verschiedene Güter der Kirche angeeignet und durch direktes Eingreifen des Königs die Oberhand über die Klöster erlangt. Die Ziele dieser neuen Machtgruppe umfassten drei Aspekte: den Erhalt überkommener Rechte, die Verhinderung neuer Abgaben an den König und die Erhöhung der eigenen Einkünfte durch weitere Belastung der Kirche und der Bevölkerung.

Einführung der absoluten Monarchie

Anerkennung der Erbmonarchie durch die Stände
Über weite Strecken des 17. Jh. lag Dänemark im Krieg mit seinen Nachbarn. Weil die Finanzlage des Reiches schlecht war, griff man zu der Lösung, den Öresundzoll zu erhöhen. Dies beantworte Schweden mit einer Invasion und Dänemark unterlag. Im Ergebnis waren große Teile Dänemarks zerstört, die Bevölkerung wurde mit weiteren Steuern belastet und die finanzielle Lage war keineswegs besser als zuvor.

Christian IV. starb 1648 und Frederik III., ein hochgebildeter Mann mit Interesse für verschiedene Wissenschaften, u. a. für klassische Altertumskunde, und Begründer der Königlichen Bibliothek, übernahm die Krone. Er sprach gerne Deutsch und seine wichtigsten Berater waren deutsche Anhänger des Absolutismus. Dänemark war eine Wahlmonarchie, d. h., der Adel konnte dem jeweiligen König einen Bedingungskatalog diktieren, dem dieser sich zu unterwerfen hatte. 1649 huldigten die Isländer, wie es dem Abschnitt über das Erbkönigtum des *Jónsbók* von 1281 entsprach, dem König als rechtmäßigem Erbkönig Norwegens. Bei gleicher Gelegenheit wurde auf die überkommenen Rechte Islands hingewiesen, die frühere Könige anerkannt hatten. Dies war die letzte mittelalterliche Huldigung eines Königs in Island.

In Dänemark wurde 1660 wegen der großen finanziellen und politischen Probleme des Landes eine Ständeversammlung einberufen, die in Kopenhagen stattfand. Bei dieser Versammlung beharrte der Adel auf seiner Ablehnung von Steuerzahlungen. Daraufhin stellte der Bischof von Seeland, seines Zeichens der höchste Vertreter der dänischen Kirche, zusammen mit dem Bürgerstand unter der Führung des Bürgermeisters von Kopenhagen die Forderung auf, die Wahlmonarchie aufzulösen und eine Erbmonarchie einzuführen. Hierdurch konnte der König von den Bedingungen des Adels befreit werden, denen er sich bei seiner Wahl untergeordnet hatte. In dieser Situation wollten die Vertreter des Adels die Stadt verlassen, doch wurden die Stadttore geschlossen und der Adel so zur Aufgabe gezwungen. Anschließend wurde dem König am 18. Oktober 1660 als Erbmonarchen gehuldigt und die Ständeversammlung aufgelöst. Im Januar 1661 gab der König ein Dokument heraus, das die absolute Erbmonarchie festlegte und von den Ständen bestätigt wurde.

Der Bürgerstand stützte die absolute Monarchie uneingeschränkt und damit eine stärkere Staatsmacht, die den Fortschritt in Handel, Handwerk und Wirtschaft vorantreiben konnte. Mit dieser Neustrukturierung verlor der Adel sein Ämterprivileg und fortan wurden besondere Anforderungen an die Bildung von Beamten gestellt, deren Tätigkeiten nun in Ministerialbereiche eingeteilt wurden. Um den Absolutismus weiter zu befestigen, wurde 1665 eine neue Verfassung eingeführt, die den Titel *Lex regia* oder das Königsgesetz trug. Darin war die unbegrenzte und unumstößliche Macht des Königs festgeschrieben. Dieses Gesetz blieb in Dänemark bis 1849 in Kraft.

Absolutismus in Island 1662
Norwegen huldigte Frederik III. als absolutem Erbmonarchen im Jahr 1661. Im Frühjahr 1662 erhielten die entsprechenden Vertreter in Island eine Aufforderung, das Alþingi aufzusuchen, um dem neuen König zu huldigen. Allerdings wurde dabei die absolute Monarchie nicht erwähnt. Auf der Thingversammlung wurde entschieden, dass Frederik III. bereits 1649 als Erbkönig gehuldigt worden sei und weitere Huldigungen nicht vonnöten wären. Gleichzeitig wurde an die Beschlüsse von 1649 und die Verweise auf den Alten

Vertrag erinnert. Allerdings hatte es sich so ergeben, dass Hinrik Bjelke, Statthalter und Vertreter des Königs, nicht rechtzeitig zum Alþingi gelangt war. Aus diesem Grunde wurde eine weitere Versammlung in Kópavogur bei Reykjavík einberufen, auf der Frederik III. zunächst als Erbkönig und dann als absolutem Monarchen gehuldigt wurde. Zeitgleich setzten Laien und Klerus jeweils eine Petition auf, in der um den Erhalt der überkommenen Rechte und des Landrechtes ersucht wurde. Darüber hinaus wurde um die Verschonung von weiteren Abgaben gebeten und dies mit der Armut der Landsleute begründet. Der Absolutismus wurde in den Petitionen nicht angesprochen. Unklare Quellen geben zu erkennen, dass die Versammlung in Kópavogur nicht ohne Konflikte ablief. Die Anwesenden griffen hiernach zu der Lösung, Geld für den Statthalter Bjelke und seinen Vogt zu sammeln, damit dieser die genannten Petitionen unterstützte. Letzteres scheint gelungen zu sein und bis 1683, als Bjelke starb, wurden keine politischen Umstrukturierungen vorgenommen. Im Grunde änderte sich mit der Huldigung von 1662 kaum etwas. Der König hatte ohnehin seit Anfang des 17. Jh. allein bestimmt.

Änderungen im Beamtensystem
Im Jahr 1683 wurde das Amt des Statthalters und Hauptmanns niedergelegt und noch im selben Jahr das neue Amt des Landvogts mit Sitz in Island begründet. Aufgabe des Landvogts war die Aufsicht über die Erwerbs- und Finanzpolitik in Island. Im darauffolgenden Jahr kam das Amt des Stiftamtmannes als höchstem Vertreter des Königs hinzu, dessen Sitz in Kopenhagen lag. Weil sich dies als ungünstig erwies, wurde 1688 weiterhin der Amtmann mit Sitz in Island eingeführt, der im Auftrag des Stiftamtmannes wirkte und daneben für die Justiz-, Bildungs- und Armenpolitik in Island zuständig war. Ziel der gesamten Neu-

strukturierung war eine Effektivierung der Administration. Auch das Alþingi sollte zuverlässiger und zielgerichteter arbeiten, weshalb zunächst die Versammlungsdauer verlängert wurde. Ausführlichere Sitzungsprotokolle können als Anzeichen für gewissenhaftere Arbeitsweise gelten. Bemerkenswert ist, dass der absolute König das Recht des Alþingi zur Einführung von Gesetzen in weniger wichtigen Angelegenheiten unangetastet ließ. Dies blieb bis ins Jahr 1700 so, als die Thingversammlung dieses ohnehin schon eingeschränkte Recht endgültig einbüßte. Hernach wurden Gesetze auf dem Alþingi nur noch verkündet, nicht mehr beschlossen. Daneben scheint offensichtlich, dass der König sich ab 1662 nicht mehr an das Landrecht gebunden fühlte, schließlich waren ihm nach dem Königsgesetz von 1665 keinerlei Grenzen gesetzt. Das Alþingi ordnete sich dem vollständig unter.

Mit der Einführung des Absolutismus setzte der König die Lögmänner ein, die seit 1391 zumindest zeitweise von den Isländern selbst gewählt worden waren. Darüber hinaus berief er die Bischöfe, was er allerdings auch vorher schon getan hatte, wenngleich einige gewählt waren. Diese Männer waren so nicht mehr die Vertreter ihrer Landsleute gegenüber dem König, sondern sie waren Beamte des Königs. Dies schließt aber nicht ein, dass die Beamten nun weniger fähig gewesen wären als vorher. Ganz im Gegenteil wurde Wert auf deren Bildung und Fähigkeiten gelegt und es wurde Engagement erwartet. Den Beamten kam es zu, Vorschläge für notwendige Veränderungen auszuarbeiten und vorzulegen.

Der Absolutismus war eine natürliche Fortführung der Reformation. Die Königsmacht wurde langsam aber sicher gestärkt und gefestigt, ohne dass es aber zu einem plötzlichen Umschwung gekommen wäre. Denn trotz großer Ideen über verbesserte Administration und gebildete Beamte verbargen sich darin auch Gefahren. Offensichtlich war ein guter Wille zur Umgestaltung vorhanden, aber es herrschte auch Ratlosigkeit in der konkreten Umsetzung innerhalb des Regierungssystems. Einer starken Zentralgewalt fehlt es prinzipiell an Kontrolle und sie ist durch Korruption, z. B. bei der Vergabe von Ämtern, gefährdet.

Ab 1640 war das Klima günstig und der Schwarzhandel der Engländer erwies sich als vorteilhaft. Doch ab 1675 verschlechterten sich die klimatischen Bedingungen wieder und die Regierung ging härter gegen den illegalen Handel vor. Im Schutze des Absolutismus legten die Monopolkaufleute mehr Rücksichtslosigkeit an den Tag und mit der Einteilung des Landes in Handelszonen verschlechterten sich die Bedingungen für die Isländer fühlbar. Die Kaufleute nahmen Recht und Gesetz in ihre eigenen Hände und konnten sich dabei der Unterstützung der bürgerlichen Beamten sicher sein. Die isländischen Bezirksvorsteher richteten dabei wenig aus.

Das Königsgesetz 1665
Die *Lex regia* von 1665 bestimmte die Macht des Königs. Dessen höchste Pflicht war die Anbetung Gottes in Übereinstimmung mit der Heiligen Schrift und dem Augsburger Bekenntnis (*Confessio Augustana*) von 1530. Weiterhin war der König zum Erhalt der Reichseinheit verpflichtet und jegliche Beschneidung seiner Macht war streng verboten. Laut Gesetz kam dem König uneingeschränkte gesetzgeberische Gewalt zu, in geistlichen Dingen ebenso wie in weltlichen. Die einzige Ausnahme bildete die Bestimmung, dass er das Königsgesetz selbst nicht ändern durfte. Die Gerichtsbarkeit lag vollständig beim König und Berufung gegen sein Urteil konnte einzig bei Gott eingelegt werden. Alle Regierungsentscheidungen liefen beim König zusammen, er berief und entließ die Beamten, er hielt in Fragen der Außen-

politik und der Heerespolitik die höchste Gewalt in Händen und er entschied über Steuern und Abgaben. Das Reichserbe wurde in männlicher Linie weitergegeben.

Frederik V. und Christian VII., die in den Jahren 1746-1808 regierten, waren wenig zur Führung und Leitung geeignet, Letzterer vor allem wegen seiner schwachen Gesundheit. Tatsächlich herrschten daher die Ratgeber der Könige, sie bestimmten sowohl programmatische Entscheidungen als auch deren Umsetzung in den Ministerialbereichen. Diese Männer waren von der Aufklärung geprägt, sie teilten den Optimismus des aufklärerischen Denkens sowie den Glauben an Wissenschaft und Fortschritt. In der Wirtschaftspolitik folgten sie dem Kameralismus, der mit der Aufklärung einherging. Ihr wichtigster Berater war der deutsche Ökonom J. H. G. von Justi. Unter dem Programm des Kameralismus, der eine deutsche Variante des Merkantilismus darstellte, meinte man, mit genauen gesetzlichen Vorgaben und staatlichen Entscheidungen die Regierungsformen verbessern und das Wirtschaftsleben fördern zu können. Die Wirtschaftsförderung sah man als Voraussetzung für steigenden Wohlstand. Mithilfe einer starken Staatsgewalt sollten diese Ziele erreicht werden. Ein Aspekt dieses Programms war die gleichmäßige Verteilung von Handwerksbetrieben auf die Landesteile. Hiervon profitierte Island, indem 1752 in Reykjavík eine Reihe von Handwerksbetrieben gegründet wurde, wie später genauer zu erläutern sein wird. Von Nachteil war hingegen, dass man sich in den dänischen Schreibstuben wenig mit den isländischen Gegebenheiten auskannte, zumal nur wenige Isländer dort arbeiteten und noch weniger zu Einfluss gelangten. Diese Gruppe von Ratgebern galt als konservativ und wurde im Jahr 1784 entmachtet. Ihre Nachfolger waren Männer mit neuen Ideen, sie regten Reformen in der Landwirtschaft an, schafften die Schollenbindung der Bauern ab und verbesserten die Bedingungen der Pächter. Unter dem Einfluss der Theorien von Adam Smith entstand die Auffassung, dass die Staatsgewalt die Eigeninitiative der Bürger so wenig wie möglich behindern sollte, dass Beschränkungen des Erwerbslebens aufzuheben und der Handel freizugeben wäre.

Höchste Beamte in Island
Nach der Einführung des Absolutismus saß der höchste für Island zuständige Beamte, der Stiftamtmann, wie bereits erwähnt in Kopenhagen. In der Regel war der Stiftamtmann kein Isländer. Doch ab 1770 wurde er verpflichtet, sich in Island niederzulassen, zumal es für notwendig erachtet wurde, dass er sich mit den lokalen Bedingungen vertraut machte. Etwa zwei Jahrzehnte später wurde der erste Isländer Stiftamtmann. Die Ämter des Landvogts und des Amtmannes hatten Isländer schon seit der Mitte des 18. Jh. ausgefüllt. Der Bevölkerung am nächsten standen aber die Bezirksvorsteher, zu deren Aufgaben die Erhebung der Steuern gehörte und denen die polizeiliche Gewalt oblag. Außerdem benannten sie die Vertreter für das Alþingi. Mit der Umstrukturierung des Gerichtswesens nach dem Norwegischen Gesetz im Jahr 1732 wurden die Bezirksvorsteher gleichzeitig Bezirksrichter. Daneben stellten sie das Verbindungsglied zwischen den Landsleuten und den höheren Regierungsbeamten dar, wobei diese Funktion keiner festen Regelung unterlag. Die Bezirksvorsteher wurden durch den König berufen. Sie erhielten jedoch kein festes Gehalt, stattdessen stand ihnen ein bestimmter Prozentsatz der eingenommenen Abgaben zu und sie hatten weitere unregelmäßige Einkünfte. Voraussetzung für die Berufung ins Amt war eine juristische Ausbildung.

Gesetze und Gesetzgebung
Gemäß den absolutistischen Prinzipien liefen alle Bereiche der Staatsgewalt in der Person des Königs zusammen. Gewisse Differenzierungen kann man dennoch ausmachen, so wurden die Gesetze in den Ministerialbereichen entworfen, bedurften aber der Bestätigung durch den König, um rechtskräftig zu werden. In Einzelfällen gab es gleichwohl Gesetze, die für gültig erachtet wurden, obwohl die Zustimmung des Königs fehlte.

Bis ins 18. Jh. war das *Jónsbók* die Rechtsgrundlage der isländischen Gesetzgebung. Nach Einführung des Absolutismus begann unter Christian V. (1670-99) eine Gesamtrevision der dänischen Gesetzgebung, die im Jahr 1683 mit einem neuen Gesetzbuch abgeschlossen wurde, das Dänisches Gesetz (*Danske Lov*) hieß. Anschließend wurde 1687 in Norwegen ein entsprechendes Gesetzbuch, das Norwegische Gesetz (*Norske Lov*), eingeführt. Diese beiden Gesetzeswerke sind größtenteils Niederschriften älterer Gesetze, die zu einer systematischen Einheit zusammengestellt wurden. In Island wollte man ebenso verfahren und es wurde ein Entwurf zu einem Gesetzbuch verfasst. Doch entweder verweigerte der König die Bestätigung oder es gelang nicht, die Arbeit endgültig abzuschließen, jedenfalls wurden die Pläne 1820 aufgegeben. Dennoch wurden die Bestimmungen des *Jónsbók* nach und nach durch neue Gesetze verdrängt, wobei die Einführung der Regelungen zur Gerichtsprozessordnung nach dem Norwegischen Gesetz im Jahr 1732 am schwersten wog. Schließlich wurde festgelegt, dass das Norwegische Gesetz in allen Fällen, für die das *Jónsbók* oder andere isländische Gesetze unzureichend waren, als Rechtsquelle dienen sollte. Im Geiste der Aufklärung wurde das Strafrecht unter der Prämisse revidiert, dass Rechtsbrecher eher gebessert und resozialisiert werden müssten, als dass grausame Strafen zur Abschreckung dienen könnten. Das Problem bestand indessen darin, dass es in Island kein Gefängnis gab und man Verurteilte zum Vollzug nach Dänemark schicken musste. Der Schiffsverkehr war sehr unregelmäßig, während die Bezirksvorsteher verpflichtet waren, Verurteilte auf eigene Kosten in Gewahrsam zu halten, bis eine Überführung möglich wurde. Dies erschien den Bezirksvorstehern als zu schwere Last und sie beantragten 1757 eine Erweiterung der Bestimmungen zur Todesstrafe. Der Antrag wurde u. a. mit der Begründung abgewiesen, dass viele Diebstähle in Island auf die Notlage der Bevölkerung zurückzuführen seien und es deshalb nicht als angemessen gelten könne, solche Taten mit voller Härte zu bestrafen. Weiterhin wurden Reformen der Strafprozessordnung vorgenommen, bspw. wurde die Kanzlei in Kopenhagen verpflichtet, alle isländischen Urteile, die auf lebenslanges Zuchthaus lauteten, zu überprüfen. Um 1770 wurde in Island ein vollgültiges Gefängnis errichtet, allerdings funktionierte dessen Betrieb nicht wie vorgesehen, was z. T. auf Geldmangel zurückzuführen war. Zu Beginn des 19. Jh. wurde es geschlossen. Im Jahr 1819 wurde das Gefängnisgebäude zum Sitz des Stiftamtmannes umgebaut und beherbergte seither die jeweils höchste Regierung des Landes, so z. B. heute das Staatsministerium. Gegen Ende des 18. Jh. wurden sehr ausführliche Gesetze erlassen, die Gerichtsprozesse sicherer und effektiver gestalten sollten.

Das Alþingi

Die Thingversammlung behielt noch bis 1700 eingeschränkte gesetzgebende Kompetenzen. Danach wurden Königsbriefe und staatliche wie individuelle Bekanntmachungen lediglich beim Alþingi veröffentlicht. Die Versammlungszeit war nach wie vor Ende Juni, Anfang Juli. Noch immer gab es keine nennenswerten Gebäude am Thingort, sodass die Versammlungen unter freiem Himmel stattfanden. Um die Mitte des 18. Jh. wurde endlich ein Haus für die Lögrétta gebaut, dies war aber so schlecht ausgeführt, dass es schon Ende des Jahrhunderts nicht mehr brauchbar war.

Mit der Einführung der Gerichtsprozessordnung nach dem Norwegischen Gesetz 1732 hatte die Lögrétta keine gesetzgebende Funktion mehr. Die vom König bestellten Lögmänner wurden nun zu Richtern. Das schon 1593 eingeführte Oberste Gericht (*Yfirréttur*) blieb bestehen. Seine Urteile konnten zur Berufung dem 1661 gegründeten Obersten Gericht in Dänemark (*Højesteret*) vorgelegt werden. Zu diesem Zeitpunkt hatten die Vertreter der Lögrétta nur noch die Funktion von Gerichtszeugen und es war offensichtlich, dass die Benennung von 84 Thingteilnehmern und 36 Mitgliedern der Lögrétta überflüssig geworden war. Deshalb wurde ihre Zahl im Jahr 1764 auf 20 Thingteilnehmer, die aus der nächsten Umgebung von Þingvellir stammten, und acht Mitglieder der Lögrétta verringert. 1796 wurde beschlossen, dass nur noch vier Männer in der Lögrétta sitzen sollten. Nach und nach wurde auch die Zahl der Richter im Obersten Gericht verkleinert, so waren es 1735 noch zwölf Männer, 1777 nur noch sechs. Doch selbst die Benennung so weniger Richter wurde zum Problem, weil kaum noch jemand das Alþingi besuchte. Das Ende des historischen Alþingi wird an späterer Stelle besprochen.

Wirtschaftliche Situation im 18. Jahrhundert

Landwirtschaft und Fischfang
In der ersten Hälfte des 18. Jh. blieben die wichtigsten Erwerbszweige – die weiterhin vor allem aus Landwirtschaft und Fischfang bestanden – nahezu unverändert. In den klimatisch schwierigen Jahren waren die Menschen jedoch gezwungen, zu ihrem Überleben Raubbau an Vieh und Natur zu betreiben. Bedingt durch die Witterung war die Landwirtschaft großen Schwankungen ausgesetzt und es gelang nicht immer, ausreichende Heuvorräte anzulegen, weshalb die Bauern größere Risiken eingingen. Auf die Winterweide konnte man sich nicht verlassen und andauernde Kälteperioden und Bodenfrost erschwerten die Lage. Außerdem waren die meisten Höfe klein und die Viehbestände gering.

Dem Fischfang ging man noch immer auf offenen Ruderbooten und nur in Küstennähe nach. Aus den Unterkünften der Fischereistationen hatten sich noch immer keine Fischerdörfer entwickelt und einen Berufsstand der Fischer gab es ebenso wenig. Die gesamte Ausrüstung und das Fangzeug waren schlicht, Hafenanlagen unbekannt. Während der Saison arbeiteten die Landarbeiter im Auftrag ihrer Bauern als Fischer. Der erworbene Fanganteil gehörte dementsprechend den Bauern, die ihren Arbeitern dafür einen vorher ausgehandelten Lohn zahlten.

Die Fischerboote der Isländer waren klein. Im Jahr 1771 besaßen die Isländer 1859 Boote, für deren Betrieb man 9000 Männer brauchte. Das übliche Fanggerät war die Schnur, außerdem verwandte man das Lot und die mit Haken besetzte Schnur. Hinzu kamen erste Versuche mit Netzen. Die Fischerei auf dem rauen Meer im Nordatlantik war gefährlich und Unfälle entsprechend häufig. Als Beispiel kann der 8. März des Jahres 1700 angeführt werden. An diesem einen Tag gingen nicht weniger als 33 Boote unter und 160 Männer ertranken, das entsprach 0,3 % der isländischen Bevölkerung.

Zu ihrem Auskommen nutzten die Menschen die Vogelfelsen, sammelten Eier und fingen Seevögel, sie jagten Seehunde und fingen auch Wale. In den Jahren 1771-1787 wurden Rentiere importiert, um die Vegetation des Hochlandes zu nutzen und Rentierherden aufzubauen. Obwohl aus der eigentlichen Rentierzucht nichts wurde, haben sich wilde Herden gehalten, die bis heute vor allem in Ostisland, in den Gebieten nördlich des Vatnajökull leben. Zu jener Zeit verschwanden die isländischen Wälder, es gab kaum noch Holz, sieht man vom Reisig ab, das man, soweit es ging, zum Hausbau und als Brennmaterial verwendete. Hingegen war Treibholz, das in Island in großen Mengen anfällt, zum Bauen geeignet, wenngleich selten ganze Häuser aus Holz errichtet wurden.

Arbeitsmarkt und Arbeitsbedingungen
Auch im 18. Jh. war der größte Teil der isländischen Bevölkerung in der Primärproduktion beschäftigt. Im Laufe des Jahrhunderts nahm aber die Zahl der Handwerker zu und ab der Mitte des Jahrhunderts, als das Handelsmonopol gelockert wurde, begann sich langsam ein Bürgerstand zu entwickeln. Der Überlebenskampf war hart und alle Arbeitskräfte wurden gebraucht, Kinder ebenso wie Erwachsene. Der Grad der Arbeitsteilung war gering, jedoch war die geschlechtliche Arbeitsteilung stark ausgeprägt. Den Frauen oblagen vor allem die Arbeiten im Haus, den Männern die Tätigkeiten außerhalb. Dennoch kam es oft zu Abweichungen von dieser Regel und Männer und Frauen gingen denselben Tätigkeiten nach.

Der Ruf der Landarbeiter war unterschiedlich gut. Die Hausherren beschwerten sich oft über faule und ungehorsame Arbeitskräfte, die Arbeiter und Arbeiterinnen hingegen klagten über zu kleine Essensrationen, schlechte Kleidung und Versorgung. Mit einer Richtlinie über den Hausfrieden versuchte die Obrigkeit im Jahr 1746 die Rechte und Pflichten beider Seiten festzuschreiben. Hiernach waren die Arbeiter ihren Hausherren gegenüber zu Gehorsam und Loyalität verpflichtet, im Gegenzug sollten die Bauern ihnen Fürsorge zukommen lassen, ihnen Essen und Kleidung gemäß der Landessitte geben und den Lohn zur rechten Zeit zahlen.

Fortschrittsbestrebungen
Vor Beginn des 18. Jh. waren kaum Veränderungen im Produktions- und Erwerbsbereich zu beobachten, weshalb man mit Recht von Stagnation als wesentlichstem Merkmal sprechen kann. Doch um die Jahrhundertwende 1700 stellten sich erste Zeichen der neuen Zeit ein, wobei die Hungerjahre 1695-1701 den nötigen Anstoß gaben. Man schickte einen der Lögmänner mit einer Petition des Alþingi zum König. Diese enthielt einen Bericht über die Lage im Lande und Vorschläge zu Reformen, insbesondere in Bezug auf den Handel. Diese Mission leitete eine Wende ein, weil die Petition nicht nur persönlich überbracht, sondern auch durch einen Sonderbeauftragten in den königlichen Ministerialbereichen weiter begleitet wurde. Diese konsequente Form der Verfolgung isländischer Interessen wurde im Laufe des Jahrhunderts beibehalten. In diesem Falle führte das Anliegen dazu, dass der in Kopenhagen ansässige Professor Árni Magnússon und der Lögmann Páll Vídalín den Auftrag erhielten, die Verhältnisse in Island gründlich zu untersuchen, was eine sehr umfassende Aufgabe war. Bewertet man die Arbeit der beiden Männer aus heutiger Sicht, so heben sich zwei Ergebnisse besonders ab, einerseits eine Volkszählung und andererseits ein *Jarðabók* genanntes Verzeichnis der be-

wirtschafteten Ländereien und Grundstücke. Das *Jarðabók* stellt eine einzigartige Quelle über die Landwirtschaft und die ökonomische Situation in Island zu Beginn des 18. Jh. dar. Die Informationsbeschaffung hierfür begann 1702, fertig wurde das Verzeichnis jedoch erst 1714. Es ist mit 11 Bänden äußerst umfangreich und enthält die Beschreibungen aller damaligen Flur- und Grundstücke, wobei nicht nur die Eigentümer aufgeführt wurden, sondern auch die Vor- und Nachteile der Grundstücke benannt und ihr Wert abgeschätzt wurde. Die Volkszählung erfolgte in den Jahren 1702-1703 und man zählte knapp 51 000 Menschen im Lande. Die Erhebung fand nach der Härteperiode von 1695-1701 statt, bei der um die 9000 Menschen an den Folgen von Hungersnöten gestorben sein sollen. Daher wurde geschätzt, dass die Bevölkerung vor dieser Katastrophe bzw. um 1670 ca. 55 000 zählte. Im Jahr 1707 ging eine Pockenepidemie durchs Land und raffte rund 12 000 Menschen dahin, 4000 weitere starben an anderen Krankheiten, weshalb man davon ausgeht, dass 1735 nur noch etwa 44 000 Menschen in Island lebten. Doch auch diese Zahl sollte noch weiter zurückgehen.

Maßnahmen zum Wiederaufbau
Von 1701 bis zur Mitte des 18. Jh. waren die Witterungsbedingungen günstiger, der hauptsächliche Erwerb lag weiterhin in der Landwirtschaft und im Fischfang, wobei die Landwirtschaft großen Schwankungen unterlag. Ganz im Geiste der neuen Ideen, die sich seit Beginn des 18. Jh. bemerkbar machten, sollten in den Jahren 1735-1737 Maßnahmen zur Belebung der Wirtschaft getroffen werden. Zu diesen Plänen gehörte die Gründung von Handelsplätzen, die den isländischen Fischfang fördern und der Entwicklung des Handwerks neue Impulse geben sollten. Anschließend wollte man sich um den Ackerbau und die Forstwirtschaft

bemühen. Von den angeregten Maßnahmen ist, um es in aller Kürze zu sagen, keine in die Tat umgesetzt worden. Daneben muss bemerkt werden, dass die Isländer noch immer keine Segelschiffe zum Fischfang einsetzten, wofür es zwei naheliegende Erklärungen gibt, zum einen die Lethargie der Isländer und zum anderen das Handelsmonopol. Außerdem waren Segelschiffe teuer, das Risiko des Schiffsverlustes oder dessen Beschädigung war groß und die Hoffnung auf Profit nicht hinreichend, um die Risiken aufzuwiegen.

Distrikthandel 1695-1742
Im Jahr 1682 liefen die Konzessionen der oben erwähnten sieben Kaufleute für den Islandhandel aus. Man schrieb die isländischen Häfen aus und zu Jahresbeginn 1684 pachteten neun Kaufleute die insgesamt 25 Häfen des Landes. Damit begann eine neue Phase in der Geschichte des Handelsmonopols, der sogenannte Distrikthandel (*umdæmaverslun*). Dieser beinhaltete, dass jedem Hafen ein bestimmtes Gebiet zugeordnet und der Handel ausschließlich an dieses gebunden wurde. Aufgrund der schlechten finanziellen Situation vieler Kaufleute taten sie sich 1732 zu einer Vereinigung zusammen, jedoch beschwerten sich die Isländer über hohe Preise und minderwertige Waren.

Zu den Exportwaren der Isländer gehörten weiterhin Trockenfisch und Landwirtschaftsprodukte. Importiert wurden vor allem Mehlprodukte, Metallgegenstände, Fischereigerät, Tuche und Stoffe und nicht zuletzt Genussmittel, vor allem Alkohol.

Die wirtschaftliche Wende

Neue Wirtschaftspolitik
Die Verfechter des Merkantilismus gingen davon aus, dass Handwerk und Handel die wichtigsten Wirtschaftszweige wären, um die ökonomische Situation des Reiches zu verbessern. Deshalb wurden diese durch den Staat gefördert und durch den mit besonderen Rechten ausgestatteten Bürgerstand unterhalten. Weil es in Island aber keinen Bürgerstand gab, konnte das Land hiervon nicht profitieren. Etwa 1750 änderte sich die Politik der dänischen Regierung unter anderem durch den Einfluss des Kameralismus. An die Stelle der Förderung Kopenhagens als Zentrum von Handel und Handwerk sollte nun eine dezentrale Ansiedlung von Handwerksbetrieben im ganzen Land treten. In der Fortführung kamen Einflüsse des Physiokratismus hinzu, nach dessen Auffassung die Landwirtschaft die wesentlichste Quelle der Mehrwertschöpfung sein sollte und deshalb dezentrale Siedlungen und landwirtschaftliche Betriebe zu fördern wären. Diese Politik war für Island erfolgversprechend. Außerdem waren in Island nun Männer in Machtpositionen gelangt, die solchen Gedanken gegenüber aufgeschlossen waren und sie zugunsten des Landes umsetzten. Ende 1749 wurde erstmals ein Isländer, Skúli Magnússon, in eines der beiden höchsten Ämter des Landes berufen und wurde Landvogt. Bis dahin hatten ausschließlich Dänen dieses Amt ausgefüllt. Es wurde viel über die Neuerungen in der Wirtschaftspolitik debattiert und schließlich 1752 die Aktiengesellschaft *Innréttingar* gegründet, die als eines der größten Experimente auf dem Gebiet der Wirtschaftsförderung im 18. Jh. gelten kann. Gegenstand der Innréttingar war die Gründung von Manufakturbetrieben. Als Standort wurde Reykjavík ausgewählt, und weil es nicht ge-

lang, ausreichend isländisches Aktienkapital zu finden, unterstützte die Regierung den Betrieb durch die Bereitstellung von Gebäuden und die Finanzierung der Gesellschaft. Der Betrieb setzte sich anfangs aus vielen Handwerken wie Seilerei, Gerberei, Böttcherei, Bootsbau, Schwefel- und Salzverarbeitung etc. zusammen, dennoch spielte die Wollverarbeitung die größte Rolle. Größtenteils wurde die Gesellschaft mit Verlust betrieben und 1774 musste sic durch den König übernommen werden. Nach und nach verfiel das Unternehmen und wurde 1803 aufgegeben. Trotz dieses letztlichen Misserfolgs hatten die Manufakturen immensen Einfluss auf die Gesellschaft. Mit ihrem Betrieb kam gegen Ende des 18. Jh. erstmals Geld in Umlauf, die Menschen lernten neue Verfahren und Geräte, wie z. B. Webstühle und Spinnräder, kennen, die Manufakturen wirkten als Handwerksschulen und schließlich begünstigte ihre Ansiedlung den Ausbau von Reykjavík. Der Ort wurde zum einzigen Siedlungskern des Landes und hier wurde der Grundstein für dessen spätere Entwicklung zur Hauptstadt gelegt. In gewissem Umfang wurde die Verarbeitung von Wolle und Tierhäuten auch nach dem Scheitern der Innréttingar fortgesetzt.

Neuerungen in der Landwirtschaft
Die Anregungen zu Reformen der Landwirtschaft, die in den Jahren 1735-1737 formuliert worden waren, warteten, als der Faden gegen Mitte des 18. Jh. wieder aufgenommen wurde, noch immer auf ihre Umsetzung. Inzwischen hatte sich die Einstellung etwas verschoben. Dänemark war in Hinsicht auf Technik und Technologie ein unterentwickeltes Land, doch mit Blick auf die Entwicklungen in England hielt man es für erfolgversprechend, wollverarbeitende Industrie aufzubauen. Hierzu brauchte man Rohstoffe und deshalb wurde vermehrte Schafhaltung angeregt. Die Hal-

tung von Schafen war in Island der zentrale Wirtschaftszweig, während er in Dänemark bis dahin keine große Rolle gespielt hatte. Um die Wolle der isländischen Schafe zu verbessern, wurde 1761 eine Anzahl von Widdern ins Land gebracht. Dieser Versuch endete allerdings mit einem Ausbruch der Schafräude, dem das isländische Vieh in großem Stil zum Opfer fiel. Hatte man im Jahr 1760 noch 356 927 Schafe gezählt, so waren 1770 nicht mehr als 140 056 übrig. Um das Problem zu lösen, griff man zu Notschlachtungen in den befallenen Gebieten und brachte anschließend gesundes Vieh aus anderen Gebieten dorthin. Die Dezimierung der Schafe schädigte nicht nur die Bauern in erheblichem Maße, sondern auch die Wollmanufaktur der Innréttingar.

Eine weitere Neuerung war die Einführung der Kartoffel in den Jahren 1758-1760, die bald zum Hauptnahrungsmittel pflanzlicher Herkunft für die Isländer wurde. Weiterhin wurde der Gemüseanbau gefördert und Versuche im Ackerbau und der Forstwirtschaft unternommen, die allerdings nicht immer gelangen. Zur Eindämmung der Winderosion und Verhinderung von Sandstürmen wurde einheimischer Strandroggen ausgesät.

Erhebung zur ökonomischen Situation
Im Jahr 1770 wurde eine dreiköpfige Kommission zur Untersuchung der ökonomischen Situation in Island eingesetzt. Zu ihren Aufgaben gehörte eine umfangreiche Erfassung der Bedingungen in den Erwerbszweigen und des Wirtschaftslebens in Island sowie die Erarbeitung von Reformvorschlägen. Im Ergebnis wurde in Übereinstimmung mit den Grundprinzipien des Kameralismus eine Reihe von Gesetzen und Richtlinien vorgelegt, schließlich sollte der Staat in diesen Dingen die Führung übernehmen. Hierzu gehörten Gesetze über die Landwirtschaft, wie die Gründung von Neubauernhöfen und die Erweiterung der Wiesenwirt-

schaft, aber auch Gesetze zur Förderung der Infrastruktur, wie den Ausbau von Wegen, Fährverbindungen, Brücken etc. und nicht zuletzt über den Aufbau regelmäßiger Postzustellung. In diesem Zusammenhang stellte sich heraus, dass in vielen Bereichen notwendige Kenntnisse fehlten. Deshalb wurde eine Forschungsexpedition ausgerichtet, die Island in Hinblick auf mögliche Ressourcen und deren Nutzung untersuchen sollte, u. a. ging es dabei um den Abbau von Schwefel und Lignit, einer minderwertigen Weichbraunkohle. Weiterhin wurde der Wiederaufbau von verödeten Höfen und die Nutzung von Treibholz in Erwägung gezogen. Bedingt durch den zunehmenden Schiffsverkehr wurde während des gesamten 18. Jh. an der Vermessung der Küstengebiete gearbeitet, um die vorhandenen Seekarten zu erneuern und zu verbessern.

Neuerungen im Fischfang
Seit Jahrhunderten hatten die Isländer Fischfang in derselben Weise von offenen Ruderboten aus mit Handschnüren betrieben. Auch in diesem Zusammenhang ist von Stagnation zu sprechen. Der Fortschrittswille des 18. Jh. wurde nun zur Triebkraft für die Einführung neuer Methoden. Die königliche Handelsgesellschaft setzte trotz fehlgeschlagener früherer Versuche ab 1776 Segelschiffe im Fischfang ein. Die Regierung war von der Zukunftsträchtigkeit dieses Verfahrens überzeugt, immerhin kamen ausländische Fischer auf Segelschiffen in großer Zahl in die isländischen Gewässer. Nach 1776 nahm die Zahl der Segelschiffe schnell zu, sodass 1780 nicht weniger als 42 registriert waren. Allerdings ging der Betrieb mit Verlusten einher und wurde 1787 wieder eingestellt. Ein wichtiges Ergebnis war jedoch, dass die isländischen Seeleute nun Erfahrungen gesammelt hatten, die von Nutzen waren, als um 1800 die isländische Segelschifffahrt einsetzte. Weiterhin wurden neue Fanggeräte

eingeführt, u. a. Fangnetze. Die Produktion von Salzfisch weitete sich aus und man ging sogar dazu über, Süßwasserfische durch Salzen haltbar zu machen. Begleitet wurde diese Entwicklung durch eigene Salzgewinnung aus dem Meerwasser. Hierzu wurde die Wärme von natürlichen heißen Quellen nutzbar gemacht. Der Erfolg blieb jedoch begrenzt und die Salzproduktion wurde wieder aufgegeben.

Zusammenfassend kann festgestellt werden, dass im Zeitraum 1741-1795 Innovationen auf unterschiedlichen Gebieten eingeführt wurden. Oft kam die Initiative aus Kopenhagen, gelegentlich aber auch von den Isländern selbst, wie das Beispiel der Innréttingar zeigte. Häufig blieb der langfristige Erfolg aus, zumal die Dinge nicht an die lokalen Gegebenheiten und die isländischen Bedürfnisse angepasst wurden. Gleichwohl sammelte man wichtige Erfahrungen. Bemerkenswert ist nichtsdestotrotz, wie ungern die Isländer sich neuen Methoden und Verfahren zuwandten, obwohl viele denkbar einfach waren. So wurde die Schubkarre erst mit den Innréttingar im 18. Jh. in Island eingeführt und bei einem so einfachen Gerät kann man schwerlich fehlende Finanzen für den Mangel verantwortlich machen. Vielmehr waren die Isländer über die Maßen konservativ und darüber hinaus autoritätshörig.

Handelsgesellschaften und königlicher Handel
Seit 1732 hatten die Monopolkaufleute sich zu einer Vereinigung zusammengetan, und die Geschäfte sowohl für die dänischen Kaufleute als auch für die isländischen Kunden gestalteten sich vorteilhaft. Als die entsprechenden Konzessionen aber ausliefen, beschloss die Regierung, den Pachtzins zu erhöhen, woraufhin eine dänische Handelsgesellschaft den Zuschlag bekam. Im Jahr 1758 wurde jedoch die Konzession aufgrund von großen Konflikten mit den Isländern wieder zurückgegeben.

Dieser Misserfolg beförderte indirekt die künftige Organisation des isländischen Handels. Man verlangte nun von den Kaufleuten, dass sie den Isländern moderne Arbeitsmethoden beibrachten. Daneben sollte man versuchen, ausländische Handwerker nach Island zu holen. Weiterhin gab es Vorschläge, den Isländern einen Anteil am Handel zu überlassen und eine entsprechende Gesellschaft zu gründen. Schließlich wurde der Islandhandel ausgeschrieben, aber es ging kein Angebot ein, sodass der König ihn von 1759 bis 1763 wiederum übernehmen musste. Diesmal gingen die Geschäfte gut und die Kaufleute begannen, Interesse zu zeigen. Den Zuschlag bekam die Handelsgesellschaft *Almenna verzlunarfélagið* (Allgemeine Handelsgesellschaft). Der Handel mit Salzfisch wurde erweitert, jedoch beherrschten die Isländer diese Methode nur unvollständig. Auch der Bootsbau nach norwegischem Vorbild sollte den Isländern beigebracht werden, es stellte sich aber heraus, dass der entsprechende Bootstyp ungeeignet war. Die Situation der Gesellschaft verschlechterte sich und 1774 sah sich der König gezwungen, sie zu kaufen.

Das Neue an dieser Übernahme war, dass der König nun nicht, wie so oft zuvor, den Handel auf eigene Rechnung führte, sondern ein eigenständiges Unternehmen in Händen hielt. Der Handel mit Trockenfisch war zu dieser Zeit profitabel und die Preise hoch, zumal die Einfuhr von Trockenfisch aus Amerika nach Europa wegen des Unabhängigkeitskrieges unterbrochen war. Die königliche Handelsgesellschaft investierte nun deutlich mehr in Island als je zuvor. Der Handel erbrachte gute Gewinne, doch mit dem Ausbruch der Vulkanspalte Laki 1783 setzte ein unvermittelter Umschwung ein und der isländische Export brach zusammen. Gleichzeitig endete der Krieg in Amerika, sodass der Fisch von dort wieder nach Europa kam und die Preise sanken. Die königliche Handelsgesellschaft wurde mit großen Verlusten betrieben und war 1787 im Grunde bankrott. In Reaktion darauf wurde das Handelsmonopol aufgegeben und der Islandhandel stand von nun an allen dänischen Untertanen frei.

Die Kirche im 18. Jahrhundert

Bischofssitze in Finanznot
Der Einfluss der Kirche war nach wie vor groß und prägte genau genommen das gesamte Volksleben. Die Kirche stand unter der sicheren Führung der Bischöfe, deren Autorität und Gelehrtheit zumeist hoch geschätzt wurde. Allerdings steckten beide Bischofssitze über lange Strecken des 18. Jh. in finanziellen Schwierigkeiten, weshalb die Regierung einspringen musste. Einer der Hauptgründe war die bereits angesprochene Schafräude, die dazu führte, dass die Bischofssitze als Wirtschaftseinheiten ihren Verbindlichkeiten nicht nachkommen konnten. Besonders ernst war die Lage in Hólar, wo man in den Jahren 1757-1763 die erste Steinkirche in Island als Domkirche errichtet hatte, was mit entsprechenden Kosten verbunden war. Weiterhin unterhielten beide Bischofssitze Schulen und in Hólar fand darüber hinaus eine umfangreiche Herausgebertätigkeit statt. So erschien 1728 die Bibel und einige Jahrzehnte später wurde mit der Herausgabe der Sagas aus dem Mittelalter begonnen.

Aufklärung und Pietismus
Als man um 1740 in Island mit der Aufklärung und dem Pietismus in Berührung kam, leitete dies eine neue Epoche ein. In Dänemark wurde der Einfluss der Aufklärung nach außen sichtbar, als 1742 die Königlich Dänische Akademie der Wissenschaften gegründet wurde. Auch die oben erläuterte Wirtschaftspolitik, nach der die staatliche Macht sich für Innovationen und Reformen zugunsten der Volkswirtschaft einsetzte, war Ausdruck aufklärerischen Denkens. Der Pietismus gelangte in den ersten Jahrzehnten des 18. Jh. nach Dänemark und begegnete den Isländern gegen Mitte des Jahrhunderts in Form von Reformen in der Schul-

politik. Er zog den dogmatischen, formal festgeschriebenen Glauben in Zweifel und stellte diesem die persönliche, innerliche Frömmigkeit entgegen. Hiernach sollte der christliche Unterricht umgestaltet und der Glauben in größerem Maße durch die Tat unter Beweis gestellt werden. König Christian VI. war ein entschiedener Anhänger des Pietismus und hielt es für notwendig, die Glaubenspraktiken seiner Untertanen zu überprüfen. In diesem Sinne wurden zwei Männer nach Island geschickt, um die Lage in Kirchen- und Unterrichtsfragen zu begutachten. Diese Untersuchung fand in den Jahren 1741-1745 statt. Unter anderem wurden die Kenntnisse der Bevölkerung geprüft, wobei ermittelt wurde, dass 36 % der Einwohner der Diözese Skálholt, in der zwei Drittel der Gesamtbevölkerung lebten, lesen konnten. Nachfolgend wurden Veränderungen an den kirchlichen Zeremonien vorgenommen, die Pfarrer strengeren Richtlinien in Bezug auf ihre Bildung und Lebensweise unterworfen, die Domschulen umstrukturiert und es wurde mehr Wert auf allgemeine Volksbildung gelegt. Der Erfolg ließ sich u. a. daran messen, dass um 1790 etwa 90 % der konfirmierten Isländer lesen konnten. Mit der Richtlinie über den Hausfrieden von 1746 wurde dem Privatleben der Menschen ein strenger Rahmen verordnet. Teil dessen war die Ablehnung jeglicher weltlicher Vergnügungen, wozu das Vorlesen von Geschichten ebenso zählte wie der Tanz, einschließlich *Vikivaki*, und die Rímurdichtung mit zugehörigem Gesang und Verseschmieden. Obwohl die Konsequenzen dieser Richtlinie nicht von Dauer waren, gelang es der Obrigkeit doch, diesen Teil des menschlichen Zusammenlebens an den Rand zu drängen, womit ein Teil des kulturellen Erbes verloren ging. Insgesamt war es dennoch weniger der Pietismus als die lutherische Orthodoxie, die der Kirche mit ihren Geboten und Verboten bis ins späte 18. Jh. ihren Stempel aufdrückte.

Klimaveränderungen und Vulkanausbrüche

Kälteperioden und Naturkatastrophen
Island liegt auf der Grenze der gemäßigten und der kalten Klimazone, sodass bereits ein Absinken der Temperaturen um 1-2 °C dazu führt, dass das Land in die kalte Zone fällt. Daraus folgt, dass jeglicher Pflanzenbau sehr risikoreich ist, was sich im 18. Jh. besonders zeigte. Im Zeitraum 1695-1701 herrschte eine Kälteperiode in Island, doch im darauffolgenden Zeitraum bis etwa 1750 war die Witterung erträglich. Dennoch fielen auch in diese Zeit sechs harte Jahre. Die Jahre 1750-1757 waren kalt, gefolgt von 20 annehmbaren Jahren. Doch dann stellte sich erneut eine Kälteperiode ein, die erst 1785 nachließ und auf die bis zur Jahrhundertwende günstigere Jahre folgten.

Insgesamt kann man sagen, dass Island im 18. Jh. eine besonders schwere Zeit erlebte. Die durch Wind, Wasser und Nutzung verursachte Bodenerosion nahm zu und schädigte die Vegetation, die Gletscher rückten vor und es gab häufig Vulkanausbrüche. Der von einem Gletscher bedeckte Vulkan Katla im Süden Islands brach im 18. Jh. gleich zweimal aus, 1721-1722 und 1755-1756, beide Male wurden Gletscherläufe, d. h. flutartige Überschwemmungen durch geschmolzenes Gletscherwasser, ausgelöst und es gab erheblichen Aschefall. Der Gletschervulkan Öræfajökull im Südosten hatte 1727 einen großen Ausbruch und eine Eruption der berühmt-berüchtigten Hekla in Südisland dauerte von 1766 bis 1768. Ein besonders katastrophenreiches Jahr stellte sich schließlich 1783 ein.

Das Vulkanjahr 1783
Im Frühjahr 1783 war die Witterung ungewöhnlich gut, dann aber begann eine Reihe von Vulkanausbrüchen. Bei Eruptionen im Meer entstand eine Insel südwestlich von Island, die bald wieder verschwand. Doch am Pfingstsonntag des Jahres, der auf den 8. Juni fiel, brach eine Kraterreihe entlang der 25 km langen Vulkanspalte Laki auf, die sich westlich des Gletschers Vatnajökull gebildet hatte. Asche und Bimsstein wurden in die Höhe geschleudert und gingen über die Gemeinden nieder, sobald der Wind aus der entsprechenden Richtung wehte. Dieser Asche- und Bimssteinregen war von Gasen begleitet, die Kohlendioxid und schweflige Säure enthielten und dunstige Schwaden bildeten. Wegen dieser nebligen Schwaden nannte man das Ereignis *Móðuharðindi*[1]. Anschließend floss Lava und bahnte sich ihren Weg im Flussbett der Skaftá, woher der Name Skaftá-Feuer (*Skaftáreldar*) kommt. Die Lava dehnte sich schließlich nach Süden über eine Fläche von 580 km² aus und bildete das zweitgrößte Lavafeld, das in historischer Zeit in Island entstanden ist. Hierbei wurden 18 Höfe mit ihren Ländereien zerstört, wovon 15 jedoch später wieder bewirtschaftet wurden.

Das Gemisch aus Asche und Dunst verminderte die Sonneneinstrahlung, was zu einer deutlichen Abkühlung und strengen Wintern führte. Hinzu kamen Vergiftungserscheinungen durch sauren Regen und Fluorverseuchung der Vegetation und des Viehs. Die Auswirkungen waren katastrophal. Zunächst ging das Vieh an Krankheiten infolge der Vergiftungen ein, dann kam eine Kälteperiode, die in den Sommern 1784 und 1785 die Heuernte beeinträchtigte. Der Bestand an Rindern brach insgesamt um 40 % ein, der an Pferden um 48 %, und der Schafbestand verringerte sich um

---

1 *móða* = nebliger Dunst, Niederschlag; *harðindi* = Kälte- und Hungerperiode, langer Winter, Härtezeit.

75 %, wobei dies nach Landesteilen unterschiedlich war. Die Menschen flohen aus den Gebieten nahe den Ausbruchsstellen in Südisland. Der Flüchtlingsstrom setzte zwar sofort 1783 ein, hielt aber noch in den nächsten zwei Jahren an. Hunger, Unterernährung und Epidemien setzten den Menschen zu. Manche konnten sich retten, indem sie in die Fischfangstationen gingen und sich von Meeresfischen ernährten, doch die Bevölkerungszahl verringerte sich dramatisch. Ende 1782 lebten 49 609 Menschen in Island, Ende 1786 zählte man nur noch 39 190, dies entsprach einem Bevölkerungsrückgang um ca. 22 %. Eine Folge hiervon war die Verödung vieler Ländereien, die meisten wurden aber nach Abklingen der Kältejahre wieder aufgebaut und auch die Einwohnerzahl stieg erneut an.

Reaktionen im In- und Ausland
Nachdem im 18. Jh. wiederholt Härtezeiten und Naturkatastrophen über das Land hinweggegangen waren, lag die große Zahl der Armen als schwere Last auf den Landkreisen, während gleichzeitig die Einnahmen sanken. Nun kamen die Auswirkungen der *Móðuharðindi* noch hinzu. Immer mehr Menschen mussten ihre Höfe verlassen und gerieten an den Bettelstab. Die Beamten sollten Informationen über den Zustand sammeln und die Maßnahmen der Regierung umsetzen, doch die Entscheidungsgewalt lag in den Ministerialbereichen des Königs, auch wenn der Stiftamtmann seit 1770 in Island saß und die Macht somit teilweise ins Land transferiert worden war.

Im September 1783 erreichten zunächst ungenaue Nachrichten über den Vulkanausbruch die Hauptstadt Kopenhagen. Sowohl in Dänemark als auch in Norwegen weckten sie große Aufmerksamkeit und es begannen breit angelegte Hilfsaktionen. Gleichzeitig diskutierte man eine vollständige Evakuierung der isländischen Bevölkerung nach Dänemark. Jedoch unterlagen die Hilfsmaßnahmen erheblichen Unbilden. Während der Wintermonate fuhren keine Schiffe nach Island und als sie im Sommer 1784 endlich nach Island segelten, gerieten sie vor der Küste in verschiedene Unfälle. Im Sommer 1785 behinderte Meereis die Schifffahrt und die Transporte innerhalb des Landes waren schwierig, weil so viele Pferde umgekommen waren. Trotz guten Willens blieb die Hilfe damit ungenügend und kam zu spät. Die Isolation des Landes verschärfte die Situation, Informationen verbreiteten sich schlecht und die Verwaltung war schwerfällig und zögerlich.

Die bei den Eruptionen frei gewordenen Wolken aus Asche und Gasen legten sich vom 18. bis 20. Juni über den westlichen Teil Europas, erreichten am 1. Juli die Grenze zu China und zogen weiter, bis sie Mitte August an der Ostküste Nordamerikas angekommen waren. Über ihren Ursprung wurde damals viel spekuliert. In Europa stellte sich extremes Wetter mit Dunst, ungewöhnlicher Hitze und Unwettern ein und der Winter 1783-1784 wurde sowohl in Europa als auch in Amerika einer der härtesten seit Menschengedenken. Es sollte aber lange dauern, bis sich die Erkenntnis durchsetzte, dass die Ursache für diese Extreme im Laki-Ausbruch von 1783 zu finden war.

Beginn des Wiederaufbaus

Vorschläge der Kommission
Im Jahr 1784 war der Regierung in Kopenhagen klar geworden, welche Not der Vulkanausbruch und die folgenden Klimaveränderungen in Island ausgelöst hatten. Als erste Reaktion wurde 1785 eine Kommission gegründet, die die Lage im Land untersuchen und Lösungsvorschläge unterbreiten sollte. Einerseits sollten Sofortmaßnahmen, wie die Evakuierung der Bevölkerung, eine Volkszählung und ein Bericht über die Viehhaltung vorbereitet und andererseits Vorschläge zur langfristigen Reformierung der Administration und der Wirtschaft erarbeitet werden. Unter anderem empfahl die Kommission die Zusammenlegung der beiden Diözesen, den Verkauf der Güter beider Bischofssitze, die Verlagerung des Bischofssitzes und der Domschule von Skálholt nach Reykjavík, die Aufhebung des Handelsmonopols, die Gründung von sechs Handelsplätzen landesweit und schließlich die Verlegung des Alþingi nach Reykjavík.

Zusammenlegung der Diözesen
Beide Bischofssitze hatten, wie oben bereits erwähnt, während des gesamten 18. Jh. erhebliche finanzielle Schwierigkeiten. Hinzu kam, dass fast alle Gebäude in Skálholt bei einer Reihe von Erdbeben vom 14. bis 16. August 1784 einstürzten. Im Jahr darauf wurde beschlossen, den Bischofssitz und die Schule nach Reykjavík zu verlegen. Nichtsdestotrotz saß der Bischof noch bis 1796 in Skálholt und sein Nachfolger erhielt erst 1807 einen festen Amtssitz in Reykjavík. Für die Domschule wurde ein Gebäude errichtet, das sich jedoch als ungeeignet erwies, und der Schulbetrieb ging mehr schlecht als recht, bis die Schule 1805 nach

Bessastaðir südwestlich von Reykjavík ausgelagert wurde und dort ihre Blütezeit erlebte. Anschließend wurden die Landgüter des Bischofssitzes verkauft und den Pächtern zu günstigen Konditionen angeboten. Die Anhänger der Aufklärung wollten die Unabhängigkeit der Bauern und Reformen in der Landwirtschaft fördern. In diesem Sinne begann die Regierung, die 1784 in Dänemark die Ämter übernommen hatte, Großgrundbesitze aufzuteilen und den Schollenzwang aufzuheben. Außerdem sollten Bauern möglichst Grundbesitzer werden. In Island verfolgte man mit dem Verkauf der bischöflichen Güter dasselbe Ziel und wollte die Bauern im Allgemeinen zu Besitzern ihres Wirtschaftslandes machen, was zwar kaum gelang, aber ein Schritt in die richtige Richtung war. Der Bischofssitz in Hólar und die angeschlossene Schule wurden im Jahr 1800 niedergelegt. Damit gab es nur noch eine Schule im Lande, die auf kirchliche und andere Ämter vorbereitete.

Aufhebung des Handelsmonopols
Der königliche Handel, der 1774 den Islandhandel übernommen hatte, ging gut. Die Fischpreise stiegen, und als die Viehbestände sich von der Schafräude erholt hatten, nahm die Ausfuhr von Landwirtschaftsprodukten zu. Doch dann brach die Katastrophe von 1783 herein. Nach dem Ende des amerikanischen Unabhängigkeitskrieges sanken die Preise für Fisch erneut und durch die Skaftá-Feuer und die *Móðuharðindi* kam der gesamte Export von Landwirtschaftsprodukten aus Island zum Erliegen. In Reaktion darauf wurde das Handelsmonopol aufgehoben, obwohl es in dieser Sache unterschiedliche Auffassungen gab. Die Warenlager des königlichen Handels sollten in Island verkauft werden, doch der Verkauf ging u. a. wegen Preisunstimmigkeiten nur schleppend voran, sodass vorübergehend Unsicherheit über die Zukunft des Islandhandels einzog. Schließlich einigte

man sich aber und die Kaufleute gründeten Geschäfte an verschiedenen Orten des Landes. Gleichzeitig wurden sechs Handelsplätze gegründet.

Das Handelsmonopol war für die Isländer eine Last und stets mit Schwierigkeiten behaftet gewesen. Es hatte das Land isoliert, weil es Handel mit anderen als den dänischen Kaufleuten unterband. Hierdurch wurde auch die Herausbildung eines isländischen Standes der Bürger und Kaufleute verhindert. Die Abschottung führte daneben zu kulturellem Niedergang.

Den sechs neugegründeten Handelsplätzen (*kaupstaðir*) waren wie früher entsprechende Gebiete zugeordnet, außerdem befanden sich in ihnen die Haupthäfen. An den Handelsplätzen genossen die Menschen weitreichende Privilegien, die dem europäischen Stadtrecht vergleichbar waren. Jedermann, der den christlichen Glauben bejahte, wurde Wohlwollen entgegengebracht und erlaubt, Gottesdienste abzuhalten. Man war von verschiedenen Abgaben befreit und bekam Grundstücke kostenlos zugewiesen. Alle erhielten Bürgerrecht, man schwor den Bürgereid und die Namen wurden in das Bürgerbuch eingetragen und eine Bürgerurkunde ausgestellt. Innerhalb der Siedlungsgrenzen war es den Einwohnern gestattet, bürgerlichem Erwerb wie Handel und Handwerk nachzugehen. Handwerker durften allerdings ausschließlich ihre eigenen Produkte verkaufen und es war ihnen untersagt, Zusammenschlüsse zu gründen. Um einen Gaststättenbetrieb zu eröffnen, brauchte man die Genehmigung durch den Amtmann. Den Bezirksvorstehern oblag die Oberaufsicht über die Handelsplätze, sie konnten jedoch eine zusätzliche Obrigkeit einführen, wenn die Aktivitäten entsprechend umfangreich waren.

Obwohl der Regierung daran lag, die neu entstehenden Ortschaften zu fördern, bewarben sich nur wenige Menschen um das Bürgerrecht. In Reykjavík waren es in den Jahren 1787 bis 1805 nur 75, davon ein Drittel Isländer. An anderen Orten lag die Zahl deutlich niedriger.

Bis ins erste Jahrzehnt des 19. Jh. entwickelten sich die Handelsplätze gut, doch dann setzte der Niedergang ein, zumal Handel und Schifffahrt nachließen, die Ortschaften aber von ihnen abhängig waren. Die Ursache hierfür lag in den Napoleonischen Kriegen und deren Folgen. Die Handelsplätze verkamen und verloren alle bis auf Reykjavík ihre Rechte.

Entfaltung der Stadt Reykjavík
Das Wachstum in Reykjavík war eng mit den Manufakturen der Innréttingar verknüpft, denn für diese wurden Häuser gebaut und man brauchte mehr Arbeiter, als es vorher üblich war. So entstand der Keim einer städtischen Siedlung. Die größten Aktivitäten entwickelten die Innréttingar in den Jahren 1760-1765, als sie auch die meisten Beschäftigten hatten. Mit dem Rückgang des Manufakturbetriebes sank auch die Einwohnerzahl in Reykjavík.

Das Erwerbsleben in Reykjavík unterschied sich vom übrigen Island. Es gab einen großen Anteil an Handwerkern, Arbeitern und Tagelöhnern. Außerdem stieg die Zahl der Kaufleute, Ladeninhaber und anderer, die mit dem Handel zu tun hatten. Beamte wohnten allerdings nicht in Reykjavík. Den Bauern war die Entwicklung der Stadt aus denselben Gründen ein Dorn im Auge wie die Ansiedlung von Fischern an den Küsten. Sie befürchteten Konkurrenz um die Arbeitskräfte und mögliche Verelendung. Darüber hinaus argwöhnte man leichtlebige Sitten und Trunksucht an den Handelsplätzen. Unter anderem wegen dieser Bedenken wurde 1803 in Reykjavík ein spezifisches Amt eingeführt, der Stadtvogt.

Dies war natürlich nur eine Facette des städtischen Lebens. Auf der anderen Seite entstanden in Reykjavík bürgerliche Sitten wie in anderen Ländern auch. Es entwickelte sich ein Gesellschaftsleben nach europäischem Vorbild, man unternahm Reitausflüge und ging auf die Jagd. Reykjavík wurde das Einfallstor für die moderne bürgerliche Kultur in Island. Anhand von Versteigerungskatalogen kann man erkennen, dass in Reykjavík viel gelesen wurde, man kannte die Werke der wichtigsten Autoren der Zeit und Schriften mit radikalen Ansichten aus den südlicheren Teilen Europas. So führten die Schuljungen der aus Skálholt nach Reykjavík verlegten Schule im Jahr 1798 ein Theaterstück auf, das damit endete, dass der König seine gesamte Macht abgab, weil er sich nicht über seine Untertanen erheben mochte. Selbstredend wurde das Stück wegen revolutionären Gedankengutes von der Obrigkeit verboten. 1795 formulierten alle höheren Beamten Islands ein Dokument, in dem sie strenge Kritik an der Regierung übten, u. a. wegen der Einschränkung des Handels auf dänische Untertanen und anderer Handelspraktiken. Die Beamten wurden hierfür streng gerügt und der Wortführer, der damals Amtmann war, konnte froh sein, seinen Posten nicht zu verlieren. Von Erfolg war diese Aktion zwar nicht gekrönt, aber sie kann als Anzeichen für eine sich wandelnde Einstellung der Isländer gegenüber der Obrigkeit gewertet werden.

Das Ende des Alþingi

Die letzte Thingversammlung in Þingvellir
Gegen Ende des 18. Jh. hatte das Alþingi jegliche Bedeutung eingebüßt. Die Lögrétta war so gut wie verschwunden, zumal die gesamte Gesetzgebung in den Händen des absoluten Königs lag. Ab 1796 saßen vier Männer in der Lögrétta und fungierten lediglich als Gerichtszeugen. Die Gerichtsbarkeit wurde von den Lögmännern, die vom König eingesetzt waren, ausgeführt. Wenn sich die Notwendigkeit ergab, Beisitzer bei Gericht zu haben, wurden in der Regel Männer berufen, die in Þingvellir zugegen waren, sodass es dem Zufall überlassen war, ob diese sich in Gerichtsdingen auskannten oder überhaupt etwas über die zu verhandelnde Angelegenheit wussten. Hinzu kam, dass das Gebäude der Lögrétta verfallen war. Dies führte dazu, dass einer der Lögmänner seine Sitzungen nicht mehr in Þingvellir abschloss, sondern die letzten Urteile von zu Hause aus verkündete. Der zweite Lögmann führte seine Fälle in Þingvellir zu Ende, ließ bei der Urteilsverkündung aber protokollieren, dass niemand der Betroffenen mehr anwesend war, weil alle abgereist waren. In den beiden darauffolgenden Jahren wurde die Thingversammlung in Reykjavík abgehalten. Diskussionen über eine Verlegung des Things dorthin hatte es schon nach den großen Erdbeben 1784 und erneut 1789 gegeben, als es in der Schlucht Almannagjá in Þingvellir mit großem Getöse und Gepolter zu Steinschlägen gekommen war und der Thingplatz als nicht mehr sicher galt. Mit einer Verordnung vom 11. Juli 1800 wurde das Alþingi schließlich formal niedergelegt und das Oberlandesgericht (*Landsyfirréttur*) gegründet.

Mit dem Regierungswechsel in Dänemark im Jahr 1784 wurden eine Reihe von Umstrukturierungen vorgenommen, die u. a. die Rechtspflege und das Gerichtswesen betrafen. Ziel waren schnellere und zuverlässigere Verfahren. Die Veränderungen in Island und insbesondere die Gründung des Oberlandesgerichtes waren ein wichtiger Teil dieser Neuordnung. Die Richter sollten nun über einen juristischen Abschluss von der Universität Kopenhagen verfügen und das Richteramt ihre Hauptbeschäftigung sein. Weiterhin sollte ihre Unabhängigkeit sichergestellt werden. Die Darlegung der Gerichtsfälle fand schriftlich statt und es gab nun drei anstelle der vorherigen vier Instanzen.

In den ersten Jahren nach Gründung des Oberlandesgerichts kam es dennoch vor, dass die Stiftamtmänner Einfluss auf die Arbeit des Gerichts nehmen wollten, doch den Richtern gelang es, wenngleich nicht ohne Konflikte, dessen Unabhängigkeit zu verteidigen.

Das Oberlandesgericht sollte wöchentlich oder jede zweite Woche zusammentreten, ein Turnus, der sich deutlich von dem des Alþingi unterschied, das nur einmal jährlich für eine kurze Zeit zusammenkam. Die Urteile wurden jetzt wesentlich besser begründet, als es beim Alþingi der Fall gewesen war. Weiterhin unterlagen die Distriktrichter (*héraðsdómarar*) strengerer Kontrolle als zuvor. Die meisten Fälle, die dem Oberlandesgericht vorgelegt wurden, fielen unter das Strafrecht. Am häufigsten handelte es sich um Diebstahl, illegitime sexuelle Beziehungen und Inzest.

Ab 1771 gab es, wie oben erwähnt, ein Gefängnis in Island, das aber schlecht unterhalten wurde. Im Härtejahr 1812 beschloss man, alle Gefangenen freizulassen, zumal keiner von ihnen als gefährlich eingestuft wurde. Im Jahr darauf wurde das Gefängnis geschlossen und es wurden strengere Strafen aufgenommen. In den ersten drei Jahrzehnten des 19. Jh. waren Schwerverbrechen ungewöhnlich häufig und es wurden harte Strafen verhängt. Darunter waren auch Todesstrafen, die in Dänemark oder Norwegen vollstreckt wurden. Das letzte Todesurteil wurde in Island am 12. Januar 1830 vollstreckt. Formal abgeschafft wurde die Todesstrafe 1928.

Island und Großbritannien

Island unter britischem Einfluss
Im Dezember 1800 schlossen Russland, Preußen, Schweden und Dänemark einen bewaffneten Neutralitätspakt gegen die Seemacht Großbritannien. Die Briten reagierten darauf mit der Besetzung der dänischen Kolonien in Dänisch-Westindien und Indien. Am 2. September 1801 griff die britische Flotte die dänische im Öresund bei Kopenhagen an und besiegte sie. Daraufhin wurden in England Stimmen laut, dass man nun die Gelegenheit nutzen und Island besetzen und annektieren könnte. Dies wurde aber nicht in die Tat umgesetzt.

Im Jahr 1806 verfügte Napoleon die Kontinentalsperre über Europa und wollte damit die Seefahrts- und Handelswege nach England blockieren. Als Napoleon und der russische Kaiser im Juli 1807 den Friedensvertrag schlossen, war die Rede davon, die drei neutralen Staaten, Portugal, Schweden und Dänemark miteinzubinden. Daraufhin befürchtete Großbritannien, dass die dänische Flotte den Franzosen in die Hände fallen könnte, und stellte Dänemark ein Ultimatum. Hiernach sollten die Dänen entweder Verbündete der Briten werden und diesen die Flotte übergeben oder sie als Unterpfand für ihre Neutralität einsetzen. Nachdem Dänemark das Ultimatum abgelehnt hatte, griffen die Briten Kopenhagen an, beschossen und belagerten die Stadt, und im Ergebnis musste die Flotte übergeben werden. Dänemark schloss sich daraufhin am 4. November 1807 Frankreich an und Großbritannien erklärte Dänemark den Krieg.

Diese europäischen Auseinandersetzungen hatten existenzielle Folgen für Island. Die Hälfte der Handelsschiffe, die gewöhnlich nach Island kamen, wurde durch die Briten in die Häfen verbracht und festgesetzt. Der Warentransport zur Insel kam zum Erliegen und es bestand die Gefahr einer Hungersnot. In dieser Situation nahm man Kontakt zu Sir Joseph Banks, Präsident der *Royal Society*, der britischen Akademie der Wissenschaften, auf. Er war im Jahr 1772 durch Island gereist und hatte sich fortan für die isländischen Belange interessiert. Dank seiner guten Kontakte zu einflussreichen Politikern konnten die Schiffe ausgelöst werden und Island bekam den Status eines neutralen Staates, obwohl es Teil von Dänemark war, das mit England im Krieg stand. Auf den Handel mit Dänemark konnten die Isländer nicht verzichten, dort war der Markt für isländische Exportwaren und dort bekamen die Isländer, was sie an Notwendigem brauchten. Beides war in England nicht der Fall. Alle Schiffe, die von Island nach Dänemark fuhren, mussten nun britische Ausnahmegenehmigungen vorweisen und ihre Fracht in britischen Häfen kontrollieren lassen, was natürlich ein umständliches und teures Verfahren war. Das Entgegenkommen der Briten entsprang zwar vorrangig humanitären Erwägungen. Gleichwohl konnten sie den isländischen Schiffsverkehr auch nutzen, um eigene Waren billig nach Dänemark zu transportieren, und so möglicherweise ein Schlupfloch durch die Wirtschaftsblockade Napoleons finden. Insgesamt zeigte die Angelegenheit aber, dass die dänische Regierung nicht in der Lage war, ihren isländischen Untertanen Beistand zu leisten.

Es waren jedoch nicht nur die offiziellen Maßnahmen, die den Schiffsverkehr nach Island störten, sondern auch halboffizielle Seeräuber. Als Teil ihrer Kriegsführung stattete die britische Regierung Kapitäne und Mannschaften ausgewählter Privatschiffe mit Kaperbriefen aus, die es ihnen erlaubten, Schiffe des dänischen Königs und dessen Untertanen aufzubringen und auszurauben. Diese anerkannten Piraten wurden Korsaren genannt. Die Isländer machten mit ihnen im Jahr 1808 Bekanntschaft. Während die Handelsschiffe noch in England lagen, tauchten bewaffnete Schiffe auf Reede vor Reykjavík auf und die Mannschaften kamen an Land. Sie belagerten das Haus des Landvogts und der Kapitän verkündete, er sei gekommen, um das Eigentum des dänischen Königs zu beschlagnahmen. Daraufhin nahm er den sogenannten *Jarðabókasjóður* an sich, einen Fonds, der die Steuereinnahmen enthielt und den man mit einer Staatskasse vergleichen kann. Bevor die Piraten das Land verließen, hielten sie ein großes Fest mit anschließendem Tanz und ließen es sich gutgehen. Der Fonds wurde 1812 nach einem Gerichtsurteil wieder zurückgegeben. Doch diese Episode führte die Wehrlosigkeit Islands deutlich vor Augen. Immerhin konnten 25 britische Seeleute an Land gehen und sich aufführen, wie es ihnen beliebte. Die isländischen Beamten wurden später für ihre Passivität gerügt.

Britischer Handel in Island
Anhand des oben Gesagten dürfte deutlich geworden sein, wie groß die Abhängigkeit Islands von Großbritannien während der Napoleonischen Kriege geworden war. Dennoch gab es kaum Wirtschaftsbeziehungen. Zu Beginn des Winters 1808-1809 trafen sich der dänische Kapitän Jørgen Jørgensen und der Angestellte eines Londoner Seifenherstellers. Dem Unternehmen fehlte es wegen der Kriegsblockaden an Fetten für die Produktion und Jørgensen erzählte, dass es in Island ausreichend Talg gäbe. Der Unternehmer besorgte sich eine Handelsgenehmigung für Island, mietete ein bewaffnetes Handelsschiff und fuhr zusammen mit Jørgensen Ende Dezember nach Island.

Die Gesetze über den Freihandel betrafen dänische Untertanen, sodass Geschäfte mit Ausländern, in diesem Falle mit Briten, nicht gestattet waren. Dennoch gelang es, am

19. Januar 1809 einen Handelsvertrag zu erwirken, die Geschäfte waren aber gering, zumal die isländische Marktzeit erst im Juni einsetzte. Deshalb ließ man den britischen Verkaufsleiter zurück, der die Fracht beaufsichtigte und den Isländern einige Waren verkaufte. Jørgensen traf im April wieder in England ein. Er sprach bei Sir Joseph Banks vor und gab ihm einen Bericht seiner Reise, woraufhin dieser die Verantwortlichen schriftlich zur Okkupation Islands aufforderte. Dieser Vorschlag wurde mit Zurückhaltung aufgenommen, allerdings war man bereit, die Geschäfte zu fördern, indem ein Kriegsschiff als Schutz für die mit britischen Genehmigungen ausgestatteten Handelsschiffe abgestellt wurde. Das entsprechende Kriegsschiff kam am 12. Juni 1809 nach Island. Nur einige Tage zuvor war der damalige Stiftamtmann mit seinem Schiff, Verkaufswaren und einer britischen Genehmigung eingetroffen und stand nun in Konkurrenz zu den Briten. Als er von der Ankunft des Kriegsschiffes hörte, sprach er ein Verbot über den Handel mit anderen als dänischen Untertanen aus und annullierte den Vertrag vom 19. Januar. Der Vertreter des Seifenunternehmens suchte daraufhin Unterstützung beim Offizier des britischen Kriegsschiffes. Unter Androhung des Beschusses von Reykjavík gelang es, das Handelsverbot mit Vertrag vom 16. Juni 1809 wieder aufzuheben. Der Kapitän des Schiffes sicherte die Wahrung der isländischen Gesetze und keinerlei Einmischung in die inneren Angelegenheiten Islands zu. Danach fuhr das Schiff ab. Als Jørgensen und der Seifenunternehmer am 21. Juni nach Reykjavík zurückkehrten, war von der eben vereinbarten Aufhebung des Handelsverbotes keine Rede mehr und dabei blieb es bis zum Beginn der Marktzeit. Der Unternehmer stand daher vor der Wahl, entweder den Stiftamtmann zum Einlenken zu bewegen oder ohne Talg wieder abzureisen. Man beschloss kurzerhand, den Stiftamtmann aufzusuchen, ihn festzuneh-

men und auf das Schiff zu verbringen. Nun musste jemand die Leitung des Landes übernehmen und man berief Jørgensen zu dieser Aufgabe.

Am Tag nach der Gefangennahme des Stiftamtmannes veröffentlichte Jørgensen eine Bekanntmachung, in der er die Unabhängigkeit Islands verkündete. Die Regierung wollte er den Isländern übergeben. Diese hatten aber kein Interesse an der Übernahme der höchsten Ämter, weil die meisten von ihnen Königstreue waren. Einige sagten sich von ihren Ämtern los, die meisten hingegen führten sie weiter und dienten damit im Grunde doch dem neuen Machthaber. Das Oberlandesgericht führte seine Arbeit fort, als wäre nichts geschehen. Jørgensen ließ bei Reykjavík einen Verteidigungswall errichten und scharte eine bewaffnete Leibgarde um sich.

Am 5. August erreichte ein britisches Kriegsschiff, dessen Aufgabe der Schutz des Handels war, Island. Ein isländischer Kaufmann überbrachte dem Kapitän die Nachrichten von der Revolution. Jørgensen begrüßte den Kapitän und richtete einen Ball aus. Kurze Zeit später gelang es dem Stiftamtmann, mit dem Marinekapitän zu sprechen und den Seifenunternehmer anzuzeigen. Zwei isländische Beamte suchten ihn ebenfalls auf und baten ihn, Island zu retten und den Staatsstreich Jørgensens zu beenden. Somit wurde am 22. August 1809 ein Vertrag unterzeichnet, der alle Regierungshandlungen Jørgensens für ungültig erklärte. Die Macht wurde in die Hände der dänischen Beamten gelegt und damit das Einflussgebiet Dänemarks wieder hergestellt. Jørgensen wurde als Gefangener nach Großbritannien überführt.

Im Zeitraum 1809-1814 bestimmte zwar das britische Handelsministerium über den Islandhandel, konnte ihn aber nicht recht in den Griff bekommen. Daraufhin setzten die Briten einen Konsul in Island ein, der die Geschäfte kontrollierten sollte. Zwar erkannte die dänische Regierung den Konsul nicht an, dennoch hatte der Stiftamtmann in Reykjavík keine andere Wahl, als ihn zu empfangen. Dem Konsul gelang es, den Handel zu regeln, sonst wurde er aber kritisch betrachtet. Im Grunde war der britische Handel in Island begrenzt, schließlich hatten die Isländer nicht viel zu bieten. Den größten Umfang erreichte er 1814, verringerte sich aber danach und 1816 schoben die Dänen ihm mit hohen Zöllen und Konzessionsgeldern einen Riegel vor. Unter diesen Umständen war es für Ausländer so gut wie ausgeschlossen, Profit aus den Geschäften zu ziehen.

Der Kieler Frieden 1814
Am 14. Januar 1814 wurde in Kiel der Friedensvertrag zwischen Dänemark und Großbritannien geschlossen. Die dänischen Kolonien, die während des Krieges besetzt worden waren, wurden zurückgegeben und Island erlangte denselben Status wie zuvor, d. h., es war Provinz des dänischen Königs. Schweden hatte sich nun von Frankreich getrennt und mit Russland und Großbritannien eine Allianz gegen Frankreich gebildet. Dänemark musste Norwegen an Schweden abtreten, das mehr Interesse an Norwegen als an Finnland hatte, das ohnehin ständig der Gefahr ausgesetzt war, an Russland zu fallen. Weder Island, Grönland noch die Färöer folgten dem norwegischen Anschluss an Schweden, das den Atlantikinseln keinerlei Aufmerksamkeit schenkte. Großbritannien hingegen hatte hier Interessen zu wahren und wollte verhindern, dass die aufstrebende skandinavische Macht im nordatlantischen Raum Fuß fasste. Daher legte Großbritannien Wert darauf, dass Dänemark, das nach der Niederlage in den Napoleonischen Kriegen geschwächt war, die Herrschaft über die Inseln behielt. Auf diese Weise endete die 1262-64 begründete Union zwischen Island und Norwegen, und Island kam unter direkte dänische Herr-

schaft. Norwegen hingegen proklamierte 1814 seine Unabhängigkeit, gab sich eine Verfassung und wählte einen König. Darauf reagierte Schweden mit der Androhung einer Invasion. Nach kurzen Gefechten lenkte Norwegen ein und bildete mit Schweden eine Königsunion, allerdings unter der Bedingung, dass der König die norwegische Verfassung anerkannte. Damit konnte Norwegen letztlich seine Unabhängigkeit wahren. In Island haben diese Ereignisse, wie schon die Revolution des Jørgen Jørgensen, niemanden wirklich bewegt.

Entstehung und Entwicklung des Nationalstaates

Die Situation nach den Napoleonischen Kriegen
Nach dem Ende der Kriege war die Position Islands innerhalb des dänischen Staates dieselbe wie zuvor. Zwischenzeitlich war das Land in den Machtbereich Großbritanniens gelangt und als neutrales Gebiet anerkannt worden. Wegen des gestörten Schiffsverkehrs mussten die Isländer Mangel erleiden und der König versuchte, ihnen zu Hilfe zu kommen, indem er u. a. Finanzmittel für den Kauf von Hilfsgütern bereitstellte. Die Isländer versuchten sich mit dem über Wasser zu halten, was das Land hergab. Eine der wesentlichsten Neuerungen war der vermehrte Gemüseanbau.

Klima und Volkswirtschaft 1815-1870
Abgesehen von Veränderungen in der Administration gab es kaum Neues in Island. Die Haupterwerbszweige waren dieselben wie zuvor und die wesentlichen geistig-kulturellen Entwicklungen im Leben der Isländer fanden in Kopenhagen statt. Die Frage, ob Island im Vergleich zu anderen europäischen Ländern der allgemeinen Entwicklung hinterherhinkte, wird heute unterschiedlich beantwortet, jedenfalls, wenn man von den besonders hoch entwickelten europäischen Regionen absieht. Hierbei ist auch zu bedenken, dass die industrielle Revolution sich in Skandinavien kaum vor 1850 bemerkbar machte. In Bezug auf Technik und Technologie waren die Isländer allerdings weit abgeschlagen. Der Fischfang fand noch immer auf offenen Booten statt, das Land war verkehrstechnisch unerschlossen, es gab kaum Straßen, Brücken etc., selbst ein so einfaches Gerät wie das Rad wurde kaum verwendet. Zwar hatte man um 1800 begonnen, Segelschiffe zum Fischfang einzusetzen, doch blieb

dies begrenzt und sporadisch. Die allgemeine Hygiene war mangelhaft, die Wohnbedingungen äußerst schlecht und die Kindersterblichkeit höher als in den Nachbarländern. Auf der anderen Seite konnte der größte Teil der Isländer lesen, es gab seit langer Zeit eine einheimische Druckerei und man nutzte geschriebene Sprache in gleichem Maße wie andere Kulturnationen Europas.

Im Zeitraum 1815-1859 waren die klimatischen Bedingungen insgesamt gut, doch dann brach eine Kälteperiode herein, die bis 1870 anhielt, wenngleich es innerhalb der jeweiligen Perioden große Schwankungen gab. Im Jahr 1801 zählte man 47 270 Einwohner, 1870 waren es schon 70 031, was einem Bevölkerungszuwachs von 40 % entspricht. Die Bildung von Siedlungskernen ging weiterhin langsam vor sich, sodass die Bevölkerung sich in dünner Besiedlung einigermaßen gleichmäßig über das Land verteilte, vom Landesinneren abgesehen. Zumal es kaum qualitative Veränderungen im Erwerbsbereich gab, reagierte man auf den Bevölkerungszuwachs in zweierlei Hinsicht. Zum einen dehnten sich die Siedlungen auf die Hochebenen und Heiden aus, wo Neubauernhöfe entstanden. Zum anderen wurde der Fischfang erweitert.

In der Landwirtschaft gab es keine Veränderungen, im Grunde standen die Isländer Mitte des 19. Jh. noch mit beiden Beinen in der alten Gesellschaft. Die Produktion stieg zwar bis zur Mitte des Jahrhunderts, doch war dies eher der günstigen Witterung als neuen Methoden geschuldet. Während der nachfolgenden Kältejahre gingen die Viehbestände deutlich zurück, obwohl mehr Menschen von der Landwirtschaft lebten. In der traditionellen Schafhaltung war der Höhepunkt 1853 erreicht, als 516 853 Tiere gezählt wurden. Zweifellos hat dieser hohe Bestand die Vegetation des Landes geschädigt, denn die Schafe weideten das ganze Jahr über und bissen, wenn das Frühjahr nahte, das Gras bis zu den

Wurzeln ab. Der große Zuwachs am Bestand betraf vor allem Hammel, d. h. männliche kastrierte Tiere. Ihre Produkte waren vorrangig Wolle, die als wertvollste Ausfuhrware galt und hohe Preise erzielte, sowie Talg, der ebenfalls exportiert wurde. Der steigende Export stellte einen wichtigen Schritt von der Subsistenzwirtschaft zur Handels- und Konsumwirtschaft dar. Im Jahr 1855 brachen die Schafbestände allerdings ein, nachdem mit einigen englischen Widdern, die zur Zuchtverbesserung eingesetzt werden sollten, die Schafräude eingeschleppt worden war. Anschließend stellten sich für zwei Jahrzehnte harte Zeiten ein.

Der Fischfang war immer eine Nebenbeschäftigung der Menschen gewesen, die von der Landwirtschaft lebten, und bot der wachsenden Bevölkerung nun neue Möglichkeiten. Wahrscheinlich band die traditionelle Ruderbootfischerei 9-14 000 Arbeitskräfte. Auf den Segelschiffen arbeiteten bis zu 1000 Mann. Insgesamt wusste man bislang wenig über den Anteil der Fischerei am Erwerbsleben der Menschen, doch neuere Forschungen des Historikers Gunnar Karlsson belegen, dass die Fischerei im 19. Jh. etwa 4000-6000 Arbeitsplätze pro Jahr bot, was bedeutet, dass ein Drittel der männlichen Bevölkerung ganzjährig fischte. Der Fang an Grundfisch nahm zu und stieg von 21 519 Tonnen im Jahr 1801 auf 35 716 Tonnen 1870. Daneben wurde, wie schon in den Jahrhunderten zuvor, Haifisch gefangen. Aus der Haifischleber wurde Tran gewonnen, für den es im Laufe des 19. Jh. einen wachsenden Markt gab, weil er zur Straßenbeleuchtung in den europäischen Städten genutzt wurde.

Man schätzt, dass die Landwirtschaft 60 % der Isländer beschäftigte, gegen Ende des 19. Jh. sank dieser Anteil auf 50 %. Vom Fischfang lebten zur selben Zeit 30 %, wobei sich der Anteil gegen 1900 auf 20% verringerte. Andere Erwerbszweige wie Handel, Handwerk und Dienstleistungen beschäftigten um die Mitte des 19. Jh. 10 % der Bevölkerung und zur Jahrhundertwende etwa 20 %.

Handel
Über den heimischen Handel in Island liegen kaum Informationen vor. Nennenswerte Geschäfte fanden zwischen Fischereibauern und reinen Agrarbauern statt, die einen boten getrockneten Fisch an und die anderen Fette, vor allem in Form von Butter. Über den Außenhandel weiß man mehr. Der Export an Landwirtschaftsprodukten umfasste Lammfleisch, Wolle und Talg. Die Fischerei exportierte Trockenfisch, Salzfisch und Lebertran vom Hai. Importiert wurden vor allem Getreideprodukte, insbesondere Roggen und Roggenmehl, sowie Genussmittel wie Alkohol, Tabak, Kaffee und Zucker. Schließlich mussten auch Waren importiert werden, die für die eigene Produktion gebraucht wurden, z. B. erhöhte sich der Bedarf an Salz sehr rasch mit dem zunehmenden Salzfischexport. Auch Eisen und Stahl wurden gebraucht. Insgesamt nahm der Import zu, nicht zuletzt im Bereich der Genusswaren. Alkohol und Tabak wurden nun in großem Maße konsumiert, allerdings so gut wie ausschließlich von Männern.

Nach den Napoleonischen Kriegen waren sowohl die Preise als auch die Währungen instabil. Der dänische Staat griff zu dem Mittel, Geldscheine zu drucken, bis ihr Wert plötzlich fiel und die Dänische Reichsbank 1813 bankrott ging. Daraufhin wurde eine neue Währung eingeführt. In Island versuchte man sich an einer Art Preisbindung, indem die Bezirksvorsteher im Jahr 1816 verpflichtet wurden, Informationen über die Preise der wichtigsten Waren in ihrem Bezirk zu sammeln, den Mittelwert zu errechnen und in Preislisten zu veröffentlichen. Dies wurde noch bis 1963 beibehalten. Die Preise waren in Island lange stabil gewesen, doch die Preislisten zeigten nun bedeutende

Schwankungen, die von Angebot und Nachfrage bestimmt waren.

Politisches Erwachen

Aus dem oben Gesagten lässt sich ableiten, dass den Isländern politische Verschiebungen in der Gesellschaft eher gleichgültig waren und sie keine Neigung zu großen Veränderungen verspürten. Erst um 1830 kam frischer Wind auf, als isländische Studenten an der Universität Kopenhagen sich der Herausgabe von Zeitschriften widmeten. Genau genommen hatten zwei junge Männer schon im Jahr 1829 mit der Herausgabe einer isländischen Jahresschrift begonnen, die sowohl der Aufklärung als auch der Ermunterung zu Fortschritt und gesellschaftlichem Aufbau dienen sollte. Dann kam die Julirevolution in Frankreich und gab den Isländern den Anstoß. In den dänischen Herzogtümern Schleswig und Holstein gab es Unruhen, die dazu führten, dass in Dänemark drei Ständeversammlungen gegründet wurden, eine für die Herzogtümer, eine zweite für Jütland und eine dritte für die dänischen Inseln. Hierauf reagierten die Isländer mit der Forderung nach einer beratenden Thingversammlung, was letztlich einer Wiedererrichtung des Alþingi gleichkam. Diese Forderung fand breite Unterstützung in Island und wurde auch von einigen Dänen befürwortet. Schließlich sollten die Isländer jedoch nur eine noch unbestimmte Anzahl von Vertretern in der Versammlung der dänischen Inseln bekommen.

Nachrichten hierüber erschienen in den isländischen Zeitschriften, deren Zahl rasch zunahm und die Wissenswertes und Nützliches zur Förderung des Erwerbslebens sowie Schöne Literatur im Geiste der Romantik veröffentlichten. Das Hauptaugenmerk lag jedoch auf dem Schutz und der Bereicherung der isländischen Sprache und Kultur, der engen Bindung von Land und Nation und der nationalen Unabhängigkeit. Die Einstellung zum eigenen Land veränderte sich, man sah es in neuem Lichte.

Die wichtigste Forderung war die Wiedererrichtung des Alþingi. Die Argumente für die erneute Gründung einer Thingversammlung und damit für die Verlagerung der politischen Regierung in das Land selbst waren sowohl pragmatischer Natur als auch sentimentaler, wobei die Letzteren die Überhand hatten. Man legte Wert darauf, dass das Thing erneut am historischen Ort in Þingvellir zusammenkäme, denn dort verortete man den Volksgeist. Ein freier isländischer Volksgeist, so meinte man, wäre der beste Garant für die Erweckung wahrer Vaterlandsliebe. Er allein könne die Menschen anspornen, ihr Bestes für das Vaterland zu geben, und werde so den Fortschritt im Lande befördern, der wiederum Voraussetzung für eine Verbesserung der allgemeinen ökonomischen Situation sei. Die pragmatischen Gründe liefen darauf hinaus, dass Island sich in den meisten Dingen von Dänemark unterschied: Das Klima und die Natur seien anders, die Einwohner sprächen eine eigene Sprache, die Gesetze seien verschieden, die Wirtschaft und das Erwerbsleben unterschieden sich und abgesehen davon sei Island so weit von Dänemark entfernt, dass die Dänen die Bedingungen im Lande nicht ausreichend verstünden.

Im Jahr 1841 nahm der Mann, der später zum wichtigsten politischen Führer Islands wurde, Jón Sigurðsson, die Herausgabe der Zeitschrift *Ný félagsrit* (Neue Gesellschaftsschrift) auf, die 30 Jahre lang erscheinen sollte. Die Zeitschrift war sowohl eine allgemeine gemischte Informationsschrift als auch ein politisches Organ. Jón Sigurðsson strich in Bezug auf die Gründung eines einheimischen Things vor allem die praktischen Aspekte heraus.

Neugründung des Alþingi
Die Diskussion über die Gründung einer beratenden Versammlung für Island hielt an und in Reaktion darauf wurde im Jahr 1838 eine beratende Kommission ausgewählter Beamter in Island ins Leben gerufen. Diese bewegte allerdings wenig, bis 1841 die Bitte an die Kommission gerichtet wurde, die Gründung einer beratenden Thingversammlung für Island zu prüfen. Der damalige dänische König Christian VIII. war 1814 kurzzeitig König von Norwegen gewesen und hatte die dortige Verfassung bestätigt, die als freiheitlichste in ganz Europa galt. Er war liberal und schätzte die isländische Literatur des Mittelalters. Der Kommission gab er daher den Auftrag, die Verwendung des alten Namens *Alþingi* für eine solche Versammlung zu bedenken, den historischen Ort Þingvellir in Erwägung zu ziehen und insgesamt das historische Thing zum Vorbild zu nehmen. Damit war ein wesentlicher Etappenschritt erreicht, denn nun erkannte ein dänischer Machthaber die Sonderstellung Islands innerhalb des Königreiches an und die Auffassung setzte sich durch, dass Island etwas anderes sei als ein Stift oder Amtsdistrikt in Dänemark.

Die Anweisungen des Königs wurden in der Kommission wohlwollend aufgenommen, schwierig gestaltete sich aber die Anlehnung an das historische Alþingi, zumal man sich vorrangig an den dänischen Ständeversammlungen orientieren sollte. Als Hauptstreitpunkt kristallisierte sich jedoch der Versammlungsort heraus. Zwar wurden von beiden Seiten pragmatische Erwägungen angeführt, doch die patriotischen Argumente überwogen. Weiterhin wurde gefordert, das aktive und passive Wahlrecht so wenig wie möglich zu beschränken und die Thingversammlungen öffentlich abzuhalten. Der Erlass über die Gründung einer beratenden Versammlung in Island erschien schließlich am 8. März 1843. Die Versammlung sollte den Namen *Alþingi* bekommen und zunächst in Reykjavík zusammentreten, 20 Vertreter sollten einen Sitz erhalten und die Wahlperiode sechs Jahre betragen. Die Versammlung sollte im Turnus von zwei Jahren tagen. Wahlrecht hatten Männer ab einem Alter von 25 Jahren mit bestimmtem Mindesteigentum. Wählbar waren Männer ab 30 Jahren in offener Wahl. Nach diesen Regeln hatten 2 % der isländischen Bevölkerung Wahlrecht zum Alþingi. Versammlungssprache war Isländisch, in den ersten Jahren wurde noch darüber gestritten, ob die Versammlungen grundsätzlich öffentlich sein sollten, d. h. jeder zuhören durfte. Ab 1849 wurde dies durchgesetzt und bis heute beibehalten.

Ende der absoluten Monarchie 1848 – Rechtsstellung Islands
Am 28. Januar 1848 schaffte König Frederik VII. die absolute Monarchie in Dänemark ab, womit er dem Rat seines gerade verstorbenen Vaters folgte. Kurz darauf setzte die Februarrevolution in Frankreich ein und es folgten Erhebungen in ganz Europa. Unter anderem gab es Unruhen in Dänemark. Der König erklärte nun, dass er sich als konstitutionellen Monarchen verstand, wodurch die Verantwortung für die politischen Aktivitäten auf die Minister des Königs übertragen wurde. Dementsprechend konnte die Ständeversammlung die Minister vor einem speziellen Gerichtshof, dem Staatsgericht, verklagen, wenn es Ungereimtheiten bei der Umsetzung der Regierungsgeschäfte gab.

Nun musste die Rechtsstellung Islands neu definiert werden. Jón Sigurðsson griff zur Feder und veröffentlichte einen Artikel, in dem er seine Auffassung darlegte: Nachdem der König die absolute Monarchie abgeschafft habe, die per Gesetz 1662 eingeführt worden war, bestimme sich die rechtliche Position Islands nunmehr aus dem Alten Vertrag von 1262-1264. Mit diesem Vertrag hatten die Isländer dem norwegischen König die Treue geschworen, nicht aber dem norwegischen Staat. Die Union war eine Königsunion, die später, als die Union zwischen Norwegen und Dänemark geschlossen wurde, auf den dänischen König überging. Dementsprechend sei man nun lediglich verpflichtet, mit dem König über die Beziehungen beider Länder sowie die Regierungsform zu verhandeln. Sobald ein Ergebnis vorliege, müsse eine Bestimmung in die isländische Verfassung aufgenommen werden, die alles Weitere genauer regle.

In einer solchen Verfassung sei die gesetzgebende Gewalt des Alþingi festzuschreiben. Es werde eine Landesregierung mit einem Gouverneur und zwei Mitregenten eingesetzt. Diese seien dem Alþingi verantwortlich und müssten ihre Ämter verlassen, sobald sie nicht in Übereinstimmung mit dem Alþingi arbeiteten. An dieser Stelle muss allerdings angemerkt werden, dass Jón Sigurðsson nirgends die genauen Machtverhältnisse zwischen Thing und Regierung bestimmte. Gleichwohl kam er parlamentarischen Vorstellungen, wie sie sich viel später durchsetzen sollten, recht nahe. Von einem unabhängigen isländischen Staat war bei ihm jedoch nicht die Rede. Nichtsdestotrotz wurde auf der Grundlage dieser Ideen das politische Programm geformt, dem bis 1918, als Island die Souveränität erlangte, gefolgt werden sollte. Als Vorbild für die Union zwischen Island und Dänemark, von der Jón Sigurðsson sprach, konnte die Beziehung zwischen Norwegen und Schweden ab 1814 dienen.

Im Sommer 1848 wurde zu einer Versammlung in Þingvellir eingeladen und eine Petition an den König verabschiedet. Diese beinhaltete zwei Aspekte: Zum einen sollte Island ein eigenes Parlament erhalten, das eine Rechtsposition parallel zu der des dänischen Parlamentes einnähme. Zum anderen sollte Island Vertreter wählen, die über die rechtliche Stellung des Landes innerhalb der vorgesehenen Strukturen berieten. Die Petition wurde am 23. September 1848 durch den König beantwortet, der den Isländern zusagte, dass ohne die vorherige Einberufung einer Versammlung im Lande selbst keine Entscheidungen über die Stellung Islands getroffen würden. Ende 1848 wurde in Kopenhagen ein besonderes Ministerium für isländische Angelegenheiten eingerichtet, in dem alle Fragen Island betreffend beraten werden sollten. Dies war ein Bestandteil der Reorganisation des dänischen Regierungssystems und ein wichtiger Schritt in Richtung isländische Selbstverwaltung.

Dänische Verfassung 1849 und Unruhe in Island
Nach der Abschaffung der absoluten Monarchie in Dänemark wurde 1848 eine verfassunggebende Versammlung einberufen, um eine gültige Verfassung für Dänemark zu beschließen. Island erhielt per Entscheid des Königs fünf Vertreter auf dieser Versammlung. Diese sahen es als ihre wichtigste Aufgabe an, sicherzustellen, dass Island nirgends in dieser Verfassung erwähnt würde. Sonst hielten sie sich im Hintergrund. Auf diese Weise konnten sie den Weg für die Anerkennung spezifischer isländischer Landesrechte freimachen.

Island war weit entfernt von den Ereignissen in Europa, trotzdem gelangten Nachrichten mit den bereits erwähnten Zeitschriften erstaunlich schnell ins Land. Insbesondere muss hier die Zeitschrift *Skírnir*, die 1827 gegründet wurde, sowie die ab 1848 erscheinende erste landesweite Zeitung *Þjóðólfur* genannt werden.

Im Jahr 1849 sammelten sich die Bauern in Nordisland und ritten zum Sitz des Amtmannes, um diesen wegen einer bestimmten Streitsache niederzuschreien. Ihr Schlagwort »Es lebe die Volksfreiheit, Tod der Unterdrückermacht!« drückte revolutionäres Gedankengut aus, wie es sich in Europa verbreitet hatte. In der Lateinschule (*Lærði skóli*) in Reykjavík erhoben sich die Schüler im Jahr 1850 gegen ihren Rektor, indem sie es ablehnten, dem Abstinenzverein beizutreten, wie er es von ihnen verlangt hatte. Daraufhin geriet der gesamte Schulbetrieb für den Rest des Schuljahres außer Kontrolle. Im selben Jahr stiftete der Redakteur der Zeitung *Þjóðólfur*, der gleichzeitig geweihter Pfarrer war, nach der Messe in der Domkirche von Reykjavík einen Aufruhr an. Diese Beispiele waren zwar nur vereinzelte Empörungen, doch kündigten sich in ihnen neue Kräfte an, die ihren Anspruch auf politische Einflussnahme vorbrachten.

Isländische Nationalversammlung 1851
In Übereinstimmung mit den Versprechungen des Königs vom 23. September 1848 wurde eine Nationalversammlung zur Klärung der Position Islands im dänischen Königreich vorbereitet. Das Wahlrecht zu dieser Versammlung war weiter gefasst als zum Alþingi und es entstanden Ansätze politischer Parteien. Am 5. Juli 1851 trat die Versammlung zusammen. Die dänische Regierung schlug vor, die dänische Verfassung zur Grundlage zu nehmen, weiterhin sollte Island sechs Vertreter im dänischen Parlament bekommen und für bestimmte Politik- und Verwaltungsbereiche, die einzeln aufgezählt wurden, eine isländische Selbstverwaltung eingerichtet werden. Das Alþingi war als beratendes Organ vorgesehen. In Fragen der Besteuerung und der Ausgaben aus dem isländischen Landesfonds war die Zustimmung des Alþingi als Bedingung gesetzt. Diesen Gesamtvorschlag interpretierten die isländischen Vertreter als Einverleibung des Landes in den dänischen Staat.

Die isländische Seite sah eher eine Königsunion vor, nach der Dänemark und Island einen gemeinsamen König und Thronfolger hätten und alles Weitere vertraglich zu regeln wäre. In islandspezifischen Angelegenheiten sollte die Gesetzgebung in den Händen des Alþingi und des Königs liegen, Isländer sollten als Berater des Königs wirken, die gleichzeitig die höchste Regierungsmacht im Lande übernahmen und die Verantwortung trugen. Die Gerichtsbarkeit sollte bei Richtern im Lande liegen und das Oberste Gericht Dänemarks als Berufungsinstanz dienen, bis die künftige Ordnung der Gerichtsbarkeit per Gesetz geregelt wäre. Diese Vorschläge liefen im Grunde auf die Gründung eines unabhängigen Staates innerhalb einer Union mit Dänemark hinaus. Denn indem darüber verhandelt werden sollte, welche Angelegenheiten gemeinsam wären, war der Weg zur vollständigen Herauslösung Islands vorgezeichnet.

Auf der Nationalversammlung brach damit ein Konflikt über die legislative Gewalt des Alþingi und über die Macht der Minister, d. h. über die Exekutive, auf. Die Regierung zeigte in beiden Fragen kein Entgegenkommen und beendete die Versammlung ohne Ergebnis und unter Protest der Isländer. Während der nächsten zwei Jahrzehnte wartete man auf eine Entscheidung über die Rechtsposition Islands.

Literatur

Zeitalter der Gelehrsamkeit

Oben wurde die Literaturgeschichte bis zu den Reimgedichten (*rímur*), Balladen (*sagnadansar*) sowie der religiösen und weltlichen Dichtung verfolgt. Diese Literatur wurde weitergeführt, jedoch mit Ausnahme der Heiligendichtung, die nach der Reformation nicht mehr gefragt war. Den Zeitraum von 1550 bis 1770 oder von der Reformation bis zur Aufklärung nennt man in Island das »Zeitalter der Gelehrsamkeit« (*lærdómsöld*). Die Bezeichnung lehnt sich an den Humanismus an, dessen Wurzeln in Italien lagen und der ein wichtiger Teil der Renaissance war.

Die Einflüsse des Humanismus begannen sich um die Mitte des 16. Jh. auch in Island bemerkbar zu machen. Er bildete die geistesgeschichtliche Basis für die Schwerpunktlegungen im kulturellen Leben der Isländer im genannten Zeitraum. Doch anstelle des Studiums der antiken klassischen Schriften richteten die Wissenschaftler im Norden ihre Aufmerksamkeit auf das historische und literarische Erbe der nordischen Länder selbst, und hier erwies sich die isländische Literatur des Mittelalters als die ergiebigste.

In Island übersetzte man das Neue Testament ins Isländische, das 1540 erschien, und schließlich die ganze Bibel, die 1584 herauskam. Wie bereits erwähnt, wurde die erste Druckerpresse im Jahr 1530 nach Island gebracht, und nach der Reformation nahm die Kirche sie allein in ihre Dienste. Die Herausgabe von Schriften war deshalb größtenteils an die lutherische Orthodoxie gebunden und gibt ein einseitiges Bild vom geistigen Leben der Nation ab.

Weltliche Dichtung
Nach wie vor waren Rímur ein äußerst beliebter Teil der Alltagskultur. Sie nahmen daher einen besonderen Platz in der Literatur ein und behielten diesen Status bis etwa 1800. Zudem wurden lange Balladen gedichtet, deren Inhalt häufig ausländische Märchen waren. Auch gegenwärtige Ereignisse und der tägliche Überlebenskampf wurden zu Gedichtstoffen. Nachrufe wurden oft in Gedichtform verfasst, und schließlich sind Liebesgedichte und Tanzlieder zu nennen, denen die Kirche nicht wohlgesonnen war.

Um die Mitte des 18. Jh. machten sich in der Literatur neben der Aufklärung erste Anzeichen der Frühromantik bemerkbar. In den Gedichten der isländische Nationaldichter sind daher aufklärerische Aspekte wie der Aufruf zu Fortschritt und Reformen ebenso zu erkennen wie Anklänge an Nationalismus und Hochschätzung des nationalen kulturellen Erbes. In den Liedern und Gedichten stehen Einflüsse der griechischen und römischen Klassik neben Anleihen aus der nordischen literarischen Tradition. Unter anderem bemühte man sich um die Nachahmung der mittelalterlichen Sprache und eddischen Versmaße. Unter dem Einfluss der Aufklärung entstanden Satiren und Spottgedichte und nicht zuletzt Heimatgedichte.

Oben wurden die Übersetzungen und Veröffentlichungen der Bibel angesprochen. Nun folgten Prosaschriften, u. a. Predigtsammlungen der wichtigsten dänischen und deutschen Theologen der Reformation sowie von isländischen Klerikern. Am berühmtesten sind die Predigten des Bischofs Jón Vídalín aufgrund ihrer Eloquenz und Wortgewandtheit.

In den Gottesdiensten der reformierten Kirche wurde großer Wert auf Psalmen gelegt. In Fragen der Dichtkunst waren diese eher unbedeutend, doch das Psalmenbuch, das zuerst 1589 erschien, setzte hierin eine Zäsur. Ab dem späten 16. Jh. wurden Psalmgedichte zu einer umfangreichen

Literaturgattung. Am berühmtesten sind die Passionspsalmen (*Passíusálmar*) des Pfarrers Hallgrímur Pétursson (1614-1674), die vom Leiden und Tod Christi handeln. Bemerkenswert an dieser Dichtung ist, dass Hallgrímur zwar von den Bibeltexten ausging, diese aber auslegte. Die Passionspsalmen zählen zu den Hauptwerken der isländischen Literatur.

Das isländische kulturelle Erbe
Der norddeutsche Humanismus prägt in gewissem Maße die letzten katholischen Bischöfe in Island. Sein Programm äußerte sich u. a. in besonderer Aufmerksamkeit für die Volkssprachen sowie regionale Geschichte und Kultur. Ab etwa 1500 begann man in Skandinavien, sich mit der eigenen Geschichte zu beschäftigen, und es stellte sich heraus, dass viele Originalquellen einzig in Island vorhanden waren. Sie waren zwar in Manuskripten nach Skandinavien gelangt, doch dort verstand man die isländische Sprache nicht. Deshalb wurde schon zu Beginn des 16. Jh. angefangen, einen Teil der Quellen in die skandinavischen Sprachen zu übersetzen. Zur selben Zeit erschienen im Ausland verschiedene fabelhafte Beschreibungen Islands. Um die Vorstellungen von Island im Ausland zu korrigieren, verfasste der Gelehrte Arngrímur Jónsson drei Schriften in lateinischer Sprache über isländische Geschichte und Kultur. Die berühmteste dieser Schriften ist die *Crymogæa*, die 1609 in Hamburg erschien und viele weitere Auflagen erlebte. Diese Schriften weckten Aufmerksamkeit und führten zu erhöhtem Interesse an den isländischen Manuskripten, in denen Geschichten verzeichnet waren, die ein Licht auf die skandinavische Frühgeschichte werfen und so das Selbstbewusstsein der nordischen Länder stärken konnten. Hier lag der Anfang der systematischen Sammlung isländischer Handschriften. Der erfolgreichste Sammler isländischer Hand-

schriften war der aus Island stammende Professor Árni Magnússon an der Universität Kopenhagen. Ihm gelang es, die größte Sammlung anzulegen, die bis heute existiert.

Der Isländer Thormod Torfaeus wurde vom König als eine Art offizieller Geschichtsschreiber in Dienst genommen und schrieb sehr umfangreiche Werke über die Geschichte Dänemarks und Norwegens in lateinischer Sprache. Andere Isländer führten ähnliche Arbeiten bis in die Mitte des 19. Jh. fort und eines der letzten großen wissenschaftlichen Werke in lateinischer Sprache war die vierbändige isländische Kirchengeschichte *Historia Ecclesiastica Islandiæ* aus der Feder des Bischofs Finnur Jónsson, die 1772-1778 erschien.

An das Ende der mittelalterlichen Sagaliteratur mit den Rittersagas und Vorzeitsagas schloss sich eine Periode an, die durch Übersetzungen von Märchensagas gekennzeichnet war. Nach der Reformation begannen die Isländer, ihre eigene Geschichte aufzuzeichnen. Jetzt waren aber nicht mehr nur Gelehrte am Werke, sondern auch Laien ohne formale höhere Schulbildung. Diese Schriften kann man in drei Klassen einteilen: eigentliche Geschichtsschreibung, Chroniken, die bis ins 19. Jh. verfasst wurden, und genealogische Schriften, die bis zum heutigen Tag fortgeführt werden.

Weitere Schriften

An anderen Werken sind Schriften über Zauberkunde zu nennen sowie über persönliche Erfahrungen mit Zauberei. Bücher dieser Art, nicht zuletzt auch Zaubersprüchsammlungen, wurden schon lange zusammengestellt, doch in der zweiten Hälfte des 17. Jh. nahm ihre Zahl deutlich zu.

Bemerkenswerter sind jedoch Reisebücher mit autobiografischen Zügen. Hierzu gehört vor allem die Schrift eines Pfarrers, der 1627 beim sogenannten Türkenraub nach Algier entführt worden war. Er kam später nach Island zurück und schrieb die Erfahrungen seiner Gefangenschaft und das Schicksal einiger anderer Isländer nieder. Besonders berühmt ist die Biografie des Jón Ólafsson. Er gehörte der Marine des Königs Christian IV. an. Seine Schrift erzählt hauptsächlich von einer Reise nach Indien 1622-1625 und dient heute als wichtigste Quelle über den Handel der nordischen Länder in Indien. Ab dem 18. Jh. schrieben zwei weitere isländische Seemänner über ihre Reisen nach Indien und China.

Aufklärung
Mit der Aufklärung gelangten neue Strömungen nach Island, zu deren Hauptzügen Optimismus, Pragmatismus, Reformwillen und Fortschrittsorientierung gehörten. Die isländische Literatur stand unter besonderem Einfluss der dänischen Aufklärung, während diese ihre Haupteinflüsse aus Deutschland bezog. Dort lag das Augenmerk auf allgemeiner Bildung und Unterrichtung, aber auch der Nationalismus spielte eine Rolle und man legte Wert auf Tugend und Moral. Unterhaltungsliteratur wurde negativ bewertet. Deshalb wandte man sich in Island gegen Rímur, Sagalektüre und nutzloses Laienwissen und lobte dagegen praktische Schriften und Anleitungen. Dies führte zu Widersprüchen zwischen der konservativ geprägten Volks- oder Nationalkultur und dem internationalen Geist der Aufklärung. Gegen Ende des Jahrhunderts begannen sich Freiheits- und Humanitätsideale in der Dichtung bemerkbar zu machen.

Trotz der negativen Bewertung und Verboten gelang es nicht, diese Formen der Unterhaltung auszumerzen. Mitte des 18. Jh. erschienen Volksausgaben der Sagas und der Rímur-Gesang erfreute sich weiter großer Beliebtheit. Daneben wurden Unterhaltungsstücke geschrieben, die unter den Begriff Romanzen zu fassen sind. Ihre Zahl nahm im 17. und 18. Jh. sehr zu, zumal sie gern abgeschrieben und untereinander weitergereicht wurden.

Romantik
Im ersten Jahrzehnt des 19. Jh. begannen sich Einflüsse der deutschen und dänischen Romantik in der isländischen Literatur bemerkbar zu machen. Auch diese Strömung lehnte die im Volk verbreiteten Rímur ab und wies Psalmen ebenso wie die gottesfürchtigen Postillen der Kirche und Informationsschriften der Aufklärung zurück. Etwa ab 1830 wurde die Romantik prägend für die isländische Literatur. Da die Nationalität im romantischen Programm eine große Rolle spielt, kam hier die politische Dimension hinzu, denn als eigenständiger Nation sollte Island auch weitgehende Selbstverwaltung zustehen. In den folgenden Jahrzehnten nahm die Herausgabe von Büchern und Zeitungen an Umfang zu und deckte ein breiteres Spektrum ab. Belletristik, Sagas und Unterhaltungsliteratur nahmen mehr Raum ein. In der Poetik setzten sich Neuerungen durch und große Werke der Weltliteratur wurden ins Isländische übersetzt. Die Zahl an Romanen von isländischen Autoren nahm zu und man unternahm Versuche in der Bühnendichtung. Volkssagen und Volkslieder erfuhren mehr Wertschätzung als zuvor.

Die Nationalromantik bildete sich in unterschiedlicher Weise aus. Im Zentrum der Aufmerksamkeit standen das Land bzw. die Natur und das kulturelle Erbe. Die Schönheit und Größe des Landes wurde gelobt, doch gleichzeitig die Härte der Naturkräfte beschrieben. Hierbei wurde die Natur gern als strenge Erzieherin gesehen, die die Nation im Laufe der Jahrhunderte gezüchtigt und abgehärtet habe. So jedenfalls interpretierte es der gebildete Stand, der das Land eher aus der Ferne betrachtete. Die Volksdichter, die ihren Überlebenskampf in eben dieser abweisenden und harten Natur führten, sahen das Land in anderem Licht. Weiterhin zeichnete man ein glänzend-heroisches Bild der isländischen Freistaatzeit und des entsprechenden kulturellen Erbes, das als Vorbild und Inspiration für die Gegenwart verstanden wurde. Vorübergehend wandte sich die Aufmerksamkeit den Einöden des Landes und den Gefahren der Naturkräfte zu und wurde von Mystizismus, Todesangst, Einsamkeit und Weltschmerz begleitet. Im Ergebnis schien der Überlebenskampf keinen Sinn zu haben. Später wurden diese Einstellungen jedoch in einer abgeklärten Abwägung beiseite geschoben und fortan die isländische Natur wie die Geschichte gelobt und besungen und mit patriotischen Gefühlen verknüpft. Die Heimatliebe richtete sich nun auf die Freiheit der Nation und den praktischen Fortschrittswillen zur Verbesserung der Lebensbedingungen im Lande. Wenn über die politischen Veränderungen in Europa geschrieben wurde, stand die Sympathie auf Seiten des Freiheitskampfes jener Nationen, die ihre Unabhängigkeit anstrebten, und es wurden Parallelen zur isländischen Geschichte gezogen. Kampflieder und Ermutigungen an die Nation traten zunehmend in den Vordergrund.

Isländer unternahmen Ende des 18. Jh. erste Versuche in der Romankunst, doch der Beginn des modernen Romans fiel in Island ins 19. Jh. Zunächst wurden Kurzgeschichten geschrieben, die sich dem Leben auf dem Lande widmeten. Die ersten eigentlichen Romane erschienen 1850 und 1876. Dabei handelte es sich um romantisch-pastorale Geschichten, die dennoch mit realistischen Beschreibungen der isländischen Gesellschaft verknüpft waren.

Schulbetrieb und Bildung

Die Domschulen
Die beiden Domschulen in Skálholt und Hólar waren die wichtigsten Institutionen, die der König und die Kirche einsetzen konnten, um die neuen Ideen über orthodoxes Denken und Staatsgewalt durchzusetzen. Die Theologie nahm einen zentralen Platz ein, sonst hielt sich der Unterricht in denselben Bahnen wie im Mittelalter, d. h., es wurden die sieben freien Künste gelehrt. Mitte des 17. Jh. legte man besonderen Wert auf Mathematik, Astronomie, Physik und Philosophie. Der Lateinunterricht wurde erweitert. Zu den Schriften, die im Unterricht verwendet wurden, gehörten die Bücher von Johann Comenius in Latein und Petrus Ramus in Logik. Gebete und Gesang spielten eine große Rolle, es wurde mehr Disziplin erwartet und auch durch körperliche Züchtigungen durchgesetzt. Der Lehrstoff änderte sich im Laufe des 18. Jh. kaum. Arme Schüler bekamen kostenlose Unterkunft und Verpflegung. Die Finanzlage der Schulen hing von den jeweiligen Bedingungen in Landwirtschaft und Fischfang ab und war daher meistens schlecht. Die Löhne der Lehrer waren sehr niedrig, weshalb sie selten lange im Amt blieben. Nach 1800 wurde nur noch eine Schule unterhalten, deren Aufgabe es war, junge Männer auf kirchliche Ämter vorzubereiten. Mitte des 19. Jh. wurde die Schule in eine allgemeine Lateinschule (*Lærði skólinn*) umgeformt und ein separates Priesterseminar gegründet.

Universitätsbildung
Die meisten Isländer, die ein Universitätsstudium aufnahmen, gingen nach Kopenhagen. Seit 1579 genossen isländische Studenten dort besondere Privilegien und Stipendien. An der Universität Kopenhagen wurde ihnen der rechte Glau-

be und die Loyalität zum König anerzogen und Absolventen dieser Institution wurden bei der Gewährung von Pfarrämtern vorgezogen. Wenige gingen an andere Universitäten, und wenn doch, dann am ehesten nach Holland, wo wesentlich liberalere Ansichten herrschten. Ab der Mitte des 17. Jh. gab es große Fortschritte in den Naturwissenschaften und Dänemark brachte hier, wie schon im vorangegangenen Jahrhundert, hervorragende Wissenschaftler hervor, wie z. B. Tycho Brahe, Niels Steensen, Ole Römer, Thomas Bartholin und den Universalgelehrten Ole Worm.

Naturwissenschaften
Das Interesse an den Natur- und empirischen Wissenschaften nahm zu und es entstand eine Reihe von Handschriften, in denen ausländische und isländische Erkenntnisse zusammengestellt wurden. Die isländischen Gelehrten befassten sich im 17. Jh., als kritische Ansichten sich durchzusetzen begannen, mit den Realwissenschaften und untersuchten die isländische Natur. Im Jahr 1666 veröffentlichte der Bischof von Skálholt, Þórður Þorláksson (1637-1697), in Wittenberg eine Beschreibung Islands in lateinischer Sprache.

Im Geiste der Aufklärung wurden in vielen Ländern wissenschaftliche Akademien gegründet, mit denen das Ziel verfolgt wurde, die wissenschaftliche Betätigung auf eine sichere Basis zu stellen. Die Königlich Dänische Akademie der Wissenschaften wurde 1742 ins Leben gerufen und sollte Forschungen in verschiedenen Wissenschaften fördern. In diesem Kontext richtete sich das Interesse bald auf die isländische Natur. Man begann mit der Sammlung von Materialien und richtete Expeditionen aus. Die nachhaltig bemerkenswerteste Expedition fand in den Jahren 1752-1757 statt, als zwei Isländer, Eggert Ólafsson und Bjarni Pálsson, den Auftrag erhielten, das Land zu erforschen. Das Buch über die Expedition schrieb Eggert Ólafsson in dänischer Sprache (1772). Diese Islandbeschreibung diente während des gesamten nachfolgenden Jahrhunderts als wichtigste Quelle über Land und Leute. Weitere Expeditionen unternahmen Ólafur Olavius in den Jahren 1775-1777 und Sveinn Pálsson in den Jahren 1791-1795.

Volksbildung
Wie oben erwähnt, gehörte es zu den Pflichten der Pfarrer, die Unterrichtung der Kinder in der christlichen Lehre zu überwachen. Ein Mittel hierzu waren die Visitationen. Kinder mussten Luthers *Kleinen Katechismus* lernen und am besten auswendig können. Wahrscheinlich waren die meisten Menschen in Island lesekundig. Wie es mit der Schreibkundigkeit aussah, ist schwer abzuschätzen, doch anhand der Quellen ist anzunehmen, dass im Jahr 1649 um 20-25 % der steuerpflichtigen Bauern schreiben konnten. Die Söhne der besser gestellten Bauern und der Häuptlinge lernten das Lesen anhand des 1281 eingeführten Gesetzbuches *Jónsbók*. Es kann auch als wahrscheinlich gelten, dass die Sagalektüre weit verbreitet war, schließlich hatte die Kirche wenig Erfolg mit ihren Versuchen, die weltliche Lektüre auszurotten. Hier ist noch einmal daran zu erinnern, dass Mitte des 18. Jh. 35 % der Einwohner der Diözese Skálholt lesen konnten und 1790 bereits 90 % der Isländer als alphabetisiert galten.

Der allgemeine Unterricht lag in den Händen der Haushalte unter Aufsicht der Pfarrer, die durch den Einfluss des Pietismus verschärft wurde. Die erste allgemeine Volksschule wurde in Island 1745 gegründet und bestand 15 Jahre lang. Die nächste Schule wurde 1791 gegründet und arbeitete bis 1812. Die weit verbreiteten Lesekenntnisse kamen der allgemeinen Unterrichtung entgegen. Dies machte sich bemerkbar, als im Jahr 1772 eine neue Druckerei gegründet wurde. Weil die Druckerei in Hólar einzig kirchliche Schriften druckte, konzentrierte sich die neue Druckerei auf Weltliches und dabei insbesondere auf praktische Handbücher. Hierdurch trug sie bedeutend zu Fortschritten im Erwerbsleben bei.

Es wurden drei Kultur- und Bildungsvereine gegründet. Der erste entstand 1760 und wurde *Ósynilega félagið* (Der unsichtbare Verein) genannt. Er arbeitete an einer sorgfältigen Ausgabe der philosophisch-moralischen Schrift *Konungs skuggsjá* aus der Mitte des 13. Jh. Als diese 1768 erschienen war, stellte der Verein seine Tätigkeit ein. Der zweite Verein war *Hið íslenzka lærdómslistafélag* (Die isländische Gesellschaft für Gelehrsamkeit) und wurde 1779 ins Leben gerufen. Die Gesellschaft gab eine Zeitschrift in 14 Bänden heraus, in der sowohl praktisches Material als auch literarisches veröffentlicht wurde, darunter Übersetzungen von englischen und deutschen Gedichten. Dieser Verein stellte seine Tätigkeit im Jahr 1800 ein. Der Dritte im Bunde war *Hið íslenzka landsuppfræðingarfélag* (Der isländische Verein für landesweite Bildung), der 1794 gegründet wurde und bis in die 20er Jahre des 19. Jh. aktiv blieb.

Nach der Nationalversammlung

Trennung der isländischen und dänischen Finanzen
Die Nationalversammlung von 1851 wurde ohne Ergebnis aufgelöst und die Position Islands innerhalb des dänischen Reiches blieb unverändert. Doch im Jahr 1860 kam Bewegung in die Sache, als eine Neuordnung der Finanzbeziehungen zwischen Dänemark und Island vorbereitet wurde. Das Problem bestand darin, dass die Einnahmen, die der Staat aus Island bezog, die Ausgaben nicht aufwogen und die schlechte Bilanz ausgeglichen werden sollte. Hierzu wurde eine fünfköpfige Kommission gebildet, die sich in drei Aspekten einig war: Die Finanzen Dänemarks und Islands sollten voneinander getrennt werden, das Alþingi die Finanzhoheit erhalten und Dänemark Island weiterhin in erheblichem Maße finanziell unterstützen. In Bezug auf die Begründung für die Unterstützung durch Dänemark herrschte hingegen keine Einigkeit. Die Kommissionsmitglieder waren zwar alle der Ansicht, dass Dänemark Island etwas schulde, doch die Mehrheit sah es als zu schwierig an, die entsprechende Höhe zu bemessen. Deshalb wollte man eher berechnen, welchen Betrag Island brauchte, um auf eigenen Füßen zu stehen. Jón Sigurðsson sah die Sache anders, er wollte eine genaue Aufstellung über die finanziellen Beziehungen der Länder anfertigen. Durch umfangreiche Forschungen kam er zu dem Ergebnis, dass das dänische Reich Island erhebliche Summen schuldete. Auch wenn man diese Berechnungen unterschiedlich bewerten kann, so hatten sie doch den politischen Effekt, dass die Unterstützung nicht mehr als Almosen betrachtet wurde, sondern als gerechtfertigte finanzielle Forderung.

Entscheidung über die Position Islands im dänischen Reich
In Fortführung der Kommissionsarbeit wurde dem Alþingi ein Entwurf zur finanziellen Loslösung Islands von Dänemark vorgelegt. Das Alþingi lehnte den Entwurf ab, weil er nicht mit einer neuen Verfassung verknüpft war. Die Suche nach einem Kompromiss blieb erfolglos. Schließlich ergriff das dänische Parlament die Initiative und verabschiedete ein Gesetz, das die Position Islands innerhalb des dänischen Staates bestimmte. Das sogenannte konstitutionelle Gesetz (*stöðulög*) wurde am 2. Januar 1871 bestätigt. Darin wurde Island als untrennbarer Bestandteil des dänischen Reiches mit eigenem Landesrecht definiert. Die besonderen isländischen Angelegenheiten wurden im Gesetz aufgezählt und nach dem Verfassungsentwurf, der dem Alþingi im selben Jahr vorgelegt wurde, sollte das Alþingi zusammen mit dem König die Legislative in diesen Angelegenheiten erhalten. Das Alþingi lehnte den Verfassungsentwurf ab.

Nun war man den Isländern in wichtigen Forderungen entgegengekommen, insbesondere mit der Anerkennung eines eigenen Landesrechts. Das konstitutionelle Gesetz war mit einer Neuordnung der höchsten Ämter im Lande verbunden. So wurde im Jahr 1872 das Amt des Gouverneurs anstelle des Stiftamtmannes eingeführt und damit mehr Macht nach Island verlagert. Nichtsdestotrotz war der Gouverneur dem Minister für Island in der dänischen Regierung unterstellt.

Das Alþingi protestierte gegen das konstitutionelle Gesetz, dessen Verabschiedung in Island erhebliche Wellen schlug. Der Grund hierfür lag vor allem darin, dass das dänische Parlament das Gesetz ohne jegliche Beteiligung Islands verabschiedet hatte, was man als Missachtung der Isländer wahrnahm. Es folgte eine Reihe von öffentlichen Versammlungen, u. a. wurde im Jahr 1873 eine Versammlung in Þingvellir abgehalten und dort eine Erklärung verabschiedet, in der bekräftigt wurde, dass Island eine eigenständige Gesellschaft und lediglich durch eine Königsunion mit Dänemark verbunden sei. Diese Erklärung wurde dem Alþingi zusammen mit einem Verfassungsentwurf, der weitestgehende Forderungen enthielt, zugesandt. Beide wurden bestätigt, doch gleichzeitig zeigte man Kompromissbereitschaft.

Verfassung 1874
Inzwischen rückte das Jubiläum der 1000-jährigen Besiedlung Islands heran und es wurden umfangreiche Festivitäten geplant. Der angestrebte Kompromiss bestand darin, dass man dem König den Wunsch unterbreitete, er möge den Isländern eine Verfassung geben, die dem Alþingi die vollständige gesetzgeberische Macht und die Finanzhoheit verlieh, und einen besonderen Ratgeber für Island einsetzen, der dem Alþingi rechenschaftspflichtig wäre, oder – wenn ihm dies nicht beliebte, den vom Alþingi beschlossenen Verfassungsentwurf bestätigen. Die dänische Regierung reagierte sofort und am 5. Januar 1874 gab der König eine Verfassung über die besonderen Angelegenheiten Islands heraus. Darin hieß es, dass in den spezifisch isländischen Angelegenheiten nach dem konstitutionellen Gesetz von 1871 die Gesetzgebung und Finanzhoheit in den Händen des Alþingi und des Königs liegen sollte, die Exekutive beim König und die Judikative bei den Richtern. Der König konnte die Bestätigung von Gesetzen verweigern und hatte so Vetorecht, das in der Praxis vom Minister für Island wahrgenommen wurde. Das Wahlrecht wurde nicht erweitert, sodass weiterhin 2,2 % der Isländer Wahlrecht hatten. Das Alþingi wurde jetzt in zwei Kammern geteilt. In der oberen Kammer saßen die vom König eingesetzten Vertreter in gleicher Anzahl wie die gewählten und hatten aufschiebendes Vetorecht. Gesetzentwürfe mussten die Zustimmung beider Kammern

erhalten, um gesetzeswirksam zu werden. Die Exekutive lag in den Händen des Königs und wurde vom Minister für Island wahrgenommen. Die höchste innerisländische Gewalt lag beim Gouverneur, der dem Minister für Island rechenschaftspflichtig war. Die Verfassung enthielt Bestimmungen zur Wahrung der Unabhängigkeit der Gerichtsbarkeit, beispielsweise durften Richter der höheren Gerichte nicht ohne ein entsprechendes Urteil aus ihrem Amt entlassen werden. Schließlich gab es einen eigenen Abschnitt über allgemeine Menschenrechte, der größtenteils dem entsprach, was in Verfassungen jener Zeit üblich war.

Nationalfeier 1874
In der Zwischenzeit wurde, wie schon angedeutet, die Nationalfeier vorbereitet. Christian IX. war der erste König, der Island besuchte, und er war anwesend, als am 1. August 1874 die Verfassung in Kraft trat. Die Feierlichkeiten wurden am alten Thingplatz in Þingvellir ausgerichtet. Daneben gab es Feiern im ganzen Land.

Eine Reihe ausländischer Gäste besuchte Island, einige aus eigenem Interesse, andere als Vertreter von Verbänden und Gesellschaften oder als Journalisten. In der ausländischen Presse wurde mehr über Island berichtet als je zuvor und die Isländer bekamen eine gute Gelegenheit, ihr Land, die Nation und die isländische Kultur darzustellen. Die Feierlichkeiten steigerten das Selbstbewusstsein der Isländer und ermutigten sie. Doch der wichtigste politische Führer Islands, Jón Sigurðsson, war nicht in der Nähe. Er saß in Kopenhagen, wo er durchaus an entsprechenden Feierlichkeiten teilnahm, sonst aber mit der Abfassung einer Kritik an der Verfassung beschäftigt war.

Die Gouverneursepoche 1872-1904

Der Minister für Island und der Gouverneur
Gemäß der Verfassung von 1874 hielt der König die höchsten Befugnisse in den sogenannten besonderen Angelegenheiten Islands in Händen, in seinem Auftrag handelte der Minister für Island. Der Minister hatte für die Umsetzung und Einhaltung der Verfassung zu sorgen. Das Alþingi konnte seine Zuständigkeiten an den Minister delegieren. Es wurde ein besonderes Ministerium für Island gegründet, das in der Praxis von den Isländern selbst ohne nennenswerte dänische Kontrolle geführt wurde. Bis 1904 war der jeweils berufene Minister für Island gleichzeitig Justizminister in Dänemark. Unter diesen Ministern befanden sich die bedeutendsten Rechtsgelehrten Dänemarks, die sich zwar wenig um Island kümmerten, doch wesentliche Rechtsreformen in Dänemark umsetzten, welche durch den Einsatz isländischer Beamter teilweise auch in Island verankert wurden. Am längsten war Johannes Nellemann im Amt (1875-1896), ein einflussreicher Politiker in einer Regierung, die für ihren Konservatismus bekannt war.

Der Minister für Island war somit ein Däne, der sein Amt in Kopenhagen wahrnahm. Die oberste Exekutivgewalt für Island wurde deshalb an den Gouverneur delegiert, dessen Amt 1872 eingeführt worden war. Er war der Vertraute des Ministers und gleichzeitig der Vorgesetzte aller isländischen Beamten. Er hatte einen Sitz im Alþingi, jedoch kein Stimmrecht, sofern er nicht auch gewählter Vertreter war. Der Gouverneur war dem Minister rechenschaftspflichtig, während der König in einzelnen Fragen entscheiden konnte, ob und wie die Verantwortung an den Minister zu delegieren wäre. Weil der Minister weit entfernt war und in der Regel wenig Interesse für Island zeigte, verfügte der Gouverneur in der Realität über mehr Macht, als der Buchstabe des Gesetzes zu erkennen gab. Der Gouverneur legte Gesetzentwürfe vor und machte Vorschläge zur Vergabe von Ämtern. In der Regel verfuhr der Minister nach diesen Vorschlägen. Weiterhin stärkte es die Position des Gouverneurs, dass fast alle isländischen Beamten ganz in seiner Nähe wohnten. Derjenige, der das Amt als Letzter und am längsten führte, hatte große Autorität, und schon bald verstand man die Gruppe von einflussreichen Männern, von der er umgeben war, als die Keimform einer politischen Bewegung unter seiner Führung.

Das Alþingi

Das Alþingi bezog seinen Auftrag nun von seinen Wählern und nicht mehr vom König wie die Beamten. Im Parlament saßen 36 Vertreter, davon waren 30 gewählt und sechs vom König eingesetzt. Die Wahlen waren Personenwahlen, politische Parteien waren formal noch nicht gegründet worden. Doch die Parlamentarier bildeten, um ihren Anliegen Erfolg zu sichern, thematisch gebundene Fraktionen.

Das Parlament trat jedes zweite Jahr zusammen und arbeitete in zwei Kammern. In der oberen Kammer saßen zwölf Abgeordnete, jeweils sechs gewählte und sechs vom König eingesetzte. In der unteren Kammer saßen 24 gewählte Vertreter. Gesetzentwürfe mussten die Zustimmung beider Kammern erhalten. Wenn man sich in beiden Kammern darüber einig war, dass ein bestimmter Gesetzentwurf prinzipiell verabschiedet werden sollte, man sich aber nicht über einzelne Änderungen verständigen konnte, dann wurde der Entwurf dem gemeinsamen Parlament vorgelegt und musste hier die qualifizierte Mehrheit erreichen, um als Gesetz Gültigkeit zu erlangen.

Aktives und passives Wahlrecht
Nach der Verordnung des Alþingi von 1843 war das aktive und passive Wahlrecht, wie oben dargestellt, an ein Mindesteigentum gebunden. Im Jahr 1857 wurde diese Einschränkung aufgehoben und das aktive Wahlrecht an Bauern, Beamte, Männer mit Hochschulbildung, die keine Ämter bekleideten, Bürger der Handelsplätze und Fischer, die ohne eigenes Land an den Küsten lebten (*tómthúsmenn*), vergeben. Voraussetzung war die Zahlung von Steuern, jedoch nicht bei den Beamten und Hochschulgebildeten. Für das passive Wahlrecht galten dieselben Bedingungen, zusätzlich musste der Kandidat aber Untertan des dänischen Königs sein, in den Ländern des Königs in Nordeuropa wohnen und mindestens 30 Jahre alt sein. Diese Ordnung wurde bis 1874 beibehalten.

Es ist davon auszugehen, dass hiernach 8-10 % der isländischen Bevölkerung Wahlrecht hatten. Die Wahlbeteiligung war aber sehr schwach. So nahmen lediglich 19,6 % der Wahlberechtigten an den Wahlen zur ersten gesetzgebenden Versammlung 1874 teil und zur Parlamentswahl im Jahr 1900 gaben 48,7 % der Wahlberechtigten ihre Stimme ab.

Allgemeine politische Beteiligung
Die Bevölkerung hatte nun mehr als zuvor den Eindruck, dass sie politischen Einfluss ausüben könnte. Zu Zeiten der absoluten Monarchie war es üblich gewesen, dem König Petitionen zu senden. Dies wurde auch nach der Einsetzung des Alþingi 1845 beibehalten. Die Petitionen wurden auf freien Versammlungen der Bauern, zu denen speziell eingeladen wurde, verabschiedet und anschließend dem Alþingi mit der Bitte, sich für die Sache einzusetzen, übergeben. Einige dieser Versammlungen waren äußerst gut besucht, andere weniger. Von besonderer Bedeutung war aber, dass eine große Anzahl von Menschen auf diesem Wege die Ge-

legenheit zur politischen Teilhabe bekam, vor allem auch diejenigen, die nach den oben genannten Bedingungen kein Wahlrecht hatten. Hierdurch wurden diese öffentlichen Versammlungen zu einem wichtigen Schauplatz politischer Erziehung und einem Kanal für direkte Demokratie. Die Bevölkerung konnte Einfluss nehmen, und damit wurde der Boden für ein erweitertes Wahlrecht bereitet.

Als das Alþingi auch die Gesetzgebung übernommen hatte, wurden keine Petitionen mehr verfasst, doch an deren Stelle traten Erklärungen, die man an das Alþingi richtete, um die Umsetzung bestimmter Anliegen anzuregen. Prinzipiell waren die Sachverhalte, über die das Alþingi zu befinden hatte, damals weniger komplex und deshalb für die Bevölkerung zugänglicher als in späteren Zeiten. Die Menschen wurden aber auch weit weniger abgelenkt, als es später der Fall sein sollte.

Versammlungen dieser Art wurden in den Wahlkreisen abgehalten, gelegentlich taten sich auch mehrere Wahlkreise zusammen. Außerdem gab es die Versammlungen in Þingvellir als landesweite, informelle Nationalversammlungen. Das Ziel bestand darin, die Kräfte zu bündeln und den Parlamentariern eindeutige Willensbekundungen des Volkes mit auf den Weg zu geben. Insgesamt fanden 25 Versammlungen dieser Art statt, die erste 1848 und die letzte 1907. Im hier zur Debatte stehenden Zeitraum von 1874 bis 1904 waren es nur fünf, drei davon handelten in erster Linie von der Unionsfrage zwischen Dänemark und Island, auch wenn daneben andere Themen diskutiert wurden. Die Versammlungen dauerten gewöhnlich ein bis zwei Tage und es nahmen bis zu 200 Menschen teil. Einberufen wurden sie hauptsächlich von Einzelpersonen oder Zusammenschlüssen, die Interesse an einer Revision der Unionsfrage hatten. Deshalb kann man diese Initiativen auch als frühen Versuch interpretieren, eine organisierte politische Kraft ins Leben zu rufen.

Finanzpolitik
Mit der Einführung des konstitutionellen Gesetzes 1871 wurden die Finanzhaushalte Islands und Dänemarks voneinander getrennt und diese Trennung durch das Inkrafttreten der Verfassung 1874 und die Übernahme der Gesetzgebung und Finanzhoheit in isländischen Angelegenheiten durch das Alþingi bekräftigt.

Finanzfragen gehörten von Anfang an zu den wichtigsten Aufgaben des Alþingi, und eines der ersten Projekte war die Revision des Steuersystems, das längst veraltet war, zumal es bis auf die Gesetze zum Zehnten aus dem Jahr 1096 zurückging. Prinzipiell musste das Parlament aber Zurückhaltung in Finanzdingen üben und den Haushalt sich tragen lassen. Die führenden Isländer hatten die Selbstverwaltung gefordert und wollten nun beweisen, dass sie hinreichend kompetent waren. Nach wie vor machten die Zuschüsse aus der dänischen Staatskasse den größten Teil der Einnahmen aus, und schon deshalb musste man vorsichtig mit dem Geld umgehen. Die große Zurückhaltung ging allerdings auf Kosten jeglicher Unternehmungen, zwar strömte Geld in die Landeskasse, doch es wurde wenig aufgewendet, um Fortschritte im Erwerbsleben herbeizuführen. Um 1895 wurde den Politikern klar, dass praktische Umsetzungen und Investitionen der einzige Weg zur Verbesserung des Lebensstandards der Bevölkerung waren. Nun stiegen die Ausgaben und die Bilanzen verschlechterten sich, doch zum Ende des Jahres gelang der Ausgleich. Die erhöhten Ausgaben flossen vor allem in den Ausbau der Infrastruktur. Außerdem nahm die Fischerei mit Segelschiffen zu, die zwar schon im 18. Jh. begonnen hatte, aber immer wieder ausgesetzt worden war. Im Zeitraum 1880 bis 1906 machte diese Fischerei den stärksten Anteil am isländischen Fischfang aus. Für die isländischen Bauern war der Verkauf lebender Schafe nach England eine gute Einnahmequelle. Insgesamt muss aber festgestellt werden, dass Island im Vergleich zu anderen Ländern weit abgeschlagen lag, die Erwerbszweige warfen wenig ab und im Gesundheits- und Bildungsbereich hatte man viel nachzuholen. Gegen Ende des 19. Jahrhunderts hatte sich die Einstellung jedoch grundsätzlich geändert: Jetzt schrieb man sich Investitionen und Fortschritt auf die Fahnen und nicht mehr nur Einsparungen.

Die Union zwischen Island und Dänemark

Revision der Verfassung
In den ersten Jahren nach Inkrafttreten der Verfassung 1874 hatten die Menschen anderes im Sinn als deren Revision. Doch 1881 nahm man die Diskussion wieder auf, die sich vor allem um die Ministerialmacht drehte. In erster Linie wollte man die Macht nach Island verlagern, indem man die Forderung aufstellte, dass der Minister in Island ansässig sein sollte, was letztlich implizierte, dass er ein Isländer wäre, der sich mit Land und Leuten auskannte. Auf der anderen Seite unterstand der Minister direkt dem König und konnte seine Aufgaben in dessen Nähe besser erfüllen. Deshalb wurde die Forderung insofern abgeändert, als der König den Gouverneur als seinen Vertreter einsetzen und ihm einen Landesrat (*landsráð*) zur Seite stellen sollte. In diesem Sinne verabschiedete man 1885 einen Verfassungsentwurf, in dem die Gründung eines Landesrates vorgesehen war, der sich aus dem Gouverneur als Vertreter des Königs und zwei Ministern zusammensetzen sollte. Weiterhin war vorgesehen, dass die Mitglieder des Landesrates Sitze im Alþingi einnähmen, jedoch kein Stimmrecht hätten, es sei denn, sie wären gleichzeitig gewählte Vertreter. Hierdurch wäre die Macht in entscheidendem Maße nach Island verlagert worden.

Darüber hinaus sollte durch einfache Gesetzesänderungen, d. h. ohne die Verfassung ändern zu müssen, die königliche Berufung von Vertretern im Alþingi abgeschafft und das Frauenwahlrecht eingeführt werden. Gesetzentwürfe dieses Inhalts wurden im Zeitraum bis 1895 fast auf jedem regulären Alþingi sowie zwei außerordentlichen Parlamentsversammlungen vorgebracht und beschlossen. Im Vorfeld wurden sie auf öffentlichen Versammlungen und drei landesweiten Versammlungen in Þingvellir diskutiert. Es gab damals kaum ein anderes Thema, das in den Zeitungen ähnlich ausführlich behandelt worden wäre. Dieses Programm entsprach einem sehr entschiedenen Nationalliberalismus, dem zu folgen zu jener Zeit als nationale Tugend galt. Das Augenmerk lag dabei eher auf nationaler Freiheit als auf Demokratie oder gesellschaftlichen Veränderungen. Kritik an diesem Programm, wie sie von einigen jungen Intellektuellen vorgebracht wurde, die politisch eher links orientiert waren, galt daher nahezu als Vaterlandsverrat. Als zwei Parlamentarier im Jahr 1889 versuchten, in Fragen der Verfassung einen Kompromiss anzustreben, wurde dies sehr schlecht aufgenommen und nicht einmal zur Abstimmung gestellt.

Im Jahr 1880 hatten die politisch linken Isländer in Kopenhagen einen geheimen Zusammenschluss gebildet und in einer Broschüre, die sie veröffentlichten, heftige Kritik an der isländischen Gesellschaft geübt. Dabei ging es um die Organisation in Schulfragen, die hohen Gehälter der Beamten, allgemeine Cliquenwirtschaft, Machtmissbrauch und nicht zuletzt um den bereits erwähnten politischen Kreis rund um den Gouverneur. Im Grunde waren die Linken aber ebenfalls Anhänger der nationalen Befreiung und unterstützten im Großen und Ganzen das Programm des Alþingi in der Verfassungsfrage. Nicht weniger kam es ihnen aber auf gesellschaftliche Veränderungen an, auf Demokratie, Parlamentarismus und die Rechte der unteren Klassen. Ihr Versuch, eine politische Organisation zu gründen, schlug allerdings fehl.

Sieg der Kompromisslösung
Auch wenn es im Jahr 1889 nicht gelang, den Weg des Kompromisses einzuschlagen, so wurde dies im letzten Jahrzehnt des 19. Jh. möglich. Im Alþingi schwenkte man auf eine neue Richtung ein und verließ ab 1895 die harte politische

Linie, der man gefolgt war. Stattdessen setzte man nun auf pragmatische Ansätze zur Förderung des Fortschritts.

Um dieses neue Programm umzusetzen, wurde im Parlament eine Erklärung zur Veränderung der staatlichen Organisation verabschiedet, nach der u. a. vorgesehen war, dass isländische Angelegenheiten nicht mehr dem dänischen Reichsrat vorgelegt würden, dass der Minister für Island im Lande selbst ansässig sein müsste und der unteren Kammer des Alþingi verantwortlich wäre und dass weiterhin ein besonderes Gericht eingerichtet würde, das für Klagen der unteren Kammer gegen die Minister zuständig wäre. Bemerkenswert ist, dass es sich hierbei nicht um einen Änderungsvorschlag zur Verfassung handelte, sondern um eine Erklärung des Parlaments, die Verhandlungsziele formulierte und einen Weg zur Einigung über Verfassungsänderungen aufzeigen konnte. Von diesen Veränderungen versprach man sich in erster Linie, dass ein Minister unter den genannten Bedingungen eher die Führung in pragmatischen Dingen und den Fortschrittsbestrebungen der Isländer übernehmen würde als ein in Dänemark ansässiger Minister, der gleichzeitig Justizminister war und als dessen Stellvertreter der Gouverneur wirkte.

Zur selben Zeit begann Valtýr Guðmundsson, ein junger Universitätsdozent in Kopenhagen und Abgeordneter des Alþingi, der in den nächsten Jahrzehnten eine Schlüsselrolle in der isländischen Politik einnehmen sollte, die Kompromissbereitschaft der dänischen Regierung in der Verfassungsfrage zu erkunden. Im Jahr 1896 meinte er, so weit vorgedrungen zu sein, dass es möglich würde, einen außerordentlichen Minister zu berufen, der ein Isländer wäre, dem ein Sitz im Parlament zugebilligt würde und der juristisch dem Alþingi verantwortlich wäre, aber dennoch in Kopenhagen ansässig. Weiter, so meinte Valtýr, käme man nicht. Auf dem Alþingi 1897 legte er einen entsprechenden Verfassungsentwurf vor, der letztlich eine Umkehr in der Verfassungsfrage bedeutete und hitzige Debatten und Kämpfe auslöste. Das neue Programm des Valtýr Guðmundsson entsprang dem Fortschrittsdenken, das Wert auf praktische Förderung legte, immerhin sah man nun die ökonomische Unabhängigkeit als Voraussetzung der politischen Selbstständigkeit an. Nach und nach bildeten sich zwei Parteien heraus, die jeweils die Position für und wider den Entwurf einnahmen, und die politischen Auseinandersetzungen konzentrierten sich auf diese beiden Pole. Daraufhin stieg die Wahlbeteiligung deutlich an. Sowohl 1897 als auch 1899 wurde der Änderungsentwurf zur Verfassung abgelehnt. Doch bei der Wahl zum Alþingi im Jahr 1900, die sich größtenteils um den Entwurf des Valtýr Guðmundsson drehte, errangen die Befürworter eine knappe Mehrheit und bestätigten den Entwurf auf der Parlamentsversammlung im Jahr 1901. Jedoch hatte kurz zuvor die linke Fraktion die Mehrheit im dänischen Parlament erlangt, und damit war dem Verfassungsentwurf die Basis entzogen.

Nachdem nun in Dänemark eine liberalere Regierung an der Macht war, wurden Hoffnungen wach, dass man mehr erreichen könnte als nur einen isländischen Minister mit Sitz in Kopenhagen. Nach komplizierten politischen Abläufen ließ die dänische Regierung sich darauf ein, den Isländern zwei Möglichkeiten zur Wahl zu stellen: einen Islandminister in Kopenhagen oder einen in Reykjavík. Das Alþingi wählte letztere Variante.

Selbstverwaltung
Im Verfassungsentwurf, der am 3. Oktober 1903 bestätigt wurde, hieß es, dass der Minister für Island kein weiteres Ministeramt bekleiden dürfe, dass er Isländisch in Wort und Schrift beherrschen müsse und sein Sitz in Reykjavík sei. Weiterhin stand ihm ein Sitz im Alþingi zu, Stimmrecht

hatte er aber nur, wenn er auch Abgeordneter war. Das Amt des Gouverneurs wurde abgeschafft. In der Folge wurden in Reykjavík Regierungsbüros eröffnet und die Zahl der Angestellten erhöht. Der Minister trug die juristische Verantwortung für die Regierungsgeschäfte und im Jahr 1905 wurde ein spezifisches Gericht, das Landesgericht (*landsdómur*), eingesetzt. Es war für Klagen des Alþingi gegen den Minister zuständig. Die Verantwortung des Ministers war durch ein spezifisches Gesetz mit Verweis auf die Verfassung geregelt.

Im Jahr 1901 wurde in Dänemark der Parlamentarismus eingeführt. Als es so weit war, den Minister für Island zu berufen, prüfte der dänische Islandminister, ob einer der wichtigsten politischen Führer Islands, Hannes Hafstein, eine Mehrheit im isländischen Parlament genoss. Als sich dies bestätigte, berief er Hannes Hafstein zum ersten isländischen Minister. Gleichzeitig wurde die parlamentarische Ordnung geformt, der man seither als ungeschriebenem politischem Gesetz folgte.

Erneuter Unabhängigkeitskampf

Trotz der Selbstverwaltung dauerte es nicht lange, bis die Konflikte erneut aufbrachen. In Island hatte man sich nie mit dem konstitutionellen Gesetz von 1871 abgefunden, zumal es Island als untrennbaren Bestandteil des dänischen Reiches definierte, auch wenn es spezifischen Landesgesetzen unterstand. Zwar war man dem Gesetz in der Praxis gefolgt, doch hatte man es nie als verbindlich betrachtet. Im Jahr 1906 starb König Christian IX. und Frederik VIII. übernahm die Krone. Er galt als liberal und zeigte den Isländern von Beginn an wohlwollendes Interesse. Nach gegenseitigen Besuchen der Parlamentarier beider Länder, einschließlich eines Besuches des Königs in Island, hielt man es für angebracht, die Unionsfrage wieder aufzunehmen. Der

König berief am 30. Juli 1907 eine gemeinsame Kommission von Dänen und Isländern, die ihre Arbeit am 6. Mai 1908 abschloss. Sie legte einen Entwurf mit ausführlichen Erläuterungen vor, ein Kommissionsmitglied hatte einen abweichenden Standpunkt, doch sonst war man sich einig. Um die Vorschläge der Kommission entspannen sich in Island schwere politische Auseinandersetzungen und in den folgenden Wahlen zum Alþingi, im Herbst 1908, gewannen die Gegner des Entwurfes mit Abstand. 1904 waren per Gesetz geheime Wahlen eingeführt worden und kamen nun das erste Mal zur Geltung. Außerdem war das Wahlrecht erweitert worden. Die Wahlbeteiligung lag bei 75,5 % der Wahlberechtigten und war bis dahin nie höher gewesen. Damit war dieser Versuch zur Lösung des Unionsproblems aus der Welt, obwohl die Isländer weiterhin eine Klärung anstrebten. Von dänischer Seite war das Interesse gering.

Diese politischen Konflikte wurden von einem großen nationalen Erwachen begleitet, wodurch in gewisser Weise eine neue Seite zum Vorschein kam. Denn selbst wenn die Isländer schon seit dem 19. Jh. national gesinnt waren, so hatten sie ihren Unabhängigkeitskampf nicht übermäßig im Geiste nationaler Gefühle geführt, sondern eher ausgehend von sachlichen historischen und juristischen Argumenten, und oftmals hatten Formfragen im Vordergrund gestanden. Nationale Symbole und Kampflieder waren dabei nicht ins Auge gefallen, obwohl Heimatlieder und patriotische Gesänge durchaus verfasst und gesungen wurden. Doch nun legte man mehr Wert auf die Pflege der isländischen Sprache, wandte sich traditionellen isländischen Sportarten wie dem Ringkampf *Glíma* zu und benutzte den weißen Falken auf blauem Grund als Wappen. Am meisten stritt man sich aber um die Flagge, die 1915 als interne Flagge anerkannt wurde.

Verfassungsänderung 1915 – mehr Demokratie

Nach dem Scheitern des Entwurfes von 1908 war eindeutig, dass es in Fragen der Union zwischen Island und Dänemark keine Fortschritte geben würde, schließlich blieb sie während der nächsten 10 Jahre unberührt. 1912 starb König Frederik VIII. und Christian X., der den Isländern gegenüber als geradewegs feindselig eingestellt galt, übernahm die Krone.

Mit der Verfassungsänderung von 1915 wurde einer der größten Schritte zu mehr Demokratie unternommen. Alle Männer und Frauen erhielten das Wahlrecht und jegliche Bindung an Eigentum, Stand, Bildung oder Steuerzahlungen wurde aufgehoben. Dennoch traf man die Vorsichtsmaßnahme, nicht allen neuen Wählern und Wählerinnen gleichzeitig das Wahlrecht zu verleihen. Vielmehr wurde eine Altersgrenze von 40 Jahren festgelegt, die dann Jahr für Jahr um ein Jahr sinken sollte, sodass sie im folgenden Jahr bei 39 läge usw., bis die endgültige Altersgrenze von 25 erreicht wäre. Damit erhöhte sich die Zahl der Wahlberechtigten entscheidend, im Jahr 1914 waren 15,2 % der Einwohner wahlberechtigt, 1916 waren es schon 37,7 %. Die Regel über die jährliche Staffelung wurde aber mit der Verfassung von 1920 aufgehoben und die Altersgrenze von 25 Jahren eingeführt. Die Berufung von Vertretern ins Alþingi durch den König wurde abgeschafft.

Nach wie vor gab es nur einen Minister, doch die Verfassung erlaubte die Änderung der Anzahl per Gesetz. Hierdurch wurde die Bildung von Koalitionsregierungen erleichtert, zumal jetzt absehbar wurde, dass politische Parteien künftig die Gesellschaft prägen würden, wie später genauer zu erläutern sein wird.

Schließlich wurde ebenfalls 1915 durch ein Königsedikt der Gebrauch einer eigenen isländischen Flagge im Landesinneren und im isländischen Hoheitsgebiet zugelassen.

Island und der erste Weltkrieg
Als 1914 der Erste Weltkrieg ausbrach, setzte eine gänzlich neue Epoche in der isländischen Geschichte ein. Dänemark gelang es, Neutralität zu wahren, und auch Island traf verschiedene Maßnahmen, um die eigene Neutralität zu sichern. So wurde es Isländern untersagt, Militärdienst in irgendeinem Land zu leisten, das am Krieg beteiligt war. Weiterhin wurde der Export zuvor eingeführter Waren des Grundbedarfs und isländischer Lebensmittel, sofern sie knapp wurden, verboten.

Der Krieg hatte große Auswirkungen auf die isländische Wirtschaft. Die Preise für Exportwaren stiegen merklich an, jedoch traf dies mit der Zeit auch für Importwaren zu. Außerdem stellten sich verschiedene Komplikationen ein. Der Schiffsverkehr von und nach Island wurde wegen des U-Boot-Krieges der Deutschen gestört und es entstanden Engpässe bei Betriebswaren, so blieben bspw. die Fischerboote in den Häfen, weil Treibstoff fehlte, und die Trawler lagen fest, weil Kohle zu teuer geworden war. Dies hatte Arbeitslosigkeit und Inflation zur Folge. Die Inflation versuchte man durch Gesetzgebung einzudämmen und die Regierung gründete eine Handelsorganisation, die den größten Teil des Warenimports übernahm. Daneben versuchte man, so weit wie möglich, einheimische Ressourcen zu nutzen und z. B. importierte Kohle durch Brennstoffe wie Torf und Lignit zu ersetzen. Die langfristigen Folgen des Krieges betrafen jedoch vorrangig die Union zwischen Island und Dänemark.

Island im britischen Einflussbereich
Island geriet erneut in den Einflussbereich Großbritanniens, zumal die Briten den Nordatlantik beherrschten. Alle Beziehungen Islands zu anderen Staaten unterstanden strenger Kontrolle Großbritanniens, das auch jeden Kontakt zwi-

schen Island und Dänemark verfolgte. Großbritannien bestellte einen Konsul in Island, der den isländischen Export überwachte, um so zu verhindern, dass isländische Waren nach Deutschland gelangten. Schiffe, die auf dem Weg von Island nach Dänemark waren, wurden abgefangen und dazu verpflichtet, zur Frachtkontrolle in britischen Häfen anzulegen. Die Post wurde geöffnet und die Telegrafie überwacht. Im Jahr 1916 bemühte sich Großbritannien um Handelsbeziehungen zu Island ohne die Vermittlung Dänemarks, Voraussetzung hierfür war eigentlich ein Staatsvertrag. Letztlich wurde ein zwischenstaatlicher Handelsvertrag mit schweigender Zustimmung des dänischen Außenministers geschlossen. Später kamen ähnliche Verträge mit den USA, Italien und Frankreich hinzu. Hierdurch lösten sich die Kontakte zwischen Island und Dänemark und direkte Beziehungen zu anderen Staaten intensivierten sich. Nach dem konstitutionellen Gesetz von 1871 waren Island und Dänemark zu einer gemeinsamen Außenpolitik verpflichtet, die in den Händen Dänemarks lag. Doch nun hatte die Realität die gesetzlichen Regelungen eingeholt und es konnte weder von einer gemeinsamen Außen- noch Verteidigungspolitik die Rede sein. Auf diese Weise nahm Island seine Angelegenheiten in die eigenen Hände und trennte sich im Grunde auf wichtigen Gebieten von Dänemark. Der Weltkrieg endete am 11. November 1918 mit der Niederlage Deutschlands. Im Friedensvertrag von Versailles gab es Bestimmungen, die direkte Auswirkungen auf das Verhältnis von Island und Dänemark hatten: Die europäische Ordnung wurde nach dem Krieg durch die Grundregel über das Selbstbestimmungsrecht der Völker und Volksgruppen geformt und kam Island zugute. Dänemark forderte unter Bezug auf diese Regel die Gebiete mit dänischsprachiger Bevölkerung in Nordschleswig, die es 1864 an Deutschland verloren hatte, zurück. Island benutzte nun genau dasselbe Argument, um die eigene Unabhängigkeit zu fordern, und Dänemark konnte schlecht widersprechen.

Staatliche Souveränität Islands 1918

Das dänisch-isländische Unionsgesetz
Nach der Verfassungsänderung von 1915 war die Beziehung Islands und Dänemarks noch immer ungeklärt und weiterhin galt das konstitutionelle Gesetz von 1871. Die Diskussion über die Union, die bereits lange anhielt, drehte sich inzwischen um komplizierte und schwer verständliche juristische Formfragen darüber, wie isländische Angelegenheiten im dänischen Reichsrat vorzubringen wären. Währenddessen hatte sich die isländische Gesellschaft durch Verschiebungen im Wirtschafts- und Erwerbsleben grundlegend verändert, wie nachfolgend genauer erläutert werden wird. Deshalb waren es nun weniger die Ansichten zur Unionsfrage als die Interessen einzelner gesellschaftlicher Gruppierungen, die in Island für politische Konflikte und Schlagabtausch sorgten. Im Zuge der Wahlen zum Alþingi 1916 wurde eine sozialdemokratische Partei gegründet, die gleichzeitig der Dachverband der Gewerkschaften war. Daneben gab es zwei Kandidaturen von Bauernvereinigungen. Im Jahr 1917 wurde so die erste Koalitionsregierung von drei Ministern gebildet.

Während des Ersten Weltkrieges hatte sich gezeigt, dass es für die Seeleute sicherer war, unter einer eigenen isländischen Flagge zu fahren als unter der dänischen. Man war besorgt gewesen, dass Deutschland Dänemark besetzen und die dänischen Schiffe zum eigenen Gebrauch beschlagnahmen könnte, wodurch sie möglicherweise zu Angriffszielen der Briten geworden wären. Deshalb verschärften die Isländer ihre Forderung nach einer eigenen Flagge auf See, die sie auch außerhalb der isländischen Hoheitsgewässer nutzen dürften. Die dänische Regierung war aber der Ansicht, dass es besser wäre, die Unionsfrage als Einheit zu klären, statt Einzelfragen herauszulösen. Gleichzeitig bot sie an, Vertreter zu Verhandlungen nach Island zu schicken, und nach einigen informellen Vorgesprächen wurde dieses Angebot angenommen.

Bis zum Frühjahr 1918 wurden Verhandlungskommissionen gebildet, die sich aus vier Isländern und vier Dänen zusammensetzten und vom 1. bis 17. Juli in Reykjavík tagten. Sie schlossen mit einem Entwurf zu einem neuen Unionsgesetz, der nachfolgend vom Alþingi und dem dänischen Parlament mit überwältigender Mehrheit der Stimmen bestätigt wurde. In Island wurde eine Volksabstimmung durchgeführt und dem Unionsgesetz mit 91 % der abgegebenen Stimmen gegen 7 % zugestimmt. Die Wahlbeteiligung lag allerdings nur bei 43,8 %, was in Anbetracht der langen und konfliktreichen Vorgeschichte verwundern kann. Doch wahrscheinlich haben die Menschen nicht den Eindruck gehabt, dass sich durch dieses Gesetz viel ändern würde, nachdem man 1904 die Selbstverwaltung erlangt hatte. Außerdem dürfte es eine Rolle gespielt haben, dass zur selben Zeit, d. h. im Oktober und November 1918, eine schwere Epidemie grassierte, an der etwa 500 Menschen starben. Viele hatten deshalb mit ernsten Schicksalsschlägen zu kämpfen, als das Unionsgesetz schließlich am 1. Dezember 1918 in Kraft trat. Die Feierlichkeiten vielen daher geringer aus, als man hätte annehmen dürfen.

Das Königreich Island

Nach dem Unionsgesetz, dem ein entsprechender Vertrag zugrunde lag, waren Island und Dänemark freie und souveräne Staaten in einer Union unter demselben König. Gemeinsames Staatsbürgerrecht war nicht vorgesehen, aber die Rechtsgleichheit der Untertanen beider Staaten wurde festgeschrieben. Dänemark nahm die auswärtigen Angelegenheiten Islands wahr, was jedoch nicht implizierte, dass

Island sich der Außenpolitik Dänemarks anschloss. Gleichzeitig standen Isländern Stellen im dänischen auswärtigen Dienst zu, weil dort Kenntnisse der isländischen Bedingungen und Interessen vonnöten waren. Die Überwachung der isländischen Küsten sollte in den Händen Dänemarks liegen, bis Island beschloss, eine eigene Küstenwache einzurichten. Das Oberste Gericht Dänemarks sollte auch der oberste Gerichtshof in isländischen Angelegenheiten sein, bis Island einen entsprechenden eigenen Gerichtshof gründete. Das Gesetz enthielt weiter Bestimmungen über die Rechnungslegung zwischen beiden Staaten und die Gründung zweier Fonds zur Förderung der gegenseitigen kulturellen Beziehungen. Schließlich war die Gründung einer beratenden Kommission festgelegt, deren Aufgabe es war, die Umsetzung des Vertrages zu kontrollieren, und es sollte ein Schiedsgericht eingerichtet werden, das bei Konflikten angerufen werden konnte. Endlich gab es eine Aufhebungsbestimmung, die es beiden Vertragspartnern erlaubte, sich nach Ablauf von 25 Jahren einseitig vom Vertrag loszusagen. Dänemark wurde verpflichtet, anderen Staaten mitzuteilen, dass es Island als souveränen Staat anerkannte, Island dauerhafte Neutralität versicherte und über keine Kriegsflagge verfügte.

Im Jahr 1920 wurde die Verfassung des Königreichs Island verabschiedet, mit der die Verfassung von 1874 an die veränderte Stellung des Landes als souveränes Königreich angepasst wurde.

Die Staatskirche
Oben wurden die Veränderungen beschrieben, die sich für die Kirche aus der Zusammenlegung der beiden Bischofssitze und ihrer Verlegung nach Reykjavík ergaben. Im 19. Jh. konnte die Kirche ihre Position halten. Glaubensfreiheit herrschte einzig an den Handelsplätzen (*kaupstaðir*), die

1786 gegründet worden waren und von denen lediglich Reykjavík sich behaupten konnte. Mit der Verfassung von 1874 wurde den Landsleuten Religionsfreiheit zugesichert, doch gleichzeitig die evangelisch-lutherische Kirche als die Staatskirche Islands festgeschrieben und die Staatsmacht verpflichtet, diese zu schützen und zu fördern. Anderweitig war die Kirchenlehre fest verankert und stand auf dem Grund der lutherischen Orthodoxie. Während der letzten beiden Jahrzehnte des 19. Jh. änderte sich die Organisation der Kirche dahingehend, dass die Gemeinden größeren Einfluss auf die Kirchenleitung und u. a. das Recht zur Wahl der Pfarrer erhielten. Zur selben Zeit entstand eine wirksame Freikirchenbewegung, die sich in der Lehre wenig von der Staatskirche unterschied, jedoch mehr Unabhängigkeit vom Staat beanspruchte und die Kirchenleitung den Gemeinden überantwortete. Eine entscheidende Änderung wurde 1997 vorgenommen, als Staat und Kirche getrennt wurden und die Kirche administrative Souveränität in Bezug auf ihre inneren Angelegenheiten erhielt. Die höchste Leitung lag nun in den Händen des Bischofs und der Synode. Der Bischof wird heute durch die Pfarrer und bestimmte Beamte der Kirche gewählt, jedoch durch den Präsidenten Islands in sein Amt eingesetzt. Die Verbindung zum Staat besteht vorrangig in der Zahlung jährlicher staatlicher Zuschüsse auf der Grundlage älterer Verträge über die Aushändigung alten Kirchenbesitzes an den Staat.

Im frühen 19. Jh. setzten sich neue theologische Strömungen durch, die mehr Wert auf die wissenschaftliche Erforschung der Theologie legten, die Lehren neu bewerten und liberalere Ansichten durchsetzen wollten. Hierdurch entstanden Konflikte mit den konservativen Kräften, die an den überkommenen Lehren festhalten wollten. Weiterhin machte sich der Einfluss des Spiritismus, der Theosophie und bestimmter orientalischer Religionen in der Kirche bemerkbar, ließ aber in den letzten Jahren wieder nach. Die isländische Staatskirche engagiert sich weitreichend bei Hilfswerken und -projekten im In- und Ausland.

Neben der Staatskirche hat die frühere nationale Kirche Islands, die römisch-katholische, die höchsten Mitgliederzahlen. Sie nahm ihre Arbeit in der zweiten Hälfte des 19. Jh. auf und hatte damals vor allem die Funktion, die französischen Seeleute, die in den isländischen Gewässern fischten, zu betreuen. Anschließend kamen Nonnen, vor allem aus dem Orden des heiligen Josef, nach Island und unterhielten Krankenhäuser und Schulen, womit sie dringenden Bedarf befriedigten. Die katholische Kirche hat nicht missionarisch gewirkt, sodass die Mitgliederzahlen anfangs nur langsam, in den letzten Jahren aber zunehmend stiegen.

Umsetzung des Unionsgesetzes
Nach einer Bestimmung des Unionsgesetzes war vorgesehen, dass beide Staaten, Island und Dänemark, selbst entscheiden könnten, in welcher Form sie ihre Interessen im jeweils anderen Staat wahrnehmen wollten. Ausgehend hiervon berief Dänemark im Jahr 1919 einen Botschafter in Island und 1920 bestellte Island einen Botschafter in Dänemark.

Das Gesetz sah vor, dass das Oberste Gericht Dänemarks als höchste Gerichtsinstanz Islands wirkte, bis Island beschloss, ein eigenes Oberstes Gericht einzurichten, was ein Jahr später geschah.

Sofort nach Inkrafttreten des Unionsgesetzes begann Island seine Vorbereitungen zur Schaffung einer einheimischen Küstenwache, die formal im Jahr 1926 gegründet wurde. Bald verfügte sie über zwei bewaffnete Wachtschiffe, während die dänischen Schiffe noch bis 1939 ihren Dienst taten.

Die erwähnte beratende Kommission wurde 1919 ins Leben gerufen und mit sechs Vertretern beider Staaten besetzt.

Sie kam regelmäßig zusammen und überwachte die Umsetzung des Unionsgesetzes sowie die Fortschritte bei der entsprechenden Gesetzgebung. Die Kommission blieb bis 1939 aktiv.

Isländische Außenpolitik
Wenngleich Dänemark Island in der Außenpolitik vertrat, formte Island nach und nach seine eigene außenpolitische Programmatik. So schloss sich das Land nicht an, als Dänemark dem Völkerbund beitrat. Es wurde zwar geprüft, ob Island als Gründungsmitglied infrage käme, doch ein Beitritt wurde nicht umgesetzt. Im Zeitraum 1929-1937 kamen wiederholt Diskussionen hierüber auf und man debattierte in Zeitungen und Zeitschriften, doch letztlich trat Island nie bei. Die Argumente für einen Beitritt waren, dass Island damit Sicherheit und Anerkennung auf internationalem Parkett erlangen könnte. Dagegen sprach allerdings, dass ein Beitritt der dauerhaften Neutralität, von der im Unionsgesetz von 1918 die Rede war, widersprach. Außerdem konnte Dänemark die Interessen Islands im Völkerbund vertreten. Auch die hohen Kosten waren ein Gegenargument.

Die unabhängige isländische Außenpolitik stand insbesondere in den Verhandlungen um einen Handelsvertrag mit Italien 1936 auf dem Prüfstand. Italien hatte alle Bestimmungen über den Außenhandel verschärft und es gelang, einen Vertrag abzuschließen, der in einigen Punkten günstiger war, als die Verträge anderer Staaten. Hier zahlte es sich aus, dass Island nicht am Embargo des Völkerbundes gegen Italien teilgenommen hatte, das wegen der Invasion in Äthiopien 1935 und der Besetzung des Landes verhängt worden war. Mussolini selbst unterzeichnete den Handelsvertrag und war enttäuscht darüber, dass letztlich der dänische Botschafter im Auftrag Islands unterschrieb.

Während der Gültigkeitsdauer des Unionsgesetzes nahm

Island an einigen multinationalen Konferenzen teil und wenn die neuerlangte Souveränität anderer Staaten zur Debatte stand, folgte Island nicht Dänemark, sondern gewährte die Anerkennung selbst.

Das Oberste Gericht und die Entwicklung der Gerichtsbarkeit

Nach dem Unionsgesetz war es Island gestattet, ein eigenes oberstes Gericht zu gründen. 1919 wurde diese Gründung gesetzlich beschlossen und 1920 nahm das Oberste Gericht (*Hæstiréttur*) seine Arbeit auf. Bis dahin war das oberste Gericht Dänemarks zuständig gewesen und obwohl man ihm Vertrauen entgegengebracht hatte, erwiesen sich die Berufungsverfahren als sehr aufwendig und teuer. Außerdem kam es oft zu Verzögerungen, zumal die dänischen Richter weder Isländisch verstanden noch sich mit den isländischen Gegebenheiten auskannten. Mit der Einrichtung des Obersten Gerichts war die Souveränität Islands endgültig etabliert, denn mit der Gerichtsbarkeit war auch die dritte Gewalt vollständig in die Hände der Isländer gelangt.

Das im Jahr 1800 gegründete Oberlandesgericht (*Landsyfirréttur*) hatte sich zunehmend Vertrauen erarbeitet, was daran abzulesen ist, dass sich die Zahl der Berufungen an das dänische oberste Gericht verringerte, obwohl die Aktivitäten innerhalb der isländischen Gesellschaft zunahmen. Die Richter des Oberlandesgerichts wurden in das Oberste Gericht berufen und durch zwei weitere ergänzt, sodass im Grunde das frühere Oberlandesgericht die Funktion des Obersten Gerichtes übernahm. Letztlich waren die Veränderungen also nur geringfügig. Allerdings reduzierten sich die gerichtlichen Instanzen nun von drei auf zwei.

Seit dem Jahr 1732 waren die Bezirksvorsteher (*sýslumenn*) gleichzeitig Bezirksrichter und hielten damit noch im 20. Jh. sowohl die Exekutive, darunter die Polizeigewalt, als auch die Judikative in Händen. Diese Organisationsform wurde der Europäischen Kommission für Menschenrechte zur Bewertung vorgelegt, die am 8. März 1989 zu dem Ergebnis kam, dass sie nicht mit der Europäischen Menschenrechtskonvention zu vereinbaren wäre. Der Europäische Gerichtshof für Menschenrechte bestätigte diese Bewertung am 1. März 1990. In Reaktion darauf wurde Mitte 1989 ein Gesetz verabschiedet, das dem Prinzip der Gewaltenteilung Genüge tat und das isländische Gerichtswesen grundlegend neu strukturierte.

Neben ihrer allgemeinen Tätigkeit nach dem Zivil- und Strafrecht gehört es zu den Funktionen der Gerichte, die Übereinstimmung von Gesetzen mit der Verfassung zu bewerten. In einzelnen Fällen musste das Oberste Gericht Islands Gesetze für ungültig erklären, weil sie verfassungswidrig waren. In manchen Bereichen ist es dem Gesetzgeber sogar bei der Ausformung der Gesetze vorausgegangen, sodass das Richterrecht in Island umfangreicher ist als bspw. in den nordischen Ländern oder auf dem europäischen Kontinent.

Umwälzungen in den Erwerbszweigen

Landwirtschaft
Im Zeitraum 1874 bis 1918 stellten sich nur geringe Veränderungen in der Landwirtschaft ein. Die Anzahl derer, die von der Landwirtschaft lebten, war gleichbleibend. Der Bevölkerungszuwachs wirkte sich eher in den neuen Erwerbszweigen aus. Die klimatischen Bedingungen wechselten, so gab es große Härtejahre nach 1880, und insgesamt kann man für den Zeitraum ab 1860 bis zum Ende des Jahrhunderts von einer zusammenhängenden Kälteperiode sprechen. Die größte Neuerung in der Landwirtschaft bestand im Export lebender Schafe und Pferde, deren Wert in Geld bezahlt wurde, was die Handelswirtschaft beförderte. Mit Anbruch des 20. Jh. riefen die anwachsenden Siedlungskerne mehr Bedarf an Landwirtschaftsprodukten hervor. Einen neuen Produktionszweig in der Landwirtschaft stellte der Pflanzenbau dar. Es gab die ersten Versuche zur Rekultivierung von erodierten Flächen, Wind- und Wassererosion war seit Jahrhunderten ein großes Problem in Island. Endlich begann man auch mit der Forstwirtschaft. Um technischen und technologischen Fortschritt in die Landwirtschaft einziehen zu lassen, stärkten die Bauern ihre Zusammenschlüsse.

Revolution im Fischfang
Über lange Zeit fand der Fischfang allein auf offenen Ruderbooten statt, die ersten Versuche mit Segelschiffen erfolgten gegen Ende des 18. Jh. sowie einige Male während des 19. Jh., wie oben bereits erwähnt. Ab etwa 1870 setzten sich in der isländischen Fischerei Segelkutter durch, weshalb der Zeitraum 1880-1904 gern als Segelkutterära (*skútuöld*) bezeichnet wird. Die Kutter waren größer als die früheren Ruderboote, waren mit einem Deck ausgestattet und der Stau-

raum darunter unterteilt. Mit ihnen konnte man weitere Strecken zurücklegen und länger auf dem Meer bleiben. Die Fanggeräte hatten sich allerdings nicht weiterentwickelt, noch immer wurde mit Schnur und Haken gefischt.

Mit der Verbreitung der Fischkutter entstand ein eigener Berufsstand der Fischer, doch auch viele Bauern betrieben weiterhin Fischfang neben ihrer Landwirtschaft. Außerdem entstand nun eine Gruppe von Großreedern, die durch den Fischfang reich wurde und auf die der Beginn des Kapitalismus in Island zurückzuführen ist. Im Vergleich zu anderen Berufsgruppen verdienten die Seeleute recht gut. Die Arbeit auf den Segelschiffen stellte aber höhere Anforderungen an die Bildung der Seeleute, die bis dahin nur unregelmäßig und informell stattgefunden hatte. Deshalb wurde 1891 eine Seefahrtsschule gegründet. Es ist bemerkenswert, dass sich diese Veränderungen ohne nennenswerte Eingriffe des Gesetzgebers vollzogen, während in der Landwirtschaft stets gesetzliche Regelungen notwendig waren. Der Grund hierfür ist darin zu sehen, dass es der Fischereiwirtschaft gut ging und sie im Gegensatz zur Landwirtschaft keiner Unterstützung bedurfte. Widerstand regte sich gegen die Fischerei vorrangig, weil sie die Landflucht begünstigte und sich immer mehr Menschen in den Küstenorten niederließen.

Zu den neuen Fischarten, die man jetzt fing, gehörte der Hering. Um 1870 hatten Norweger mit dem Heringsfang vor Island begonnen, doch schon etwa 1890 war dieser fast vollständig in isländische Hand gelangt. Kurz nach der Jahrhundertwende wurde ein neues Fanggerät eingeführt, die Ringwade. Dabei handelte es sich um ein Netz, das durch Umfahren eines Schwarms kreisförmig ausgelegt und dann an der Unterseite zugezogen wurde. Hierdurch konnten die Fangmengen bedeutend erhöht werden. Daneben begann der Export von Walprodukten. Es waren ebenfalls Norweger, die mit dem Walfang vor Island begannen und Walfangstationen in Island gründeten. Der Walfang wurde aber so extensiv betrieben, dass Island ihn 1913 verbot. 1949 wurde er mit großen Beschränkungen wieder aufgenommen.

Die eigentliche Revolution im Fischfang fand um die Jahrhundertwende statt. Lange hatten britische Segelkutter vor Island gefischt, doch nun tauchten motorbetriebene Fangschiffe mit neuen Fanggeräten wie Grundschleppnetzen auf, die 1889 erstmals vor Island verwendet wurden. Diese modernen Fangschiffe mit Grundschleppnetzen nannte man Trawler und ihre Zahl nahm schnell zu. Waren es 1895 noch 20 Schiffe, so zählte man 1904 schon 150. Der Fang mit Grundschleppnetzen wurde 1889 innerhalb der isländischen Hoheitszone verboten, doch die britischen Fischer ignorierten solche Verbote. Daraufhin wurde britischen Fangschiffen das Anlegen in isländischen Häfen untersagt und es durften ihnen keinerlei Dienstleistungen gewährt werden, es sei denn in Not. Großbritannien beantwortete dies mit der Entsendung von Kriegsschiffen nach Reykjavík und wollte Island zur Lockerung des Verbotes zwingen. Die Isländer waren enttäuscht über die nachlässige Küstenwacht vonseiten Dänemarks, zumal Dänemark 1901 mit Großbritannien eine geschützte Drei-Meilen-Zone um Island vereinbart hatte. Obwohl dies im Grunde eine Verringerung der Hoheitszone bedeutete, schritt Island vorläufig noch nicht ein. Neben Briten fischten auch Deutsche und Franzosen vor Island, allerdings nicht in so großem Umfang wie die Erstgenannten.

Im letzten Jahrzehnt des 19. Jh. begannen die Isländer selbst, über den Fischfang mit Trawlern nachzudenken. Die ersten Versuche endeten aber mit dem Bankrott mehrerer Reedereien. Erst 1905 gelang es, Trawler mit Gewinn zu unterhalten. Damit setzte die isländische Trawlerfischerei ein, die bis heute erfolgreich anhält. Im Herbst 1917 musste zwar die Hälfte aller Trawler wegen zu großer Verschuldung der Reedereien verkauft werden, doch wurde die Flotte nach und nach erneuert und 1930 besaßen isländische Reeder 40 Trawler. Kurz darauf machte sich die Weltwirtschaftskrise in Island bemerkbar und es setzte Stagnation ein. Die Trawler mit ihren Grundschleppnetzen konnten noch weiter draußen fischen als die Segelkutter und waren unabhängiger vom Wetter. Die wachsenden Fangmengen zusammen mit größerer Stabilität riefen tiefgreifende Veränderungen in der isländischen Wirtschaft hervor.

Gleichzeitig wurde die Fischereiflotte motorisiert. Der erste Motor wurde 1902 in ein Fischerboot, das vorher mit Segel und Rudern betrieben wurde, eingebaut und innerhalb kurzer Zeit wurden fast alle Schiffe mit Motoren ausgestattet. Damit konnte man den Fischschwärmen folgen und die Fangerträge stiegen beträchtlich.

Mit gutem Grund kann man sagen, dass es günstig war, die ersten Schritte zur Mechanisierung im Fischfang zu unternehmen, denn in diesem Bereich hatte die schwache Infrastruktur des Landes die geringsten Auswirkungen. Die Fänge der Fischerboote und Trawler brauchten zur Verarbeitung nicht weit über Land transportiert zu werden, und schon gar nicht, wenn die Trawler ihre Erträge direkt im Ausland verkauften.

Industrie und Dienstleistung
Die beschriebene Revolution im Fischfang hatte Auswirkungen auf andere Wirtschaftsbereiche. Die motorisierte Fangflotte bedurfte zahlreicher technischer Dienstleistungen und das Wachstum der Siedlungskerne beförderte das Bauhandwerk. Auch die Menschen selbst waren nun auf verschiedene Dienstleistungen angewiesen.

Es blieb aber nicht nur bei der Mechanisierung der Fischerei. Man begann auch mit dem Bau von Wasserkraftwerken, selbst wenn es zunächst langsam voranging. In den Nachbarländern hatte um die Jahrhundertwende die Nutzung von Wasserkraft zur Bereitstellung von Strom eingesetzt und etwa zur selben Zeit begann man mit der Produktion von Stickstoffdüngern. Damit stieg das Interesse an den isländischen Wasserfällen, vor allem Norweger in Zusammenarbeit mit Isländern wollten Wasserfälle kaufen. Der mögliche Verkauf von großen Teilen der natürlichen isländischen Wasserkraft an ausländische Gesellschaften rief in Island Bedenken hervor und 1907 wurde ein Gesetz verabschiedet, das den Verkauf von Wasserfällen an Ausländer einschränkte. In der Folge entspannen sich weitreichende öffentliche Debatten, in denen sich nationalistische Argumente mit Fragen des Nutzungsrechts und Naturschutzes vermischten. Im Ergebnis wurde 1923 ein ausführliches Gesetz über die Wasserläufe in Island verabschiedet, das auch das Eigentums- und Nutzungsrecht der Wasserkraft regelte. Vorläufig entstanden damit keine großen Wasserkraftwerke.

Verkehrswege
Noch immer war Island verkehrstechnisch unerschlossen. Als Transportmittel diente wie in den Jahrhunderten zuvor das Pferd. Um die Mitte des 19. Jh. wurden einige Anstrengungen zum Ausbau von Wegen unternommen und die Menschen zum Arbeitsdienst herangezogen. Nach und nach wurden so einige Wege für Pferdewagen befahrbar. Um 1900 konnte man dazu übergehen, Postwagen anstelle von Lastpferden zu verwenden. Das erste Automobil kam 1904 nach Island, konnte aber kaum fahren. Ab 1913 wurden mehr Autos importiert und waren auf einigen Strecken einsetzbar. Ein besonderes Verkehrshindernis stellten seit jeher die Flüsse dar und ab 1891 begann man mit dem Brückenbau an den größten und strömungsreichsten Flüssen.

Es kamen wiederholt Ideen zum Bau einer Eisenbahn auf, die Pläne wurden aber nie umgesetzt.

Als Insel war Island besonders vom Schiffsverkehr abhängig, zum einen von Verbindungen zu anderen Ländern, zum anderen aber – wegen der fehlenden Wege und Straßen – vom Schiffsverkehr entlang der eigenen Küsten. Es gelang aber nur mäßig, die Küstenschifffahrt auf einen angemessenen Stand zu bringen. Diese Schwierigkeiten gemeinsam mit der Notwendigkeit, die internationalen Schiffsverbindungen zu sichern, brachten die Isländer auf den Gedanken, eine eigene Frachtschiffreederei zu gründen. Dies geschah 1914 mit der Dampfschiffgesellschaft Islands (*Eimskipafélag Íslands*). Hierzu wurde Aktienkapital gesammelt und in einer groß angelegten Kampagne, die die Gründung der Gesellschaft mit der nationalen Unabhängigkeit Islands verknüpfte, gewann man Tausende Isländer als Kleinaktionäre. Die Kampagne war sogar so erfolgreich, dass *Eimskip* schon im ersten Jahr zwei große Frachtschiffe bauen lassen konnte.

Die ersten Versuche zur Einrichtung von Flugverkehr gab es im Jahr 1919, sie hielten aber nur zwei Jahre an. Ein neuer Versuch wurde 1928 gestartet und u. a. Passagier- und Krankentransportflüge angeboten, außerdem nutzte man Flugzeuge zur Suche nach Heringsschwärmen. Diese Flüge wurden 1931 eingestellt. 1937 wurde eine Fluggesellschaft gegründet, der es schließlich gelang, regelmäßigen Flugverkehr sicherzustellen. Die Gesellschaft schloss sich 1973 mit einer anderen, die seit 1944 bestand, zusammen und arbeitet bis heute unter dem Namen *Icelandair* als wichtigste isländische Fluggesellschaft neben einigen kleineren. Die erste Ozeanüberquerung per Flugzeug nach Island fand 1924 statt und nach und nach kamen weitere hinzu. Der internationale Passagierflugverkehr setzte 1945 ein und entwickelte sich dann rasch weiter. Heutzutage findet der Passagierverkehr von und nach Island hauptsächlich per Flugzeug statt und auch der Frachtverkehr nimmt zu, obwohl dieser hauptsächlich auf dem Seeweg abgewickelt wird. Isländische Flugzeuge sind heute auch in anderen Teilen der Welt im Einsatz und der Flugverkehr ist zu einem anerkannten Teil der isländischen Wirtschaft geworden.

Die fehlende Infrastruktur behinderte über lange Zeit den innerisländischen Handel und auch der Informationsfluss litt in dem dünn besiedelten Land unter diesem Mangel. Um die Mitte des 19. Jh. dachte man erstmals an Telegrafie und nahm das Thema immer wieder auf. Als die Isländer 1890 mit dem Funk in Berührung kamen, gab dies den Anstoß. Im Jahr 1904 wurden Verträge über die Verlegung eines Seekabels nach Island geschlossen und im Jahr darauf eine Funkstation in Reykjavík gebaut, die Nachrichten aus England empfangen konnte. Daraufhin entbrannten harte Auseinandersetzungen darüber, welche technische Variante man bevorzugen sollte. Letztlich entschied man sich für das Seekabel, das 1906 gelegt wurde. Anschließend wurden Telefonleitungen innerhalb des Landes verlegt. Damit war ein großer Schritt zur Modernisierung Islands getan.

Überwindung der Subsistenzwirtschaft
Die isländische Gesellschaft wurde lange von der Subsistenzwirtschaft geprägt, dies änderte sich in der zweiten Hälfte des 19. Jh. Ein erster Schritt war, wie oben erwähnt, der Verkauf von Schafen nach Großbritannien. Eine deutliche Wende setzte mit der Revolutionierung des Fischfangs ein. Um 1870 hielt sich der Export von Landwirtschafts- und Fischereiprodukten etwa die Waage, doch schon 1918 hatte sich das Verhältnis so verschoben, dass die Agrarprodukte nur noch ein Viertel des Exports ausmachten und drei Viertel aus der Fischereiwirtschaft kamen. Nachdem der Handel 1854 vollständig freigegeben worden war, übernahmen

die isländischen Kaufleute ihn nach und nach und die dänischen Zwischenhändler fielen weg. Die isländische Bevölkerung war hingegen enttäuscht und es kam wiederholt zu Konflikten. Deshalb gründeten die Bauern Handelsgesellschaften, die sie nach dem Genossenschaftsprinzip organisierten. In vielen Regionen wurden Konsum-Genossenschaften (*kaupfélög*) gegründet, die sich zusammenschlossen und zu beträchtlichem Einfluss gelangten.

Während der tiefgreifenden Umformung der Wirtschaft und Erwerbsarbeit, die hier beschrieben wurde, stellte es ein großes Hindernis dar, dass es keinerlei Geldinstitute und keine verfügbaren Kredite gab. Die Einzelhandelsgeschäfte liehen ihren Kunden zwar, doch Kapital für Investitionen war nicht vorhanden. Um die Mitte des 19. Jh. waren Anfangsformen von Kreditinstituten entstanden, hatten sich aber nicht lange gehalten. Diese Situation änderte sich erst mit der Gründung der *Landsbanki Íslands* (Landesbank Islands) im Jahr 1885 und verbesserte sich, als 1904 die *Íslandsbanki* (Islandbank) hinzukam. Letztere war zum größten Teil in ausländischem Besitz und verfügte über wesentlich mehr Geld als die etwas ältere *Landsbanki*. Gerade weil die *Íslandsbanki* aber ihr Kapital aus dem Ausland bezog, gab es anhaltende Diskussionen darüber, ob man Ausländern auf diese Weise Zugang zum Land und dessen Ressourcen gewähren sollte. Gleichzeitig löste die neue Bank aber große Probleme bei der Finanzierung des Kaufs von Trawlern und anderen Investitionen, die zu wirtschaftlichem Fortschritt führten.

Im Jahr 1875 wurde eine neue Währung eingeführt: die isländische Krone, die sich aus 100 Aurar (Öre) zusammensetzte. Der Wert der isländischen Krone entsprach dem der dänischen und beide waren durch Goldreserven gedeckt. 1914 wurde diese Deckung für die isländische Krone aufgegeben.

Veränderte Lebensweise
Die industrielle Revolution hatte bedeutenden Anteil an der Modernisierung Europas. Jene Umwälzungen, die in Island um 1900 stattfanden, sind am ehesten mit der europäischen industriellen Revolution zu vergleichen. Hier setzte die technische Revolution zusammen mit größerer politischer Freiheit, zunehmendem Handel und besserem Zugang zu Kapital ein und alles geschah in relativ kurzer Zeit.

Diese Verschiebungen hatten grundlegende Veränderungen in der Lebensweise der Menschen zur Folge. Man geht davon aus, dass um die Jahrhundertwende ca. ein Viertel der isländischen Bevölkerung in Holzhäusern mit Außenwänden aus Grassoden und Naturstein und mit einem grassodengedeckten Dach lebte. Zu Beginn des 20. Jh. begann man, Häuser aus Holz oder Beton zu bauen, Beton wurde später zum wichtigsten Baumaterial in Island. Das Wasser holte man aus Brunnen, Abwasser wurde nicht abgeleitet. Dies wurde in Reykjavík zu Beginn des Jahrhunderts geändert und 1909 ein getrenntes Frischwasser- und Abwassersystem in Gebrauch genommen, andere Orte folgten diesem Beispiel. Ab 1920 wohnten erstmals in der isländischen Geschichte mehr Menschen in Siedlungskernen als auf dem Lande.

Die Isländer und Isländerinnen orientierten sich nun zunehmend am Lebensstil der Europäer und der städtischbürgerlichen Kultur. Dies wird im letzten Kapitel näher besprochen.

Strukturelle Veränderungen in der Gesellschaft

Bevölkerungswachstum und Klimabedingungen
Wie bereits bemerkt, waren im 19. Jh. langsam einsetzende Fortschritte im Wirtschafts- und Erwerbsleben zu bemerken und auch die Bevölkerungszahlen wuchsen. Im Jahr 1801 lebten 47 240 Menschen in Island, 1850 waren es 59 157 und 1901 bereits 78 470. Kurz nach der Erlangung der nationalen Unabhängigkeit 1920 gab es 94 690 Isländer und im Jahr 2000 zählte man 282 849 Einwohner.

In Island waren die Produktionsbedingungen über sehr lange Zeit sehr rückständig und es galt als gut und richtig, viele Kinder zu haben. Diese wurden früh zu notwendigen Arbeitskräften, konnten in Haus und Hof helfen und später ihre Eltern versorgen. Auf der anderen Seite war die Kindersterblichkeit hoch, was zu großen Teilen auf mangelhafte Hygiene und zu geringe Kenntnisse in der Versorgung von Säuglingen zurückzuführen war. Im Durchschnitt brachte jede Frau fünf Kinder zur Welt, doch eine große Anzahl von Frauen und Männern heiratete nie. Der Grund hierfür war die Knappheit an Wirtschaftsland und damit die Unmöglichkeit, sich selbstständig zu versorgen.

Bis 1860 waren die klimatischen Bedingungen günstig, doch danach kamen Härtejahre, sodass man durchaus behaupten kann, dass das Land unter den gegebenen technologischen Verhältnissen am Rande der Bewohnbarkeit lag und seine Bevölkerung in schlechten Jahren kaum ernähren konnte. Immer mehr Menschen ließen sich in den Küstenregionen nieder, doch auch das reichte nicht aus und es setzten Auswanderungen nach Amerika ein. Etwa ab 1895 ließ die kalte Witterung nach und die Lebensbedingungen besserten sich.

Auswanderung nach Amerika

Die Auswanderungswelle von Europa nach Amerika nahm bekanntlich ab der Mitte des 19. Jh. zu. Die Menschen ertrugen die schlechten Lebensbedingungen nicht mehr und sahen in Amerika das Land der unbegrenzten Möglichkeiten. Der Wegzug aus Island setzte relativ spät ein, erst ab 1855. Die ersten Isländer, die das Land in Richtung Westen verließen, war eine Gruppe von fünf Leuten, die den Glauben der Mormonen angenommen hatten. Größere Auswanderungswellen folgten ab 1873-1874, im Jahr 1876 gingen 1190 Isländer nach Amerika. Den konkreten Anlass hierfür gab der Ausbruch des Vulkans Askja im nordöstlichen zentralen Hochland. Durch den Ausbruch wurden die Landwirtschaftsgebiete im Nordosten von einer dicken Ascheschicht bedeckt, sodass weite Gebiete unbewohnbar wurden und die Menschen keinen anderen Ausweg mehr sahen. Während der Härteperiode in den 70er und 80er Jahren des 19. Jh. stieg der Strom der Auswanderer an, bis er ab 1890 langsam abebbte. Die Einwohnerzahl in Island verringerte sich von 72 445 im Jahr 1880 auf 70 927 im Jahr 1890. Man geht davon aus, dass im Zeitraum 1870-1914 etwa 16 400 Menschen nach Nordamerika ausgewandert sind. Einige kehrten zurück, doch insgesamt verlor Island etwa 15 000 Menschen bzw. 15 % der Bevölkerung. Das war ein erheblicher Einschnitt, denn die Auswanderer waren in der Regel jung oder im besten Alter und damit leistungsfähige Arbeitskräfte. Die Gründe für den Wegzug waren dieselben wie andernorts in Europa: ungünstige klimatische Bedingungen, schlechtes Auskommen in der Landwirtschaft und Mangel an wirtschaftlich nutzbarem Land. Einige Isländer gaben der unzulänglichen Regierung durch die Dänen die Schuld. Andere Arbeitsmöglichkeiten als in der Landwirtschaft gab es vor 1900 kaum.

Die isländischen Auswanderer siedelten sich vor allem

am Winnipegsee in Kanada an. Man überlegte sogar, dort eine vollständig isländische Enklave mit dem Namen *Nýja Ísland* (Neuisland) zu gründen, was aber nicht umgesetzt wurde. Die Isländer zogen zu großen Teilen nach Winnipeg und hielten eng zusammen, sodass die Stadt zum größten Zentrum der Isländer in Nordamerika wurde. Die Einwanderer pflegten ihre Herkunftskultur, gründeten Kirchengemeinden und gaben Bücher, Zeitungen und Zeitschriften in isländischer Sprache heraus. Im Jahr 1939 wurde der isländische Heimatpflegeverein *Þjóðræknisfélag Íslendinga* gegründet, zu dessen Aufgaben die Aufrechterhaltung der Beziehungen der in Kanada lebenden Isländer untereinander gehört und der bis auf das Jahr 1919 zurückgeht.

Einer der bedeutendsten isländischen Dichter dieser Periode, Stephan G. Stephansson (1853-1927), verbrachte fast sein gesamtes Leben in Kanada, verfasste seine Gedichte aber auf Isländisch. Weitere Dichter und Schriftsteller arbeiteten unter den Isländern in Nordamerika, doch inzwischen schreiben sie fast alle Englisch, schließlich haben sich die Isländer nach und nach integriert.

Arbeitsmarkt und Gewerkschaften
Die Revolutionierung der Erwerbszweige hatte tiefgreifenden Einfluss auf die gesellschaftlichen Strukturen. Bis dahin waren die Arbeitsplätze an Bauernhöfe, kleine Geschäfte oder Dienstleistungen gebunden gewesen, sodass zwischen Arbeitnehmern und Arbeitgebern oder Eigentümern persönliche Beziehungen entstanden waren. Mit der Reederei größerer Schiffe veränderten sich die Bedingungen und ein Arbeitgeber verfügte nun über eine große Anzahl von Arbeitnehmern, die Beziehungen zwischen ihnen wurden unpersönlicher. Auf der anderen Seite intensivierten sich die Beziehungen der Arbeitnehmer untereinander. Die Interessen beider Seiten standen im Widerspruch und es kam zu

Konflikten. Die Schiffseigner taten sich 1894 zu Verbänden zusammen, um Lohnforderungen der Seeleute abzuwehren, die sich im selben Jahr zur besseren Wahrung ihrer Interessen ebenfalls zusammenschlossen. Die Schiffskapitäne vermittelten und konnten den Abschluss der ersten isländischen Tarifverträge erwirken. Die Zusammenschlüsse der Seeleute waren keine eigentlichen Gewerkschaften, doch kurze Zeit später wurden die Drucker aktiv und gründeten 1897 die erste isländische Gewerkschaft. Die Arbeiter in Reykjavík folgten ihrem Beispiel und gründeten im Jahr 1906 eine Gewerkschaft, anschließend taten es ihnen Arbeiter in anderen Siedlungskernen nach. Dennoch waren die Gewerkschaften schwach und erreichten keineswegs alle Lohnempfänger. Ihr Ziel war neben Lohnerhöhungen vor allem eine Verkürzung der Arbeitszeit, sie stellten aber zurückhaltende Forderungen auf. Der erste größere Arbeitskampf fand 1913 statt, als ein Streik beim Hafenausbau in Reykjavík ausgerufen wurde. Möglicherweise hatten nationale Gefühle einen Anteil daran, weil es ein dänischer Unternehmer war. Nach zweimonatigem Streik siegten die Arbeiter. Im darauffolgenden Jahr gründeten die Arbeiterinnen eine Gewerkschaft und erlangten nach drei Jahren den Abschluss eines Tarifvertrages mit kürzeren Arbeitszeiten und höheren Löhnen. 1915 hoben die Trawlermatrosen ihre Gewerkschaft aus der Taufe und bestreikten 1916 sehr erfolgreich die Trawlerflotte. Das Hauptziel bestand hier in der Begrenzung der Arbeitszeit auf See, wo es üblich war, die Seeleute bei gutem Fang zwei bis drei Tage durcharbeiten zu lassen. 1921 wurde ein Gesetz verabschiedet, das eine Mindestruhezeit auf den Trawlern festlegte. In der Folge erhöhte sich die Arbeitsleistung und die Fangmengen stiegen. Im Jahr 1916 hatten die Gewerkschaften ihren Dachverband, *Alþýðusamband Íslands*, gegründet, der eng mit der sozialdemokratischen Partei *Alþýðuflokkur* (Volkspartei) verknüpft war. Ein gemeinsamer Verband der Arbeitgeber kam erst 1932 zustande.

Noch gab es keine Regeln über die Beziehungen der Beteiligten auf dem Arbeitsmarkt, Streiks waren damit weder legal noch illegal und die rechtliche Verbindlichkeit von Tarifverträgen nicht gesichert. Die ersten Gesetze in dieser Hinsicht wurden 1925 beschlossen und gleichzeitig das Amt des Schlichters im Tarifstreit eingerichtet. Eine Gesamtgesetzgebung über den Arbeitsmarkt erschien 1938. Damit wurden Gewerkschaften zum gesetzlich anerkannten Partner beim Abschluss von Tarifverträgen, die nun Verbindlichkeit für bestimmte Gebiete erhielten und deren Unterlaufung verboten war. Streiks und andere Arbeitskampfmaßnahmen wurden legitimiert und ihre Ausrufung und Umsetzung geregelt. Weiterhin wurde ein spezielles Gericht gegründet, um Fragen der Auslegung von Gesetzen und Tarifverträgen zu klären. In den folgenden Jahren und Jahrzehnten kam es oft zu Streiks bei Arbeitskämpfen, erst in den letzten Jahren haben sie nachgelassen.

Neue Parteien
Als im Jahr 1904 die isländische Selbstverwaltung durchgesetzt wurde, hing es von der Parteizughörigkeit ab, wie weit man in den Unabhängigkeitsforderungen gegenüber Dänemark gehen wollte. Beide Parteien befürworteten praktische Maßnahmen und Investitionen und waren – gemessen am europäischen Parteiensystem – liberal eingestellt. Doch als der Unionsvertrag 1918 erreicht war, brach diese gemeinsame Basis endgültig weg. Die Herausbildung von Parteien wurde nun von Klassen- und Interessenkonflikten bestimmt, dabei wurden die Kräfte, die eine Veränderung der Gesellschaft am radikalsten einforderten, links eingeordnet und die am wenigsten radikalen rechts.

Die erste Partei, die sich unter diesen Bedingungen herausbildete, war die Volkspartei (*Alþýðuflokkurinn*). Befördert wurde ihre Gründung durch die wachsende Bevölkerung in den Siedlungskernen und die Ausweitung des Wahlrechts 1915. Als Vorbild dienten ihr die skandinavischen sozialdemokratischen Parteien, die das Programm des demokratischen Sozialismus verfolgten. Zu den Anhängern der Volkspartei gehörten vor allem Arbeiter und Seeleute, deren Zahl in der Gesellschaft zunahm. Wie oben erwähnt, war diese Partei organisatorisch eng mit dem landesweiten Dachverband der Gewerkschaften (*Alþýðusamband Íslands*) verknüpft.

Anschließend wurden die Bauern aktiv und gründeten ihre Partei, was man durchaus – nachdem immer mehr Menschen in die Siedlungskerne zogen – als Anzeichen für ihren nachlassenden Einfluss auf das Parlament werten kann. Als die Gesellschaft noch eine fast reine Agrargesellschaft gewesen war, konnten die Bauern bestimmen, wer einen Sitz im Parlament bekam, doch nun mussten sie ihre Interessen mit neuen Mitteln verteidigen. Im Dezember 1916 gründeten so die Parlamentarier aus acht Wahlkreisen eine Partei, die sie Fortschrittspartei (*Framsóknarflokkur*) nannten. Mit der Namensgebung wollten sie darauf hinweisen, dass es sich nicht um eine reine Klientelpartei der Bauern handelte, sondern um eine liberale, fortschrittsorientierte Partei der Mitte. Dennoch fand sie ihre Gefolgschaft hauptsächlich auf dem Lande und genoss großen Zuspruch vonseiten der sehr einflussreichen Genossenschaftsbewegung.

Die konservativen Kräfte brauchten mehr Zeit zur Gründung einer gemeinsamen Partei. Sie hatten ihre Wurzeln in der alten Partei für nationale Freiheit (*Þjóðfrelsisflokkur*) und zu großen Teilen in der Partei für nationale Selbstverwaltung (*Heimastjórnarflokkur*), die 1904 einen großen Sieg errungen hatte. Nach verschiedenen Parteigründungsversuchen taten sich 20 Parlamentarier zusammen und gründeten 1924 eine neue Partei, die sie Konservative Partei (*Íhaldsflokkur*) nannten. Der Name erschien aber wenig attraktiv und es bildete sich daneben eine kleine Partei, die sich als liberal bezeichnete. Diese beiden vereinten sich im Jahr 1929 und gaben sich den Namen Unabhängigkeitspartei (*Sjálfstæðisflokkurinn*). Die Namensgebung sollte in zwei Richtungen gleichzeitig weisen: die Unabhängigkeit der Nation und die Selbstständigkeit der Individuen. Im Zentrum ihres Programms stand wirtschaftliche und individuelle Freiheit. Damit lehnte sie es ab, Vertreterin einer Klasse oder gesellschaftlichen Gruppe zu sein. Vor allem Arbeitgeber schlossen sich dieser Partei an, aber auch Menschen aus anderen Schichten der Gesellschaft. Innerhalb der Partei gab es einen spezifischen Zusammenschluss von Arbeitern.

Das Programm der sozialdemokratischen Volkspartei ist so zu kennzeichnen, dass man die Arbeits- und Lebensbedingungen des Volkes verbessern wollte, ohne die Gesellschaft zu revolutionieren. Doch nach und nach bildeten sich Gruppierungen heraus, die mit diesem Programm nicht einverstanden waren und die Errichtung einer sozialistischen Gesellschaft nach einer Revolution vor Augen hatten. Sie spalteten sich von der Volkspartei ab und gründeten die Kommunistische Partei Islands (*Kommúnistaflokkur Íslands*). Damit war die Grundlage für das Vierparteiensystem in Island geschaffen, das sich seither gehalten hat. Die Kommunisten und die Volkspartei haben sich einen harten Kampf um die Vorherrschaft in den Gewerkschaften geliefert und die Kommunisten konnten einige an sich ziehen. Doch als der Faschismus in Europa auf dem Vormarsch war, rief der Kongress der Komintern 1935 zur Einheitsfront von Kommunisten und Sozialdemokraten auf. Diese Botschaft gelangte nach Island und hatte zur Folge, dass ein Teil der Volkspartei sich mit den Kommunisten zusammentat und die Vereinigte Volkspartei – Sozialistische Partei (*Sameiningar-*

flokkur alþýðu – Sósíalistaflokkur) bildete. Die kommunistische Partei wurde daraufhin aufgelöst. Doch auch damit waren die Umstrukturierungen noch nicht abgeschlossen. Im Jahr 1956 spaltete sich die Volkspartei und ein Teil vereinte sich mit der Sozialistischen Partei zur Volksunion (*Alþýðubandalagið*). In den 70er und 80er Jahren hatte die Frauenbewegung großen Erfolg und stellte Kandidatinnen zu den Kommunalwahlen und Parlamentswahlen auf, die sich durchsetzen konnten. Die Frauenliste (*Kvennalisti*) als politische Partei auf Landesebene wurde 1983 gegründet. Die drei links verorteten Zusammenschlüsse – Volkspartei, Volksunion und Frauenliste – bildeten zusammen im Jahr 2000 die sozialdemokratische vereinigte Partei *Samfylkingin*. Jedoch folgten nicht alle Anhänger und Anhängerinnen der Volksunion und Frauenliste diesem Strom, sondern einige gründeten eine weitere Partei mit dem Namen Linke Bewegung – Grüne Liste (*Vinstrihreyfingin – Grænt framboð*). Diese kann als am weitesten links mit besonderer Betonung von Umweltthemen gelten. So sieht die Parteienlandschaft heute im Wesentlichen aus. Weitere Parteien oder Gruppierungen haben derzeit Vertreter im landesweiten Alþingi, doch deren Zukunft ist ungewiss.

Auswirkungen der Weltwirtschaftskrise
Nach der Erlangung der nationalen Souveränität standen ökonomische Fragen im Vordergrund. Die Wirtschaft hatte sich im Jahr 1919 erholt, doch im Jahr darauf fielen die Preise der Exportwaren und die Handelsbedingungen waren schlecht bis ins Jahr 1924. Zunächst wurden die Handelsbeschränkungen nach dem Krieg abgeschwächt, doch die ökonomischen Schwierigkeiten führten zu erneuten Einschränkungen beim Import. Anschließend stiegen die Steuern und die öffentlichen Ausgaben wurden zusammengestrichen. Die ökonomische Situation stellte das größte poli-

tische Problem der Regierung dar, zumal man meinte, dass die gerade erlangte Unabhängigkeit in Gefahr wäre, wenn man die Wirtschaft nicht in den Griff bekäme. Gleichzeitig versuchte man aber, freien Handel einzuführen, und schloss zwei staatliche Monopole.

1927 stellte die Fortschrittspartei die Regierung mit Duldung der Volkspartei. Sie legte besonderen Wert auf die Förderung der Wirtschaft unter der Leitung des Staates, insbesondere in der Landwirtschaft. Außerdem versuchte sie, die Landflucht einzugrenzen.

Das größte gesellschaftliche Ereignis jener Jahre war die Nationalfeier in Þingvellir 1930, die aus Anlass des 1000-jährigen Jubiläums der Gründung des Alþingi gefeiert wurde. Etwa ein Viertel der isländischen Bevölkerung besuchte die Feier am alten Thingplatz. Auch der König kam nach Island und eine Reihe von internationalen Vertretern. Island schloss seinen ersten Staatsvertrag ohne Beteiligung Dänemarks. Für den jungen unabhängigen Staat war diese Feier eine einzigartige Gelegenheit, seine Existenz in Erinnerung zu rufen und sichtbar zu machen. Doch kaum waren die Feierlichkeiten beendet, zogen die dunklen Wolken der Weltwirtschaftskrise auf.

In der zweiten Jahreshälfte 1930 fielen die Exportpreise. Hatte der Wert des Gesamtexportes 1929 noch 78 Millionen Kronen betragen, war er 1931 auf 48 Millionen Kronen gesunken. Fischereiprodukte machten 90 % des Exports aus, Landwirtschaftsprodukte nur 10 %. Der Preisverfall bewirkte, dass die Einnahmen die Ausgaben der Fischindustrie nicht aufwogen. Die Trawler wurden stillgelegt und die Folge war Arbeitslosigkeit. Die Kaufkraft verringerte sich so sehr, dass die Menschen an Lebensmitteln sparten und das traf wiederum die Bauern, die daneben ebenfalls vom Preisverfall im Export betroffen waren. Um der Arbeitslosigkeit entgegenzuwirken, wurden öffentliche Arbeitsprogramme eingerichtet und vom Staat finanziert, doch dies konnte nur einen Teil des Problems lösen.

Weiterhin wurde auf die Krise mit einer Umstrukturierung der Erwerbszweige, der Landwirtschaft ebenso wie der Fischereiwirtschaft, reagiert und verschiedene Innovationen in der Produktion eingeführt. Auch die Vermarktung der Waren wurde neu organisiert, wobei die Gründung eines Verbandes der Fischexporteure am effektivsten war. Er sollte verhindern, dass die Unternehmen sich gegenseitig unterboten. Ein neues Gesetz untersagte die Ausfuhr von Salzfisch ohne Genehmigung dieses Verbandes. Ein ähnliches System wurde in Bezug auf den Verkauf von Milch und Milchprodukten innerhalb des Landes eingerichtet.

Darüber hinaus wurden Schutzzölle auf importierte Industriewaren erhoben, um die einheimische Industrie zu stärken. Auf der anderen Seite wurden Zölle auf importierte Betriebswaren gesenkt. Diese gesetzlich verankerte zentrale Leitung der Wirtschaft wurde unter dem Titel Restriktionspolitik zusammengefasst und war ab 1930 bestimmend. Endgültig aufgegeben wurde sie nicht vor 1960.

Der Zweite Weltkrieg

Britische Besatzung Islands 1940
Bei Ausbruch des Krieges am 1. September 1939 wurde die Neutralitätserklärung von 1918 erstmals auf die Probe gestellt. Unter Bezug auf diese lehnte Island kurz nach der Besetzung Dänemarks und Norwegens durch Deutschland das Angebot Großbritanniens auf militärischen Schutz ab. Einen guten Monat später, am 10. Mai 1940, landeten britische Truppen und besetzten Island. Diese Militäraktion ging friedlich und ohne Gegenwehr vonstatten. Die Armee wurde durch einen britischen Botschafter begleitet, der nach dem Botschafter Dänemarks der zweite in Island war. Damit versuchte Großbritannien, seiner Anerkennung der isländischen Souveränität Ausdruck zu verleihen. Die isländische Regierung protestierte formal gegen die Missachtung der Neutralität des Landes, bezeugte sonst aber Wohlwollen. Der Premierminister forderte die Landsleute auf, die britischen Soldaten als Gäste zu betrachten und ihnen höflich zu begegnen.

Die meisten Soldaten wurden in Reykjavík stationiert und begannen sofort mit verschiedenen Arbeiten. Es entstanden Barackensiedlungen, ein Flughafen wurde gebaut und im westisländischen Fjord Hvalfjörður, wenig nördlich von Reykjavík, eine Marinestation eingerichtet. Die Briten versprachen, sich nicht in die Regierung des Landes einzumischen, hielten in der Realität aber die Macht in Händen. Die Anzahl der britischen Soldaten wird bei 25 000 gelegen haben, womit sie einem Viertel der Einwohner des Landes entsprach.

Obwohl anfangs alles friedlich verlief, kam es bald zu Konflikten. Die Kommunisten, die großen Einfluss in der Sozialistischen Partei hatten, hingen der Sowjetunion an und unternahmen Angriffe auf die Besatzungstruppen. Damals war der Nichtangriffspakt zwischen Deutschland und der Sowjetunion in Kraft und die Reaktion der Kommunisten erklärte sich teilweise hieraus. Die Briten hatten nun Sorge, dass sich die isländische Bevölkerung gegen die Besatzungsmacht wenden könnte, wenn die Angriffe nicht nachließen. Als die isländische Regierung es ablehnte, das Presseorgan der Kommunisten zu stoppen, griffen die Briten zu dem Mittel, die Redakteure gefangen zu nehmen, nach England zu bringen und das Erscheinen der Zeitung zu verbieten. Einer der Redakteure war Parlamentarier und genoss Immunität. Die Regierung protestierte, zumal es sich um eine schwere Einmischung in die inneren Angelegenheiten Islands handelte. Nach etwa viermonatiger Gefangenschaft wurden die Redakteure wieder freigelassen. Inzwischen war das Militär aber wegen der vielen Bauarbeiten und anderer Dienstleistungen zu einem wichtigen Arbeitgeber in Island geworden und konnte in die Tarifauseinandersetzungen verwickelt werden. Dies nutzten die Kommunisten aus, um die Menschen gegen das Militär aufzuhetzen.

Militärischer Schutz durch die USA 1941
Schon nach kurzer Zeit kam der Gedanke auf, dass die USA den militärischen Schutz Islands übernehmen und die Briten ablösen könnten. Dafür sprachen verschiedene Argumente: Die USA konnten mehr Sicherheit bieten, immerhin hatten die Alliierten Rückschläge erlitten und es war nicht gesichert, dass Großbritannien Island im Ernstfall verteidigen konnte. Island war ein neutraler Staat und dasselbe galt noch immer für die USA. Auch war ein Verteidigungsabkommen etwas anderes als eine Besatzung. Die amerikanische Führung versprach sich daneben wegen der Lage des Landes militärische Vorteile von einer Stationierung in Island. Großbritannien übernahm die Vermittlung, handelte

aber auch in eigenem Interesse, weil es seine Armee andernorts dringender brauchte. Im Abkommen mit den USA wurde festgeschrieben, dass die Truppen nach dem Ende des Krieges sofort wieder abgezogen würden.

Die ersten amerikanischen Soldaten kamen am 7. Juli 1941 nach Island, ein Teil der britischen blieb dennoch weiter im Lande. Die Amerikaner begannen sofort mit dem Bau einer Militärbasis in Keflavík im Südwesten Islands und eines großen Flughafens, der bis heute der wichtigste internationale Flughafen des Landes ist. Ein zweiter Flughafen wurde im Norden eingerichtet. Die Aktivitäten des ausländischen Militärs schafften viele Arbeitsplätze, es wurden große Baumaschinen und andere Innovationen ins Land gebracht. Hierdurch und durch große Preissteigerungen beim Fisch auf ausländischen Märkten hatte der Krieg immense wirtschaftliche Auswirkungen: Die Arbeitslosigkeit der Krisenjahre verschwand, jeder, der wollte, konnte Arbeit finden. Zwar stieg die Inflation, doch die erhöhte Kaufkraft hielt mit den Preissteigerungen Schritt. Kurz gesagt begann eine ökonomische Blütezeit.

Dennoch gab es auch Verwerfungen. Bis dahin hatte es sehr wenige Ausländer in Island gegeben. Mit dem Militär kamen größtenteils junge Männer ins Land, einige verantwortungslos, und die isländischen Mädchen und Frauen, manche sehr jung, fanden Gefallen an ihnen. Moralischer Verfall, Sittenlosigkeit und verschiedene andere Probleme stellten sich ein. Dies galt aber nicht generell, es wurden auch Ehen geschlossen, die sich als stabil erwiesen. Insgesamt waren die Beziehungen der Isländer zu den Soldaten friedlich, obwohl es zu einzelnen Zusammenstößen kam und sogar einige Isländer durch Schüsse der Soldaten starben.

Wenngleich der Krieg Island vor allem wirtschaftlichen Gewinn brachte, waren auch Verluste in der Schifffahrt zu verzeichnen. Isländische Schiffe wurden aus der Luft und durch U-Boote angegriffen, außerdem fuhren einige auf Minen. Insgesamt starben hierdurch 230 Seeleute, sodass Island prozentual gesehen ähnlich hohe Kriegsverluste hatte wie die USA. In Einzelfällen wurde Island durch deutsche Flugzeuge bombardiert, ohne dass aber nennenswerter Schaden entstand.

Die Gründung der Republik 1944

Streit um Verfahrensfragen
Mit der Besetzung Dänemarks durch Deutschland am 9. April 1940 war im Grunde die Königsunion zwischen Dänemark und Island aufgelöst. In der Nacht darauf beschloss das Alþingi, die isländische Regierung mit der Wahrnehmung der Königsmacht zu betrauen. Gleichzeitig übernahmen die Isländer ihre auswärtigen Angelegenheiten und die Küstenwacht. Im folgenden Jahr wurde ein Regent gewählt, dem die Königsmacht anvertraut wurde, und ein besonderes Außenministerium eingerichtet.

Zur selben Zeit, als diese Ereignisse stattfanden, war aber die im Unionsvertrag festgeschriebene Frist abgelaufen, nach der eine Revision der Union ab dem Jahrsende 1940 vorgesehen war. Bereits vor dem Krieg hatten die politischen Parteien erklärt, den Unionsvertrag nicht erneuern zu wollen. Daher kamen drei Wege in Betracht.

In erster Linie konnte man die Union sofort aufkündigen und eine Republik gründen, ohne die im Vertrag vorgesehene dreijährige Zeitspanne beginnend am Jahrsende 1940 abzuwarten. Die zweite Möglichkeit bestand darin, mit der Aufgabe der Union bis zum Kriegsende zu warten und dann mit den Dänen zu verhandeln. Schließlich wurde der dritte Weg gewählt, der darin bestand, die vertraglich festgelegte Frist von drei Jahren verstreichen zu lassen und dann – unabhängig davon, ob Dänemark inzwischen seine Freiheit wiedererlangt hätte und über die Union verhandeln könnte – eine Republik zu gründen. Dem stimmten die USA zu und auch die meisten Isländer, die ursprünglich bis zum Kriegsende warten wollten, waren einverstanden. Der König sandte den Isländern am 2. Mai 1944 ein Telegramm, in dem er darum bat, vor Kriegsende keine Republik zu gründen. Dieser Wunsch wurde jedoch nicht erfüllt. Vom 20. bis 23. Mai 1944 wurde ein Volksentscheid über die Aufkündigung der Königsunion sowie die Verfassung der Republik Island durchgeführt. An dem Entscheid nahmen 98,61% der Wahlberechtigten teil. Insgesamt stimmten 97,35% für die Aufkündigung und 0,52% dagegen. Für die Verfassung und damit für die Gründung der Republik und das Verlassen der Königsunion stimmten 95,04% und 1,44% waren dagegen.

Anschließend wurde für den 17. Juni 1944 eine große Feier am alten Thingplatz in Þingvellir organisiert und dort vor 25 000 Menschen in strömendem Regen die Unabhängigkeit Islands erklärt. Die Parlamentarier wählten noch vor Ort Sveinn Björnsson, der zuvor das Amt des Regenten ausgeübt hatte, für ein Jahr zum Präsidenten Islands. Die Verfassung von 1920 wurde nur insofern geändert, als die Gründung der Republik es notwendig machte. Der König hatte Vetorecht gehabt, an dessen Stelle trat nun das Recht des Präsidenten, Gesetze zum Volksentscheid auszusetzen. Anderweitig beschränkte sich die politische Macht des Präsidenten darauf, dass er relativ freie Hand bei der Regierungsbildung hatte, obwohl sich in dieser Hinsicht bestimmte Gepflogenheiten herausgebildet haben.

Außenpolitik

Programmatik in der Außenpolitik
Island stand nun vor der Herausforderung, ein eigenes außenpolitisches Programm zu entwickeln und sich international zu etablieren. Der Zweite Weltkrieg endete 1945 und nach dem Verteidigungsabkommen mit den USA sollte das Militär bei Kriegsende abziehen.

Schon vor dem Ende des Krieges war es zu Brüchen in der Zusammenarbeit der Alliierten gekommen und im Herbst 1945 bat die US-amerikanischen Regierung Island um die Überlassung einer Militärbasis im Lande für die Dauer von 99 Jahren. Die Bitte wurde abgelehnt. Das amerikanische Militär blieb nichtsdestotrotz vor Ort und begründete dies damit, dass noch kein Friedensvertrag abgeschlossen und der Krieg damit formell noch nicht beendet sei. Schließlich einigte man sich 1946 dahingehend, dass der Flughafen in Keflavík den Isländern übereignet werde, sich die Amerikaner dort aber weiterhin bestimmte Nutzung wegen des Transportes ihrer Besatzungstruppen nach Deutschland vorbehielten. Dieser Kompromiss wurde durch die Sozialistische Partei scharf kritisiert und die Regierung gestürzt. Hier brach ein Konflikt auf, der den politischen Diskurs in Island für einige Jahrzehnte bestimmen sollte.

Im Jahr 1945 wurden die Vereinten Nationen gegründet. Island sollte Gründungsmitglied werden können, wenn es Deutschland den Krieg erklärte. Dies wurde aber abgelehnt und Island erst 1946 aufgenommen.

Beitritt zur NATO und Militärbasis
Im Jahr 1949 wurde der Nordatlantikvertrag geschlossen und damit die NATO gegründet. Island wurde die Teilnahme angeboten und alle politischen Parteien mit Ausnahme

der Sozialisten nahmen dies positiv auf. Allerdings gab es durch alle Parteien hinweg auch kritische Stimmen, weil man an der Neutralitätserklärung von 1918 festhalten und Island außerhalb von Militärbündnissen halten wollte. Insbesondere waren Persönlichkeiten des kulturellen Lebens, Dichter, Schriftsteller, Künstler und Wissenschaftler gegen den Beitritt. Dennoch wurde der Beschluss im Alþingi mit ausreichender Mehrheit gefasst, nachdem es auf dem Platz vor dem Parlamentsgebäude zu harten Zusammenstößen gekommen war. Der Beitritt war mit dem Vorbehalt versehen, dass in Island zu Friedenszeiten keine Militärstützpunkte unterhalten würden.

Doch nun verschärfte sich das Wettrüsten der Großmächte und 1951 vereinbarte Island mit den USA deren militärische Nutzung des Flughafens in Keflavík. Zwar wurden nicht viele Soldaten stationiert, doch die Einrichtung der militärischen Anlagen war umfangreich und sehr viele Isländer bekamen hier Arbeit. Der Widerstand gegen das Militär ließ aber nicht nach und es wurde eine politische Partei gegründet, deren Hauptprogrammpunkt darin bestand, das Militär wegzuschicken, aus der NATO auszutreten und die Neutralitätspolitik wieder aufzunehmen. Die Partei konnte zwei Sitze im Alþingi erringen, verlor sie aber bei der nächsten Wahl wieder.

Die Volksunion, Erbin der Sozialistischen Partei, wenn auch mit abgemildertem Programm, war zweimal an der Regierung beteiligt und konnte in den jeweiligen Koalitionsverträgen eine Klausel über den Abzug des Militärs durchsetzen. Das erste Mal geschah dies 1956, doch dann wurde wegen des Aufstandes in Ungarn und der Suezkrise von den Plänen abgesehen. Beide Ereignisse erhöhten die Kriegsgefahr und man hielt es für unverantwortlich, Island ohne Schutz zu lassen. Das zweite Mal strebte man den Abzug 1971 an. Doch diesmal waren es die Auseinandersetzungen mit Großbritannien über die Ausweitung der isländischen Fischereizone, die zu einer Verschiebung der Pläne führten. Der Konflikt mit Großbritannien zog sich hin und inzwischen war die entsprechende Regierung abgetreten.

Die Befürworter des Verteidigungsabkommens mit den USA begründeten ihre Einstellung vor allem damit, dass Island seinen Beitrag zur Unterstützung der westlichen Demokratien gegen die Diktaturen Osteuropas, die Sowjetunion und deren Satellitenstaaten leisten und hierzu einen kleinen Teil seines Landes zur Verfügung stellen müsse. Daneben wäre so sichergestellt, dass ein Angriff auf Island einem Angriff auf einen NATO-Staat und damit auf die USA, die stärkste Militärmacht der Welt, gleichkäme.

Nach und nach ebbte der Streit über die Anwesenheit des amerikanischen Militärs ab. Dessen Aktivitäten verminderten sich, nicht zuletzt nach dem Zusammenbruch der Sowjetunion. Im März 2006 entschied die US-Regierung, das Militär abzuziehen und die Basis in Island zu schließen. Seitdem ist Island ohne Verteidigung, sieht man von den vorrangig symbolischen Überwachungsflügen der NATO-Staaten im isländischen Hoheitsgebiet einmal ab.

Übergabe der Handschriften durch Dänemark
In den Beziehungen zwischen Island und Dänemark waren zwei Angelegenheiten noch immer ungelöst. Die eine betraf die Manuskripte, die in dänischen Archiven aufbewahrt wurden. Bei der anderen handelte es sich um den isländischen Küstenschutz, der im nächsten Kapitel behandelt wird.

Mit dem Humanismus orientierte man sich zunehmend an den klassischen Werken der Antike. Auch in den nordischen Ländern wandte man sich der Vergangenheit und insbesondere der isländischen Literatur des Mittelalters zu und in diesem Kontext setzte die Sammlung der isländischen Handschriften ein. Zwar waren die Schweden zunächst führend, doch der weitaus erfolgreichste Sammler war Árni Magnússon, Professor an der Universität Kopenhagen. Als Folge dieser Sammlertätigkeit waren um 1720 fast alle Pergamenthandschriften aus Island verschwunden. Árni Magnússon vererbte die Manuskripte der Universität Kopenhagen, wo ein spezifisches Institut mit ihrer Bewahrung beauftragt wurde. Dieses betreute auch die Erforschung und Herausgabe der Schriften, an der Isländer maßgeblich beteiligt waren.

Schon bald nachdem Island die staatliche Selbstverwaltung erhalten hatte, wurde die Übergabe der Manuskripte und Dokumente aus den dänischen Archiven gefordert. Doch die dänische Seite ließ sich hierauf nicht ein, bis man sich 1927 auf die Rückgabe der Dokumente einigte, darunter auch aus der Sammlung des Árni Magnússon. Dennoch verblieb etliches in Dänemark. Nach der Gründung der Republik Island im Jahr 1944 war die Manuskriptfrage nicht vergessen und Island erneuerte seine Forderungen. Zu diesem Zeitpunkt hatten auch dänische Politiker Interesse an einer Lösung und es wurden ausführliche Berichte angefertigt, doch einflussreiche Wissenschaftler stemmten sich dagegen. Schließlich erreichte man 1961 eine Einigung über die Rückgabe jener Schriften, die zum kulturellen Erbe Islands gehörten. Hierzu zählte man alle Schriften, die entweder einen isländischen Verfasser hatten oder die Island behandelten, und es wurden entsprechende Gesetze verabschiedet. Das Institut, das die Handschriften verwahrte, klagte gegen diese Gesetze mit dem Argument, dass sie der Verfassung widersprächen. Die Auseinandersetzung endete ein Jahrzehnt später mit einem Urteil des Obersten Gerichts in Dänemark, das die Gesetzgebung als verfassungskonform bestätigte.

Schließlich lief am 21. April 1971 eine dänische Fregatte in den Hafen von Reykjavík ein und wurde von 25 000 Menschen empfangen. Anschließend wurden zwei der wertvollsten Manuskripte bei einer feierlichen Zeremonie in der Universität Islands übergeben.

Im Weiteren wurde über die Aufteilung der Handschriften verhandelt und 1986 eine endgültige Einigung erreicht. 1997 wurden die letzten Handschriften übergeben. Aus heutiger Sicht kann man diese Ereignisse durchaus als bemerkenswert betrachten und sie können als Vorbild dienen, wenn andere Nationen archäologische Artefakte oder andere kulturell wertvolle Objekte aus den Händen ihrer früheren Kolonialmächte zurückerlangen wollen.

Ausweitung der Hoheitsgewässer und der ausschließlichen Wirtschaftszone

Im Jahr 1901 hatten Dänemark und Großbritannien, wie bereits erwähnt, eine Hoheitszone von drei Meilen vor Island ab der Küstenlinie sowie einer Querlinie vor den bis zu zehn Seemeilen breiten Fjorden ausgehandelt. Innerhalb dieser Hoheitszone war es allen anderen Nationen verboten, Fischfang zu betreiben. Dänische Untertanen waren hiervon allerdings ausgenommen. Nach der Gründung der Republik Island wurde die Genehmigung zum Fischfang auf isländische Staatsangehörige eingegrenzt und mit Beschränkungen in Bezug auf bestimmte Fanggeräte versehen. Der Vertrag hatte eine Laufzeit von 50 Jahren, sodass die Grenzen der Hoheitsgewässer inzwischen nicht verschoben werden konnten. Ausländische Fangschiffe rückten dennoch immer näher und die isländische Seite konnte lediglich reagieren, indem sie die Küstenwacht verstärkte. Zwar konnte Island während der beiden Weltkriege seine Fischgründe allein nutzen, doch schon bald nach Kriegsende 1945 tauchten erneut sehr leistungsfähige ausländische Fangschiffe neben den isländischen auf. Daraufhin wurde 1948 ein Gesetz verabschiedet, das es dem Minister für Fischereiwesen gestattete, Regelungen über die Fischereihoheit vor den Küsten Islands einzuführen. Den Anstoß zu diesem Gesetz hatte eine Erklärung des amerikanischen Präsidenten aus dem Jahr 1945 gegeben, wonach die USA sich die Verfügung über die Ressourcen auf dem Meeresboden des eigenen Festlandsockels sowie das Recht auf den Erlass von Regelungen zum Schutz des Meereslebens außerhalb der Hoheitsgewässer vorbehielten. Dies war der erste Schritt zur sukzessiven Ausweitung der Hoheitszonen.

Im Jahr 1950 weitete Island die Hoheitszone im Norden des Landes auf vier Meilen aus und definierte eine Basislinie, die der Hauptküstenlinie folgte und in gerader Strecke vor den Mündungen der Fjorde und Buchten gezogen wurde. Die nächste Ausweitung fand 1951 statt, als man das Prinzip der Basislinie auf die gesamte Küste Islands anwandte. Noch gab es keine international gültigen Gesetze in Bezug auf die Hoheitsgewässer, doch Island berief sich auf die Lebensnotwendigkeit der Ausweitung. Großbritannien hatte die größten Interessen zu verteidigen und verbot die Landung isländischer Fischfänge im eigenen Land. Das Verbot bestand vier Jahre lang, richtete aber wenig aus, weil Island sich andere Märkte erschließen konnte.

Im Jahr 1958 wurde die Hoheitszone auf zwölf Meilen ausgedehnt. Einige Staaten protestierten gegen diese einseitige Entscheidung, befolgten sie aber dennoch. Großbritannien hingegen entsandte zum Schutz seiner Trawlerflotte Kriegsschiffe in die isländischen Fischgründe und bis 1961 fischten britische Trawler unter militärischem Schutz. Danach konnte man sich vertraglich einigen und Großbritannien erhielt befristete Fanggenehmigungen. Island ließ nun verlauten, dass die Hoheitszone weiterhin ausgeweitet werden würde, doch der Vertrag bestimmte, dass Konflikte vor dem Internationalen Gerichtshof in Haag beizulegen wären. Ein ähnlicher Vertrag wurde mit der Bundesrepublik Deutschland geschlossen.

1972 führte Island eine ausschließliche Wirtschaftszone von 50 Seemeilen ein, die den Schutz der Ökosysteme und natürlichen Ressourcen beinhaltete. Großbritannien und die Bundesrepublik Deutschland setzten ihren Fischfang fort und erneut trafen britische Kriegsschiffe ein. Doch nun hatte die isländische Küstenwacht sich eine neue Waffe beschafft. Diese bestand aus einem Schneider, der es ermöglichte, die Zugdrähte der Grundschleppnetze, die ein Trawler zog, in voller Aktion zu kappen. Bei den Versuchen der britischen Militärschiffe, dieses Kappen zu verhindern, kam es wiederholt zu Schiffskollisionen. Hierdurch entstand großer Schaden auf beiden Seiten und Menschenleben gerieten in Gefahr. Zur selben Zeit riefen Großbritannien und die Bundesrepublik Deutschland den Internationalen Gerichtshof an. Island berief sich darauf, dass der Gerichtshof nicht zuständig sei, und strengte keine Verteidigung an. Dieses Vorgehen war durch einen Beschluss des Alþingi vom 15. Februar 1972 gestützt, in dem erklärt wurde, dass der Vertrag von 1961 nicht länger bindend sei. Begründet wurde dies mit veränderten Bedingungen und den Überlebensinteressen der isländischen Nation. Der Internationale Gerichtshof kam indes zu dem Ergebnis, dass die Sache durchaus in seine Gerichtsbarkeit gehörte. 1973 einigten sich Großbritannien und Island auf eine Lösung des Konflikts, die erneut befristete Ausnahmegenehmigungen für den britischen Fischfang enthielt und bis 1975 galt.

Im Jahr 1975 erweiterte Island seine ausschließliche Wirtschaftszone auf 200 Seemeilen, worauf Großbritannien, die Bundesrepublik Deutschland und andere Staaten mit Protesten reagierten. Wiederum erschienen britische Kriegsschiffe in den isländischen Gewässern und die Auseinandersetzungen setzten sich fort. Schließlich vereinbarte man, dass 24 britische Trawler während der nächsten sechs Monate innerhalb der 200-Meilen-Zone fischen durften. Am

1. Dezember 1976 verließen die letzten britischen Fangschiffe die isländischen Hoheitsgewässer. Mit der Bundesrepublik Deutschland hatte man sich 1975 vertraglich geeinigt und deren letzte Trawler verließen die Wirtschaftszone am 28. November 1977. Damit hatte Island im Schutze der internationalen Entwicklungen auf dem Gebiet des Seerechts die volle Souveränität über seine Wirtschaftszone erlangt.

Der Internationale Gerichtshof fällte am 25. Juli 1974 sein Urteil und wies die Forderung Großbritanniens ab, die darauf hinauslief, die Ausweitung der Hoheitszone nach dem Völkerrecht für ungültig zu erklären. Allerdings kam die Mehrheit des Gerichts zu dem Ergebnis, dass Großbritannien sich Fischereirechte vor Island erworben habe, die es zu würdigen gelte, weshalb das einseitig durch Island verhängte Verbot ungültig sei. Am selben Tag fiel ein gleichlautendes Urteil in der Sache der Bundesrepublik Deutschland gegen Island.

Restriktionspolitik und staatliche Interventionen

Schwierige Wirtschaftslage
Als die Republik Island gegründet wurde, lag die Macht in den Händen einer außerparlamentarischen Regierung. Diese wurde am 21. Oktober 1944 von einer Koalition aus der Unabhängigkeitspartei, der Sozialistischen Partei und der Volkspartei abgelöst. Während der Kriegsjahre hatten sich im Ausland große Devisenfonds angesammelt, die nun zur Erneuerung der Fischereiflotte, zum Kauf von Schiffen und Trawlern, verwendet wurden. Gleichzeitig nahm man Investitionen in der Fischverarbeitung vor, erneuerte Schnellgefrierhäuser und Heringsfabriken, förderte die Industrieproduktion und setzte Reformen in der Landwirtschaft durch. Doch im Frühjahr 1947 waren alle ausländischen Guthaben der Banken aufgebraucht und es regte sich Kritik darüber, dass man zu überhastet und planlos vorgegangen war. Darauf musste nun reagiert werden. Zunächst begrenzte man den Devisenfluss. Weiterhin wurde 1947 ein öffentliches Amt zur Regelung von Investitionen, Import und Devisenbewegungen gegründet sowie Preiskontrollen und Zuteilungen eingeführt. Als diese Maßnahmen nicht fruchteten, griff man 1949 zum Mittel der Währungsentwertung in der Hoffnung, dass man daraufhin die Restriktionen abschwächen könnte. Diesen Weg beschritt man mehrmals, dauerhafter Erfolg stellte sich aber nicht ein. Bis etwa 1960 blieb die restriktive Wirtschafts- und Währungspolitik in unterschiedlich scharfer Ausprägung bestimmend. Grob umrissen kann man sagen, dass drei Probleme die isländische Wirtschaft kennzeichneten: Erstens ein andauernder Devisenmangel, dem man mit Handelsbeschränkungen zu begegnen suchte. Zweitens schlechte Ergebnisse im

Export, die man mit Entwertungen oder komplizierten Subventionssystemen auszugleichen versuchte. Hierzu wurden Exportzweige, die größere Erfolge hatten, mit Abgaben belegt, die den schlechter gestellten zugutekamen. Drittens die Inflation, auf die man mit Preisbeschränkungen und Nullrunden in der Tarifentwicklung reagierte, die man aber nie vollständig in den Griff bekam.

Trotz der großen wirtschaftlichen Probleme darf nicht vergessen werden, dass einiges zur Förderung des Erwerbslebens getan wurde. Die größte Rolle spielte dabei die Anschaffung neuer und moderner Trawler um 1947, die von den Devisen der Kriegsjahre gekauft wurden. Hinzu kam die Unterstützung durch den Marshallplan sowie Deviseneinnahmen aus den Bauarbeiten und anderen Dienstleistungen für die Militärbasis in Keflavík.

Umschwung 1960
Im Jahr 1960 setzte eine neue Wirtschaftspolitik ein. Zunächst hob man die meisten Restriktionen im Import und Warenhandel auf, Landwirtschaftsprodukte waren davon jedoch ausgenommen. Die Währung wurde entwertet und die meisten staatlichen Subventionen eingestellt, so auch das oben genannte Übertragssystem im Export. Dennoch stellte die Notierung des Währungskurses lange das wichtigste Instrument der Wirtschaftslenkung dar, sobald die Exportproduktion an neue Bedingungen angepasst werden musste.

Der Import wurde entscheidend liberalisiert, dennoch waren viele Einkäufe weiter an Genehmigungen gebunden. Diese folgten dem Ziel, den Außenhandel zu lenken und an bestimmte Länder zu binden, um ausgeglichene Bilanzen im Warentausch zu erreichen. Man legte Wert darauf, dass die Devisen nicht aufgebraucht wurden und die Transaktionen trotz Genehmigungspflicht reibungslos vonstatten gingen. Importgenehmigungen wurden in der Regel ohne Probleme erteilt.

Investitionsbeschränkungen wurden aufgehoben, doch die meisten Investitionen waren von Kreditgewährungen durch Banken und Fonds abhängig, und hier hatte der Staat großen Einfluss. Andere Restriktionen blieben bestehen, z.B. musste der Export von Fischereiprodukten staatlich genehmigt werden, was letztlich bedeutete, dass die Verbände und die staatlichen Institutionen ein Monopol in diesem wichtigsten Exportzweig des Landes innehatten. Preiskontrolle bestand weiter in vielen Bereichen.

In den Jahren 1971-1982 wurde die Trawlerflotte erneuert und moderne Hecktrawler angeschafft, wodurch sich die Fangmengen deutlich erhöhten. Auch in der Fischverarbeitung wurden große Leistungssteigerungen erreicht.

Die Isländer konnten den Fischfang innerhalb der neu eingerichteten 200-Meilen-Zone selbst kontrollieren. Doch nun waren die isländischen Fischgründe bis an die Grenzen ausgebeutet. 1975 legten die Ichthyologen oder Fischkundler einen schwarzen Bericht vor. Der Fischfang musste unweigerlich begrenzt werden. Die eingeführten Maßnahmen erwiesen sich aber als unzureichend und 1983 erschien ein neuer negativer Bericht. Nachdem man verschiedene Methoden ausprobiert hatte, begegnete man dem Problem nun damit, jedem Schiff einen bestimmten Anteil an einer zugelassenen Höchstfangmenge zuzuordnen und diese an den Fangerfahrungen der vorangegangenen Jahre zu orientieren. Zwar waren die anteilmäßigen Fanggenehmigungen bzw. Fangquoten an die Schiffe gebunden, gleichzeitig wurde aber der Handel mit den Quoten erlaubt. Dies förderte die Wirtschaftlichkeit und Profitabilität in der Fischereiwirtschaft. Es setzten aber auch Preissteigerungen bei den Quoten bzw. Fanggenehmigungen ein, die dazu führten, dass einige ihre Quoten gewinnbringend verkauften und den Fischfang aufgaben. Das Quotensystem ist trotz seiner Wirtschaftlichkeit von Anfang an kritisiert worden. Zum einen verschwanden die Quoten gänzlich aus bestimmten Fischerorten und damit die entsprechenden Arbeitsplätze im Fischfang und der Fischverarbeitung. Zum anderen gibt es nur begrenzte Möglichkeiten für Neueinsteiger. Nichtsdestotrotz hat sich das System im Großen und Ganzen bewährt.

Inzwischen bildeten sich neue Erwerbszweige heraus, wie z. B. in der wachsenden Energiewirtschaft, die auf der Nutzung von Wasserkraft und Erdwärme beruht. Auf ihrer Grundlage entstanden große Industriebetriebe, bei denen die energieintensive Aluminiumproduktion eine zentrale Rolle spielt, aber nicht unumstritten ist. Darüber hinaus sind der Tourismus und die Softwareindustrie zu rasant wachsenden Erwerbszweigen geworden.

Die wirtschaftliche Situation war nach wie vor schwierig, als im Januar 1973 ein großer Vulkanausbruch auf den Westmänner Inseln vor der Südküste hinzukam. Die Siedlung auf Heimaey, der größten Insel der Gruppe, umfasste 5000 Einwohner und war besonders wichtig für die Fischerei des Landes. Innerhalb eines Tages konnten alle Einwohner evakuiert werden. Etwa ein Drittel der Stadt wurde unter Lava begraben. Der wirtschaftliche Schaden war immens. Mithilfe der Unterstützung aus Skandinavien und anderen Ländern sowie durch den Einsatz der Einwohner und die Solidarität aller Landsleute konnte die Stadt innerhalb überraschend kurzer Zeit wieder aufgebaut werden. Heute zählt sie erneut etwa 4000 Einwohner.

Trotz der Versuche, den Handel zu liberalisieren, war der Kampf mit wirtschaftlichen Problemen noch lange nicht abgeschlossen. 1979 wurde ein Gesetz erlassen, das der Inflation entgegenwirken sollte. Es beinhaltete weitreichende Zusammenarbeit der Arbeitsmarktkräfte, vor allem aber eine Indexbindung aller Guthaben und Kapitalverbindlichkeiten. Damit endete die Ära, in der die Inflation früher oder später alle Schulden vertilgte. Sobald die Inflation aber stieg, verteuerten sich die indexgebundenen Kredite und machten es den Menschen, die auf Darlehen angewiesen waren, schwerer, Schritt zu halten. Die wirtschaftliche Situation wurde durch Einbrüche im Fischfang, Preisverfall bei Exportwaren und schließlich die Ölkrise strapaziert, doch auch die Inflation blieb eine ständige Begleiterin. 1983 überschritt die Inflationsrate die 100 % auf Jahresbasis. Jetzt musste zu radikalen Maßnahmen gegriffen werden.

Wirtschaftsentwicklung und Arbeitsmarkt nach 1983
Im Schatten der galoppierenden Inflation, des wirtschaftlichen Zusammenbruchs und beginnender Arbeitslosigkeit fanden 1983 die Wahlen zum Alþingi statt. Erneut wurde die Währung entwertet und die Kaufkraft sank. Es bestand die Gefahr eines weiteren Inflationsschubes. Deshalb wollte man die Wechselbeziehung zwischen Preis- und Lohnniveau unterbrechen, obwohl es üblich war, in den Tarifverträgen Lohn- und Preissteigerungen aneinander zu koppeln. Die meisten Gewerkschaften stimmten diesen Maßnahmen zu und die Wirtschaft erholte sich etwas. Doch 1988 setzte eine Rezessionsphase ein, die auf den allgemeinen Abschwung in der westlichen Welt zurückging. 1990 wurde deshalb zwischen Arbeitgebern, Arbeitnehmern und der Politik eine nationale Einigung (*þjóðarsátt*) ausgehandelt, die durch weitreichende Maßnahmen Stabilität sichern sollte. Daraufhin ging die Inflation so weit zurück, dass man aus heutiger Sicht das Jahr 1990 als Endpunkt einer etwa fünfzigjährigen Inflationsperiode betrachten kann. Etwa 1994 ebbte die Krise ab, die Bedingungen in der Fischerei verbesserten sich und die Investitionen stiegen. In den 90er Jahren nahm sowohl in Island als auch international der Gebrauch von Computern und Elektronik in jeglicher Pro-

duktion, in der Wissenschaft und vor allem in der Kommunikation zu. Der Lebensstandard stieg erneut an und die positive Entwicklung hielt sich bis in die ersten Jahre des 21. Jahrhunderts. Nun waren Kredite leicht zu haben und in gewisser Weise wurde der hohe Lebensstandard durch Anhäufung von Schulden erkauft. Dies sollte sich später rächen.

Um 1990 begann eine umfangreiche Privatisierungspolitik, Unternehmen des Staates wurden verkauft, andere in spezifische Aktiengesellschaften in Staatsbesitz umgewandelt. Diese Politik wurde bis ca. 2006 fortgesetzt, als sich ein nahender Rückschlag abzuzeichnen begann. Dieser kam dann schneller und heftiger, als man sich hätte ausmalen können. Im Herbst 2008 kollabierte das übermäßig aufgeblähte isländische Bankensystem und die isländische Währung brach ein. In der Folge stiegen die indexgebundenen Kredite, jene Kredite jedoch, die teilweise oder vollständig an ausländische Währungen gekoppelt waren, schossen in einem Maße in die Höhe, dass sie nahezu unbezahlbar wurden. Die Politik musste sich nun der Aufgabe zuwenden, Lösungen für die hohe Verschuldung der Volkswirtschaft, der Unternehmen und der Privathaushalte zu finden. So war der Stand Ende des Jahres 2010.

Zunehmende Bindung an Europa
Island trat 1970 der Europäischen Freihandelsassoziation (EFTA) bei, folgte den EFTA-Staaten aber nicht in die Europäische Gemeinschaft (EG) bzw. Europäische Union (EU). Die verbliebenen EFTA-Staaten mit Ausnahme der Schweiz, d.h. Island, Norwegen und Liechtenstein, schlossen 1993 mit der EU das Abkommen über den Europäischen Wirtschaftsraum (EWR). Dadurch hat Island am europäischen Binnenmarkt und den sogenannten vier Freiheiten, der Freizügigkeit von Arbeitskräften, Waren, Dienstleistungen und

Finanzkapital, teil. Der Landwirtschafts- und Fischereipolitik der EU untersteht Island hingegen nicht, es sei denn durch spezifische bilaterale Verträge, wie z. B. über Zölle und Zollfreiheit oder begrenzte Fischfangrechte in den Wirtschaftszonen der EU-Staaten.

Die engen Beziehungen zum europäischen Wirtschaftssystem hatten eine Öffnung der isländischen Wirtschaft zur Folge, sodass sich hier Marktwirtschaft und freie Konkurrenz wie andernorts in Europa durchsetzten. Damit gab es keine Rückkehr mehr zu Zentralismus und Staatsprotektionismus. In Island wurden viele Regelungen der EU eingeführt und das Europarecht verdrängt nun langsam die nordischen Vorbilder in der Gesetzgebung. Nicht alle europäischen Rechtsvorschriften eignen sich aber für die isländischen Gegebenheiten und manche widersprechen der einheimischen Rechtstradition.

Im Jahr 2010 hat sich Island um den Beitritt zur Europäischen Union beworben. Noch ist ungewiss, ob die Verhandlungen erfolgreich abgeschlossen werden. Der Antrag ist in der isländischen Bevölkerung sehr umstritten.

Bildung und Kultur

Volksbildung im 19. Jahrhundert
Im 18. Jh. waren einige Volksschulen gegründet worden, die aber nicht lange bestanden. Der Unterricht der Kinder fand in den Haushalten unter der Aufsicht der Pfarrer statt und beinhaltete hauptsächlich Lesen, Schreiben, Rechnen und christliche Lehre. Die Eltern hatten die Pflicht, diesen Unterricht sicherzustellen. Hierzu war es u. a. üblich, mehrere Kinder auf einem Hof, der den nötigen Platz bot, zu versammeln und fahrende Lehrer anzustellen, die jeweils für einige Wochen vor Ort blieben.

Um 1874 gab es drei Volksschulen in Island, ihre Zahl nahm aber bald zu. Als sich im 19. Jh. die Erwerbsarbeit auszudifferenzieren begann, erhöhte dies die Anforderungen an die Bildung der Menschen und es wurden spezifische Schulen gegründet. Außerdem wurde der Pflichtunterricht verlängert und praktische Fächer neben Lesen und Schreiben ausgeweitet, insbesondere Rechnen und Grundlagen in modernen Sprachen wie Dänisch und Englisch.

Die allgemeine Schulpflicht wurde 1907 gesetzlich eingeführt. Die Grundregel bestand weiterhin in der Unterrichtung der Kinder in den Haushalten bis zum Alter von 10 Jahren. Anschließend musste den Kindern Unterricht bis zum 14. Lebensjahr gesichert werden. 1946 wurde ein neues Unterrichtsgesetz verabschiedet und die Schulpflicht verlängert. Eine weitere Verlängerung fand 1974 statt. In den zurückliegenden Jahren wurde Wert auf die Förderung des berufspraktischen Unterrichts gelegt.

Doch die Menschen zeigten große Initiative bei der Aneignung von Bildung und Kenntnissen außerhalb formaler Schulbildung. So weitete sich die Herausgabe von Büchern in Island in der zweiten Hälfte des 19. Jh. aus, und in der

Folge, vermehrt aber nach 1874, gründeten sich Lesevereine. Kurz nach der Jahrhundertwende zählte man landesweit 112 solcher Vereine, die im Durchschnitt etwa 200 Bücher besaßen. Der größte verfügte sogar über ca. 1000 Bücher. Lesevereine waren freiwillige Zusammenschlüsse in den ländlichen Regionen oder Fischerdörfern mit dem Ziel, Bildung und Kultur zu fördern. Die meisten Bücher waren isländisch, doch ein Siebtel des Gesamtbestandes waren ausländische Schriften. Als im 20. Jh. öffentliche Bibliotheken gegründet und vom Staat oder den Kommunen unterhalten wurden, lösten sich die Lesevereine langsam auf.

Ab 1874 wurden berufsbezogene Schulen gegründet. Die ersten waren Hauswirtschaftsschulen für Mädchen, die eine ähnliche Allgemeinbildung wie die Gymnasien der Jungen anboten, gleichzeitig aber auf die weiblichen Tätigkeiten in den Haushalten vorbereiteten. Weiterhin wurden Landwirtschaftsschulen gegründet und 1891 die bereits erwähnte Seefahrtsschule. Im frühen 20. Jh. entstanden die Handwerks- und die Handelsschule. Nach und nach differenzierte sich das Schulsystem weiter aus und ist heute sehr umfangreich geworden. Zu den Innovationen gehört vor allem die Erwachsenen- und Weiterbildung in den meisten theoretischen und praktischen Fächern, die an Hochschulen, Universitäten, weiterführenden und berufsbildenden Schulen angeboten wird.

Sekundar- und Hochschulbildung
Seit der Einführung des Christentums bestanden Schulen an den beiden Bischofssitzen. Der Bischofssitz Hólar wurde 1801 aufgelöst und damit auch die entsprechende Schule. Danach gab es nur noch eine höhere Schule im Lande. Diese wurde 1786 von Skálholt nach Reykjavík und 1804 nach Bessastaðir, auf den früheren Amtssitz des königlichen Vertreters verlegt. Sie war die Ausbildungsstätte der meisten

künftigen Pfarrer und Beamten. Doch als sie 1846 erneut nach Reykjavík verlagert wurde, bekam sie den Zuschnitt einer allgemeinbildenden höheren Schule oder Lateinschule (*lærði skóli*) mit Betonung der klassischen Fächer Griechisch und Latein. Die theologische Bildung wurde 1847, wie bereits erwähnt, in einer eigenen Schule untergebracht. 1904 wurde die höhere Schule in ein allgemeines Gymnasium umgewandelt, in dem der klassische Anteil reduziert und mehr Wert auf Realfächer wie moderne europäische Sprachen, Mathematik und Naturwissenschaften gelegt wurde. Im Laufe des Jahrhunderts kamen weitere ähnlich ausgerichtete Schulen hinzu.

Die theologische Schule (*prestaskóli*) bildete, gefolgt von der medizinischen Schule (*læknaskóli*) 1876, die Grundlage der späteren Universität Islands. Schon seit 1845 war im Alþingi wiederholt beschlossen worden, eine juristische Ausbildung in Island zu gründen (*lagaskóli*), was allerdings vom König abgelehnt wurde. 1904 erhielten die Isländer endlich die Bestätigung, doch wegen Geldmangels konnte die Ausbildung erst 1908 beginnen.

Während der letzten Jahrzehnte des 19. Jh. wurde wiederholt über die Gründung einer isländischen Universität diskutiert. Inzwischen arbeiteten drei höhere Schulen zur Vorbereitung auf öffentliche Ämter. Schließlich wurde die Universität Islands (*Háskóli Íslands*) am 17. Juni 1911 gegründet. Hierzu wurden die drei vorhandenen Schulen in Fakultäten der Universität umgewandelt und eine vierte gegründet, in der Philosophie und Islandistik gelehrt wurde. Anfangs litt die Universität sehr unter Finanzmangel, doch in den vergangenen Jahrzehnten ist sie schnell gewachsen. Daneben sind weitere Bildungseinrichtungen auf Hochschulniveau entstanden. Heute sind es sieben, doch derzeit gibt es Überlegungen über die Zusammenlegung einiger von ihnen.

Im 19. Jh. gingen die meisten isländischen Studenten an die Universität Kopenhagen. Obwohl es in Island die Möglichkeit gab, Medizin und Theologie zu studieren, wählten viele dennoch die dänische Universität. Das Studium dort war länger und besser anerkannt, sodass die Chancen auf ein Amt nach der Heimkehr deutlich höher waren. Die seit dem 16. Jh. bestehenden Privilegien der Isländer an der Universität Kopenhagen wurden 1918 aufgehoben. Danach sahen sich isländische Studenten mehr in anderen Ländern um. Zunächst gingen viele nach Deutschland, doch mit dem Ausbruch des Zweiten Weltkriegs 1939 wählte man eher die USA. Nach dem Krieg studierten weiterhin viele Isländer in Amerika, aber auch zunehmend in Europa und vor allem in Skandinavien. In den vergangenen Jahren richteten sich die Blicke zusätzlich auf weiter entfernte Weltgegenden, z. B. auf Japan, Südamerika und China.

Verschiedene Wissenschaften
Nach der Jahrhundertwende 1800 ließ die Tätigkeit der Bildungsvereine nach und wurde sogar ganz eingestellt. Einige Gelehrte waren der Ansicht, dass die isländische Sprache keine Zukunft hätte sondern ähnlich wie z. B. das Angelsächsische bald verschwinden würde. Im Jahr 1813 kam der dänische Philologe Rasmus Christian Rask nach Island. Er hatte Isländisch studiert und hielt die Sprache für die alte gemeinsame Sprache der nordischen Länder. Er kam bald zu dem Ergebnis, dass das Isländische in akuter Gefahr sei, vor allem wegen der Einflüsse aus dem Dänischen, das an den Handelsplätzen, insbesondere in Reykjavík, von den Kaufleuten gebraucht wurde. Lediglich auf dem Lande würde reines Isländisch gesprochen. Das Interesse der Gelehrten richtete sich ausschließlich auf die altisländische Sprache und die Literatur des Mittelalters. Um die Zukunft der Sprache kümmerte man sich nicht, zumal die führenden

Wissenschaftler auf diesem wie anderen Gebieten in Kopenhagen saßen. Diesem Problem wollte man begegnen, indem man einen isländischen Verein zur Förderung der isländischen Literatur, zur Verteidigung und Erhaltung der isländischen Sprache und Stärkung der allgemeinen Bildung gründete. *Hið íslenzka bókmenntafélag* (Die isländische Literaturgesellschaft) entstand 1816 und kündigte einen grundlegenden Wandel in der Einstellung zur isländischen Sprache und neueren isländischen Literatur an. Mit ihr sollte die Blickrichtung umgekehrt und mehr auf die Zukunft orientiert werden. Die Literaturgesellschaft war es dann auch, die im 19. Jh. die ersten Landesvermessungen in Island veranlasste und in den Jahren 1844-1849 eine erste genaue Islandkarte herausgab. Daneben förderte sie die Sammlung von Informationen über die isländische Natur und die Lebensbedingungen im 19. Jh.

Nach und nach nahmen wissenschaftliche Betätigungen im Lande zu und es wurden weitere wissenschaftliche Gesellschaften gegründet. Hierzu gehörten u. a. *Hið íslenzka fornleifafélag* (Die isländische archäologische Gesellschaft) 1879, *Sögufélagið* (Die historische Gesellschaft) 1902 und *Hið íslenzka fornritafélag* (Die isländische Gesellschaft für mittelalterliche Schriften) 1928. Die vier genannten Vereinigungen arbeiten bis heute. Zu ihren wichtigsten Aufgaben gehören die Veröffentlichung historischer Quellen und die Unterstützung archäologischer Forschungen.

Im Laufe der Zeit übernahm die Universität Islands die Führung. Anfangs konzentrierten sich Forschung und Lehre der Universität auf die philosophische Fakultät und damit die isländische Sprache und Literatur, insbesondere die Literatur des Mittelalters. Man verfolgte das Programm, die isländische Sprache in ihrer Reinheit und mit den ihr eigenen Merkmalen zu erhalten. Auch in der theologischen und juristischen Fakultät richtete man den Blick vorrangig zurück, d. h. auf die Kirchen- und Rechtsgeschichte. Die Juristen hatten darüber hinaus Interesse an der Erforschung der Beziehungen zwischen Island und Dänemark und am isländischen Staats- und Verfahrensrecht. Später differenzierten sich die Interessen in Forschung und Lehre aus. 1941 nahm man Betriebswirtschaft in den Fächerkanon der Universität auf und einige Zeit später kam Wirtschaftswissenschaft hinzu. Hier spielte das isländische Wirtschaftssystem und die einheimische Wirtschaftpolitik eine besondere Rolle.

Zur Förderung der naturwissenschaftlichen Erforschung Islands wurde 1889 *Hið íslenzka náttúrufræðifélag* (Die isländische Gesellschaft für Naturwissenschaften) gegründet. Anderweitig wurde Naturwissenschaft kaum praktiziert, es sei denn in Verbindung zur Medizin. In Island war die Lepra sehr verbreitet und Isländer waren häufig von Bandwürmern befallen. Zwei Medizinprofessoren hatten großen Anteil daran, diese Krankheiten in Island auszurotten. Weitere naturwissenschaftliche Forschungen standen in enger Beziehung zur Wirtschaft, wie z. B. Erforschungen des Meeres und der Fischbestände. Ab 1940 nahm man an der Universität die Lehre ingenieurswissenschaftlicher Fächer auf und in der Folge intensivierte sich die einschlägige Forschung. Neben der Erforschung des Meeres und Meeresbodens ist die Geologie des Landes zu einem besonderen Gegenstand geworden, vor allem der Vulkanismus und die Geothermie sowie deren Nutzung. Island ist ein geologisch junges Land genau auf der Grenze zweier tektonischer Platten, der amerikanischen und der eurasischen Kontinentalplatte. In den vergangenen Jahren haben sich genetische Forschungen in Island etabliert. Auf diesem Feld sind die umfangreichen und weit zurückdatierenden genealogischen Quellen über die Herkunft der Isländer von ungeheurem Nutzen.

Realismus und Neuromantik in der Literatur

Die Darstellung der isländischen Literatur wurde oben verlassen, als die Romanliteratur im 19. Jh. aufkam. Die romantischen Romane waren mit Beschreibungen des isländischen Volkslebens versehen, wodurch sie den Anschein realistischer Literatur hatten. Der eigentliche Realismus setzte sich aber erst ab 1882 durch. In dieser Literatur sollten die tatsächlichen Lebensbedingungen der Menschen gezeigt und die zeitgenössischen Themen aufgenommen und analysiert werden. Um die Jahrhundertwende verschob sich das Augenmerk erneut und Schönheitssinn und Gefühlsseligkeit rückten wieder in den Vordergrund. Diesen Einstellungswandel bezeichnete man als Neuromantik und Symbolismus, der auf individuelle Empathie, Betrachtung des Seelenzustandes und der Gedankenwelt des Einzelnen hinauslief. Er kam insbesondere in der Lyrik zum Ausdruck, die sich in der Form jedoch an den Traditionen der überlieferten Literatur orientierte.

Zunehmend wandten sich Lyriker und Schriftsteller aber den großen Umwälzungen zu, die in den ersten Jahrzehnten des 20. Jh. in der isländischen Kultur und Gesellschaft zu beobachten waren. Dabei stand der Konflikt zwischen den Lebensbedingungen in den neuen städtischen Siedlungen einerseits und der traditionellen ländlichen Gesellschaft andererseits sowie die sich verschiebenden Wertvorstellungen im Zentrum. Mit Ausbruch des Ersten Weltkrieges nahm die existenzielle Krise der Menschen besonderen Raum ein und die Romanhelden waren von Tod und Hoffnungslosigkeit in einer sinnentleerten Welt umgeben.

Einige isländische Schriftsteller empfanden das winzige isländische Sprachgebiet als zu einengend und schrieben ihre Theaterstücke und Romane in dänischer Sprache. Die bekanntesten unter ihnen waren der Dramatiker Jóhann Sigurjónsson und der Romanschriftsteller Gunnar Gunnarsson. Viele Romane des Letztgenannten wurden ins Deutsche übersetzt und erlangten vor allem in der Zwischenkriegszeit große Beliebtheit. Gunnar Gunnarsson zog 1939 aus Dänemark nach Island zurück und arbeitete fortan auf Isländisch. Auch der aus Island stammende Jesuitenpfarrer Jón Sveinsson, genannt Nonni, lebte fast sein ganzes Leben lang im Ausland und schrieb die meisten seiner äußerst beliebten Jugendbücher, die autobiografische Züge hatten und in Island spielten, auf Deutsch. Weiterhin waren die sogenannten Westisländer, d.h. die nach Nordamerika ausgewanderten Isländer, sehr aktiv im literarischen Leben, sie schrieben zunächst auf Isländisch und später auf Englisch.

Etwa um 1918 stellte sich ein Generationenwechsel ein, als die älteren Dichter und Schriftsteller sich zurückzogen und jüngere auf den Plan traten. Diese Generation sollte die isländische Literatur des 20. Jh. prägen. Ihr gehörte Halldór Laxness an, der 1955 den Nobelpreis für Literatur erhielt. Er stand anfangs unter dem Einfluss internationaler literarischer Strömungen, wandte sich aber bald der Gesellschaftskritik zu, die kennzeichnend für sein Werk wurde. Später schrieb er historische Romane und schließlich Bücher mit autobiografischem Inhalt. Auch andere Schriftsteller nahmen gesellschaftliche Themen auf und zeichneten ein dunkles Bild von der Lebenswirklichkeit der Menschen, in der die Unterschichten benachteiligt waren und Frauen nicht zum Zuge kamen. Dies verschärfte sich in der Krisenzeit und die Arbeiterliteratur bestimmte die Romanstoffe, wobei sozialistische oder kommunistische Ideen als Orientierung dienten und Klassenauseinandersetzungen im Vordergrund standen. Auf der anderen Seite waren kaum radikale Veränderungen in Form und Stil zu erkennen. Einige Lyriker und Schriftsteller wandten sich nun besonders der heimischen Tradition und nationalen Werten zu. Über lange Zeit blieb die Literaturdiskussion in Island von diesen gegenläufigen Tendenzen bestimmt, sodass sich ein Graben zwischen den sogenannten bürgerlichen und den radikalen Schriftstellern auftat.

Um die Mitte des 20. Jh. fand eine Revolution der Form in der isländischen Lyrik statt. Es wurde auf Reim verzichtet, und andere Mittel der gebundenen Sprache, wie die Alliteration, die sich in der isländischen Poetik ausgesprochen lange gehalten hatte, wurden beiseite geschoben. Daneben wurde die Sprache mit modernistischen und avantgardistischen Elementen durchsetzt. Eine ihrer Wurzeln fand die neue Form in poetischen Prosatexten. Diese Innovationen riefen heftige Reaktionen und Debatten hervor. Auch in der Romanliteratur kam es zu Verschiebungen in der Wahl der Stoffe und der Form und sie wurde nun vom Modernismus geprägt. Dessen bekannteste Vertreter waren Thor Vilhjálmsson, Guðbergur Bergsson und Svava Jakobsdóttir. Letztere machte den Weg frei für die feministische Literatur Islands. In den 80er Jahren betrat eine neue Generation von Schriftstellern die Bühne, die den Modernismus mit der Tradition in Übereinstimmung zu bringen suchte und großen Anteil an der nach wie vor großen Beliebtheit der Literatur in Island hat.

Medien
Nachdem immer mehr Menschen in die Siedlungskerne zogen, wurde der Informationsaustausch leichter. Nun kamen die modernen Medien zum Zuge. Zwar wurden schon seit der zweiten Hälfte des 18. Jh. Zeitschriften herausgegeben, doch erschienen sie nur einmal im Jahr, sodass sie als Schauplatz eines tatsächlichen Meinungsaustauschs ungeeignet waren. Dies änderte sich erst zu Beginn des 19. Jh.

Im Jahr 1848 wurde die Herausgabe eines Nachrichtenblattes in Reykjavík in Angriff genommen, später kamen weitere hinzu. Sie erschienen in der Regel jede zweite Woche, später wöchentlich und waren gleichzeitig politische Organe. Ab 1910 gelang es nach mehreren fehlgeschlagenen Versuchen, eine Tageszeitung zu unterhalten, die in veränderter Form bis heute besteht. Im Laufe des 20. Jh. nahm die Zahl der Tageszeitungen zu. Doch heute gibt es nur noch zwei und eine dritte, die jeden zweiten Tag erscheint.

Ab 1925 wurden die ersten Radiosendungen ausgestrahlt, die aber noch vereinzelt waren und nicht lange bestehen blieben. Regelmäßige Ausstrahlungen begannen mit der Gründung des staatlichen Rundfunks (*Ríkisútvarpið*) 1930, der auch die ausschließlichen Rundfunkrechte erhielt. Das staatliche Fernsehen (*Sjónvarpið*) nahm seine Arbeit 1966 auf. Seit das staatliche Radio- und Fernsehmonopol 1985 aufgehoben wurde, hat sich die Anzahl der Radio- und Fernsehsender erhöht. Den staatlichen Sendern obliegen gleichwohl wichtige kulturpolitische und demokratische Pflichten.

Sozialpolitik und Frauenrechte

Wohlfahrtssystem
In den letzten Jahrzehnten des 19. Jh. wurde zuerst der Gedanke entwickelt, dass es vonseiten des Staates und der Gemeinden ein Wohlfahrtssystem in dem Sinne geben müsse, dass Menschen bei besonderen Schicksalsschlägen von einer Art Sicherheitsnetz aufgefangen würden. Die ersten Gesetze über Unfallversicherungen und Krankenkassen wurden in Island in den ersten Jahrzehnten des 20. Jh. verabschiedet. Den größten Etappenerfolg bildete aber das Gesetz über die Volksversicherung von 1936, das 1946 in überarbeiteter Form als Gesetz über eine allgemeine Sozialversicherung erneut verabschiedet wurde. Die Sozialversicherung unterteilt sich in vier Bereiche: Unfallversicherung, Krankenversicherung, Alters- und Arbeitsunfähigkeitsversicherung und Arbeitslosenversicherung. Mit der Gesetzgebung von 1946 wurden einige Bereiche verbessert, die Arbeitslosenversicherung aber aufgehoben, bis sie 1956 erneut eingeführt wurde. Dieses öffentliche Versicherungssystem folgt dem skandinavischen Modell und im Großen und Ganzen kann man sagen, dass das isländische Sozialsystem dem der nordischen Länder vergleichbar ist. Damit hat die Marktwirtschaft in nennenswertem Maße ein menschliches Antlitz erhalten.

Wachsender Einfluss der Frauen
Während des größten Teils der isländischen Geschichte haben Frauen nicht dieselben Rechte gehabt wie Männer. Der erste Schritt in Richtung Gleichberechtigung wurde mit dem veränderten Erbrecht von 1850 gegangen, als Frauen dieselben Erbschaftsrechte erhielten wie Männer. Die nächsten Schritte bestanden in der Gesetzgebung über die Geschäftsfähigkeit von unverheirateten Frauen 1861 und zum Wahl-

recht für wirtschaftlich selbstständige Frauen bei Kommunal- bzw. Gemeindewahlen 1882. Im Bereich der Bildung erhielten Frauen 1886 begrenzten Zugang zur Lateinschule in Reykjavík sowie zur theologischen und medizinischen Schule.

Vor allem linksorientierte Politiker nahmen sich der Frauenrechtsfrage an, doch obwohl sie das Thema durch Vorlesungen und Artikel wachhielten, bewegte sich relativ wenig. 1894 war es endlich so weit, dass Frauen sich zu Vereinen zusammentaten. Zu ihren Forderungen gehörten die Zulassung und Förderung von Mädchen zum Universitätsstudium und das Frauenwahlrecht bei Parlamentswahlen. Nachdem der erste Verein seine Arbeit eingestellt hatte, wurde 1907 der isländische Frauenrechtsverein (*Kvenréttindafélag Íslands*) gegründet, der bis heute besteht. In den Jahren 1907-09 erhielten Frauen dasselbe aktive und passive Wahlrecht zu Kommunalwahlen wie Männer. Bei den Wahlen zum Stadtrat von Reykjavík 1908 wurde eine eigene Frauenliste aufgestellt, die vier von 15 Sitzen erringen konnte.

Nun ging es schneller voran mit der Angleichung der Rechte. Im Jahr 1911 wurde im Alþingi ein Gesetz über die gleichen Rechte von Frauen zur Ausbildung für bestimmte Ämter, Berufung in solche Ämter und zur Studienförderung beschlossen. Das aktive und passive Wahlrecht zum Alþingi erhielten die Frauen 1915 und die erste gewählte Parlamentarierin saß ab 1922 im Alþingi. Im neuen Familienrecht von 1923 wurde die finanzielle Gleichberechtigung der Ehepartner festgelegt, sodass Frauen gesetzlich nun vollkommen gleichgestellt waren.

Doch trotz der rechtlichen Erfolge glich sich die gesellschaftliche Stellung der Frau nicht an die der Männer an, u. a. weil traditionell weiblich besetzte Tätigkeiten schlechter bezahlt werden und Frauen dadurch geringere Löhne bekommen als Männer. Etwa 1970 taten sich die Frauen erneut zusammen und brachten ihre Forderungen nach Gleichberechtigung mit Nachdruck vor. Sie gründeten Zusammenschlüsse um die Kandidatur zum Alþingi und konnten einige Sitze erlangen. 1980 wurde Vigdís Finnbogadóttir zur Präsidentin Islands gewählt, sie war gegen drei männliche Kandidaten angetreten und erhielt mit etwa einem Drittel die meisten Stimmen. Langsam aber sicher kamen mehr Frauen ins Alþingi und bekleideten Ministerposten und öffentliche Ämter.

Schlussbemerkungen
Der Hauptinhalt der Geschichte, die in diesem Kapitel nachgezeichnet wurde und etwa Mitte des 19. Jh. einsetzte, war die Herausbildung des isländischen Nationalstaates. Die politische Geschichte Islands nahm eine neue Richtung, nachdem die absolute Monarchie in Dänemark im Jahr 1848 abgeschafft und 1849 dort eine Verfassung eingeführt worden war. Damit war für die Isländer der Anlass gegeben, die eigene Position im Verhältnis zum dänischen Staat zu klären. Nachdem man in Island zu einem bestimmten Ergebnis gekommen war, setzte ein lang andauernder politischer Diskurs mit der dänischen Regierung ein, in dem juristische und historische Argumente für die Unabhängigkeit Islands innerhalb eines dänischen Königreiches vorgelegt wurden.

Möglicherweise erscheinen die juristischen Auseinandersetzungen, durch die der isländische Unabhängigkeitskampf geprägt war, wenig aufregend oder sogar schwer verständlich, doch die isländische Geschichte kann ohne sie nicht erzählt werden. Die Vertreter Dänemarks achteten die historische und juristische Argumentation, auch wenn sie diese nicht teilten und ihr eine andere Sichtweise entgegensetzten. Im Grunde handelte es sich um unterschiedliche Auslegungen der gesetzlichen Regelungen und anderer Quellen. Außerdem bezogen sich die Dänen auf die tatsächliche Stellung

Islands. Doch diese Geschichte kann zeigen, dass Probleme dieser Art ohne bewaffnete Kämpfe und vor allem ohne Blutvergießen lösbar sind. Genau genommen hatte Island zwar keinerlei Möglichkeit, Gewalt auszuüben, doch die dänischen Machthaber hörten sich die Argumente der Isländer an.

Das Ziel der nationalen Unabhängigkeit wäre indessen nie erreicht worden, wenn nicht eine Revolutionierung der Wirtschaftsweise stattgefunden hätte. Von größter Bedeutung war dabei die Motorisierung der Fischfangflotte um 1900 und der Beginn der Trawlerfischerei, begleitet durch eine leistungsfähige Fischverarbeitungsindustrie. Die nächste Etappe bestand in der Nutzung der Energieressourcen des Landes – Wasserkraft und Erdwärme – zur Fernwärmeversorgung, für den industriellen Betrieb und später zur Einführung von Elektronik und Computertechnik. Diese Entwicklung kann mit der industriellen Revolution in Europa verglichen und wie diese als Weg aus der Armut in den Überfluss beschrieben werden. Um 1900 gehörte Island zu den unterentwickeltsten und ärmsten Ländern Europas, am Ende des 20. Jh. zu den reichsten und höchstentwickelten. In diesen Dingen folgte Island der Entwicklung seiner Nachbarländer, bemerkenswert ist hingegen, in welch hohem Tempo die Isländer sich an den allgemeinen europäischen Lebensstil anpassten und wie es ihnen gelang, jene kulturellen Einrichtungen zu schaffen, die in der modernen zivilisierten Welt als selbstverständlich gelten. Innerhalb kürzester Zeit wurden staatliche und sozialpolitische Institutionen errichtet, eine Universität, ein Nationaltheater, Rundfunk, Sinfonie und Oper gegründet. Andernorts in Europa hatten diese Einrichtungen bereits eine lange Geschichte hinter sich.

Es sind diese plötzlichen Veränderungen, die Island eine Sonderstellung gegenüber seinen Nachbarländern verschaffen.

Nach dem wirtschaftlichen Zusammenbruch von 2008 steht das isländische Volk heute erneut an einem Wendepunkt und vor der Herausforderung, das Land neu aufzubauen. In dieser Situation kann es nützlich sein, darüber nachzudenken, ob irgendwelche Lehren aus der gut 1100-jährigen Geschichte des Landes zu ziehen sind und ob diese Geschichte möglicherweise auch anderen Völkern etwas zu sagen haben könnte.

Literaturverzeichnis

Are's Isländerbuch. Herausgegeben von Theodor Möbius. Druck und Verlag B. G. Teubner, Leipzig 1869.
Bragi Guðmundsson und Gunnar Karlsson, *Uppruni nútímans. Kennslubók í Íslandssögu eftir 1830.* Mál og menning, Reykjavík 1997.
Andreas Heusler, *Isländisches Recht. Die Graugans.* Böhlau, Weimar 1937.
Jón Jóhannesson, *Íslendinga saga I-II.* Almenna bókafélagið, Reykjavík 1956, 1958.
Gunnar Karlsson und Sigurður Ragnarsson, *Nyir tímar. Saga Íslands og umheimsins frá lokum 18. aldar til árþúsundamóta.* Mál og menning, Reykjavík 1986.
Helgi Skúli Kjartansson, *Ísland á 20. öld.* Sögufélag, Reykjavík 2002.
Kulturhistorisk leksikon for nordisk middelalder fra vikingetid til reformationstid. I-XXII. Herausgegeben von John Danstrup. Rosenkilde og Bagger, København 1956-1978.
Einar Laxness, *Íslandssaga I-III.* Vaka-Helgafell, Reykjavík 1995.
Saga Íslands I-X. Herausgegeben von Sigurður Líndal. Mitherausgeber Magnús Lyngdal Magnússon (Bd. VII-VIII) und Pétur Hrafn Árnason (Bd. VII; IX-X). Hið íslenzka bókmenntafélag, Reykjavík 1974-2009.
I. Þorleifur Einarsson: »Jarðsaga Íslands«, Sigurður Þórarinsson: »Sambúð lands og lyðs í ellefu aldir«, Kristján Eldjárn: »Fornþjóð og minjar«, Jakob Benediktsson: »Landnám og upphaf allsherjarríkis«, Sigurður Líndal: »Ísland og umheimurinn«, Sigurður Líndal: »Upphaf Kristni og kirkju«.
II. Gunnar Karlsson: »Frá þjóðveldi til konungsríkis«, Magnús Stefánsson: »Kirkjuvald eflist«, Jónas kristjánsson: »Bókmenntasaga«, Björn Th. Björnsson: »Myndlistarsaga«, Hallgrímur Helgason: »Tónmenntasaga«, Árni Björnsson: »Almennir þjóðhættir«.
III. Sigurður Líndal: »Stjórnskipunarhugmyndir und stjórnarhættir til loka hámiðalda«, Björn Þorsteinsson und Si-

gurður Líndal: »Lögfesting konungsvalds«, Magnús Stefánsson: »Frá goðakirkju til biskupskirkju«, Jónas Kristjánsson: »Bókmenntasaga«.

IV. Ingi Sigurðsson: »Saga Evrópu á síðmiðöldum«, Björn Þorsteinsson und Guðrún Ása Grímsdóttir: »Norska öldin«, mit Anhängen von Sigurð Líndal. Hörður Ágústsson: »Húsagerð á síðmiðöldum«.

V. Björn Þorsteinsson og Guðrún Ása Grímsdóttir: »Norska öldin«. Með viðaukum eftir Sigurð Líndal. Jónas Kristjánsson: »Bókmenntasaga«, Björn Th. Björnsson: »Myndlist á síðmiðöldum«.

VI. Helgi Þorláksson: »Frá kirkjuvaldi til ríkisvalds«.

VII. Helgi Þorláksson: »Undir einveldi«, Óskar Halldórsson: »Bókmenntir á lærdómsöld 1550-1770«, Þóra Kristjánsdóttir: »Myndlist á 17. öld«.

VIII. Lyður Björnsson: »18. öldin«, Guðbjörn Sigurmundsson: »Bókmenntir á upplysingaröld 1750-1840«, Þóra Kristjánsdóttir: »Listir og handverk á 18. öld«.

IX. Anna Agnarsdóttir: »Aldahvörf og umbrotatímar«, Gunnar Karlsson: »Upphafsskeið þjóðríkismyndunar 1830-1874«, Þórir Óskarsson: »Frá rómantík til raunsæis 1807-1882«.

X. Gunnar Karlsson: »Atvinnubylting og ríkismyndun 1874-1918«, Þórir Óskarsson: »Raunsæi og nyrómantík íslenskra bókmennta 1882-1918«, Þóra Kristjánsdóttir: »Listir og handverk á 19. öld«.

Saga Íslendinga IV-IX. Herausgegeben von Páll Eggert Ólason, Þorkell Jóhannesson, Jónas Jónsson, Magnús Jónsson. Menntamálaráð und Þjóðvinafélag, Reykjavík 1944-1958.

Björn Þorsteinsson, *Íslensk miðaldasaga*. Sögufélag, Reykjavík 1980.

Björn Þorsteinsson, *Ny Íslandssaga*. Þjóðveldisöld, Reykjavík 1966.

Björn Þorsteinsson und Bergsteinn Jónsson, *Íslandssaga til okkar daga*. Sögufélag, Reykjavík 1991.